财务会计"云"系列智慧型教材

商品流通企业会计

（第3版）

赵建群　张　岐　张立阳　主编

电子工业出版社
Publishing House of Electronics Industry
北京·BEIJING

内 容 简 介

本教材依据最新的《企业会计准则》中的相关规定，紧扣我国商品流通领域不断创新的流通组织形式编写而成，同时兼顾了新型业态和现代流通方式对行业会计提出的新要求。教材具有"体系新、理念新、业务新、教学做一体化"的特点。

本教材主要包括商品流通企业业态与核算方法、批发业务核算、零售业务核算、进出口业务核算、联营与连锁经营商品流通的核算五部分内容。教材配有同步出版、理念统一的实训教材。

本教材可作为会计、财务管理、金融、工商管理、市场营销、电子商务、国际商务等经济类专业商品流通企业会计课程的教学用书，也可供有意从事会计工作的人员学习参考使用。

未经许可，不得以任何方式复制或抄袭本书之部分或全部内容。
版权所有，侵权必究。

图书在版编目（CIP）数据

商品流通企业会计 / 赵建群，张岐，张立阳主编. —3 版. —北京：电子工业出版社，2021.8
ISBN 978-7-121-37915-4

Ⅰ．①商… Ⅱ．①赵… ②张… ③张… Ⅲ．①商业会计－高等职业教育－教材 Ⅳ．①F715.51

中国版本图书馆 CIP 数据核字（2019）第 259358 号

责任编辑：张云怡　　特约编辑：尹杰康
印　　刷：三河市兴达印务有限公司
装　　订：三河市兴达印务有限公司
出版发行：电子工业出版社
　　　　　北京市海淀区万寿路 173 信箱　邮编　100036
开　　本：787×1 092　1/16　印张：12.75　字数：326.4 千字
版　　次：2009 年 9 月第 1 版
　　　　　2021 年 8 月第 3 版
印　　次：2021 年 8 月第 1 次印刷
定　　价：49.80 元

凡所购买电子工业出版社图书有缺损问题，请向购买书店调换。若书店售缺，请与本社发行部联系，联系及邮购电话：（010）88254888，88258888。

质量投诉请发邮件至 zlts@phei.com.cn，盗版侵权举报请发邮件至 dbqq@phei.com.cn。

本书咨询联系方式：（010）88254573、zyy@phei.com.cn。

前 言

第3版

本教材自 2014 年 8 月再版以来，得到了学校及同行的认可，并给予了较高的评价，但随着商品流通企业业态的不断变化，对商品流通企业会计的核算也提出了新的要求，根据新的商品流通企业业态、国家税制及会计核算的电子发票等变化，作者再次对全书进行了修订。

本次修订，除了继续保持原有的体例及特色外，充分吸收了当前会计教学改革的新成果，在保持原有的体例及特色外，重点在以下几方面进行了修订：

第一，进一步强化了任务导向及项目教学的结构设计，根据当前商品流通企业经营业态设计成五个教学项目，并根据每个项目内的工作过程设计教学任务，以培养学生的职业能力为主线，按照"教学做一体化"的理念组织教材内容；

第二，根据当前国家的税收政策变化及汇率变化修订了相关教学案例及业务提示；

第三，进一步突出工作过程导向原则，适当充实了各项典型业务的工作流程，提高教学过程与工作过程的衔接度；

第四，通过扫描二维码，学生可直接观看相关知识点及技能点的视频等课程资源，极大地提高了学生自主学习的效率及效果。

注意：本教材中的发票均为示意，细节以实际工作中使用的发票为准；全书运算均保留两位小数。

本教材的修订由赵建群、张岐和张立阳共同完成。项目一和项目五由张岐修订；项目二、项目三、由赵建群修订；项目四由张立阳修订。本教材的修订是校企合作的成果，在修订过程中，得到了相关企业、会计师事务所同行的大力支持。

由于时间仓促，书中不足之处恳请广大读者批评指正。

编 者
2021 年 3 月

目 录

项目一 商品流通企业业态与核算方法 (1)
任务一 商品流通企业概述 (1)
- 1.1.1 商品流通企业认知 (1)
- 1.1.2 商品流通的业务环节 (2)
- 1.1.3 商品流通企业业态分析 (3)

任务二 商品流通企业会计认知 (5)
- 1.2.1 商品流通企业会计 (5)
- 1.2.2 商品流通企业会计特征 (6)
- 1.2.3 商品流通的核算方法选择 (8)

任务三 商品流通企业会计核算的通用规范 (10)
- 1.3.1 商品购销的交接方式 (10)
- 1.3.2 商品购进的入账时间及成本计量 (11)
- 1.3.3 销售收入的确认与计量 (12)

项目小结 (15)
思考与练习 (15)

项目二 批发业务核算 (17)
任务一 批发商品购进的核算 (17)
- 2.1.1 购进业务流程分析 (17)
- 2.1.2 商品购进中正常业务的核算 (20)
- 2.1.3 在途物资的明细分类核算 (25)
- 2.1.4 商品购进中异常业务的核算 (26)

任务二 批发商品销售的核算 (31)
- 2.2.1 销售业务流程分析 (31)
- 2.2.2 批发商品销售业务的核算 (34)
- 2.2.3 涉及现金折扣与销售折让的核算 (41)
- 2.2.4 销售商品退补价的核算 (42)
- 2.2.5 销货退回的核算 (43)
- 2.2.6 客户拒收商品与拒付货款的核算 (43)

任务三 批发商品储存的核算 (44)
- 2.3.1 数量进价金额核算的应用 (44)
- 2.3.2 库存商品的明细分类核算 (45)
- 2.3.3 库存商品盘点的核算 (47)
- 2.3.4 库存商品的期末计价 (49)
- 2.3.5 商品销售成本的计算和结转 (51)

项目小结 (56)
思考与练习 (57)

项目三 零售业务核算 (66)
任务一 零售商品购进的核算 (67)
- 3.1.1 零售商品购进的业务流程分析 (67)
- 3.1.2 零售商品购进中的常规业务核算 (67)
- 3.1.3 零售商品购进中的异常业务核算 (70)

任务二 零售商品销售的核算 (73)
- 3.2.1 零售商品销售业务流程分析 (73)
- 3.2.2 零售商品销售的核算业务 (75)
- 3.2.3 零售商品销售收入调整的核算 (82)

3.2.4　已销商品进销差价率及销
　　　　　售成本的调整……………(83)
任务三　零售商品储存的核算………(88)
　　3.3.1　售价金额核算的应用……(88)
　　3.3.2　零售商品盘点的核算……(89)
　　3.3.3　商品内部调拨与价格调整
　　　　　的核算…………………(90)
　　3.3.4　库存商品的明细分类核算…(92)
任务四　鲜活商品的核算……………(93)
　　3.4.1　选择鲜活商品核算的方法…(93)
　　3.4.2　鲜活商品核算实务………(94)
项目小结…………………………………(97)
思考与练习………………………………(98)

项目四　进出口业务核算……………(102)

任务一　进出口业务核算特点………(102)
　　4.1.1　进出口商品流转的特点…(102)
　　4.1.2　进出口业务核算的特点…(103)
任务二　外币的管理与核算…………(104)
　　4.2.1　外汇与外汇管理…………(104)
　　4.2.2　结汇的管理与核算………(106)
　　4.2.3　购汇的管理与核算………(107)
　　4.2.4　付汇的管理与核算………(108)
　　4.2.5　汇兑损益的核算…………(108)
任务三　国际贸易术语………………(110)
　　4.3.1　国际贸易术语的概念……(110)
　　4.3.2　国际贸易术语比较………(110)
任务四　国际贸易结算………………(111)
　　4.4.1　信用证结算方式…………(112)
　　4.4.2　汇付结算方式……………(115)
　　4.4.3　托收结算方式……………(118)
任务五　出口贸易业务核算…………(120)
　　4.5.1　出口贸易业务分析………(120)
　　4.5.2　自营出口的核算…………(122)
　　4.5.3　代理出口销售业务的
　　　　　核算……………………(130)

　　4.5.4　商品流通企业出口免、
　　　　　退税的核算……………(132)
任务六　进口贸易业务核算…………(137)
　　4.6.1　进口贸易业务分析………(137)
　　4.6.2　自营进口业务的核算……(139)
　　4.6.3　代理进口业务的核算……(143)
　　4.6.4　易货贸易业务的核算……(144)
项目小结…………………………………(147)
思考与练习………………………………(147)

项目五　联营与连锁经营商品流通
　　　　的核算……………………………(155)

任务一　联营商品流通的核算………(155)
　　5.1.1　联营方式下的商品经营
　　　　　特点……………………(156)
　　5.1.2　联营商品流通核算业务…(158)
任务二　连锁经营的核算……………(163)
　　5.2.1　连锁经营的业态分析……(163)
　　5.2.2　连锁经营企业内部核算
　　　　　组织形式的确定………(168)
　　5.2.3　连锁经营企业总部和基层
　　　　　单位之间的核算组织形式
　　　　　选择……………………(168)
　　5.2.4　连锁经营企业商品采购的
　　　　　核算……………………(171)
　　5.2.5　连锁经营企业横向商品
　　　　　调拨的核算……………(175)
　　5.2.6　门店商品退库业务的
　　　　　核算……………………(182)
　　5.2.7　连锁经营企业商品调价的
　　　　　核算……………………(186)
　　5.2.8　门店营业收入的核算……(194)
项目小结…………………………………(196)
思考与练习………………………………(197)

项目一

商品流通企业业态与核算方法

任务导入

1. 了解商品流通企业业务活动的主要特点
2. 理解商品流通企业会计核算的特征
3. 掌握商品流通的业务环节
4. 正确辨别商品流通企业的业态
5. 根据商品流通业务类型正确选择核算方法

任务一　商品流通企业概述

1.1.1　商品流通企业认知

商品流通企业是指在社会经济活动中以从事商品流通为主营业务，自主经营、自负盈亏、独立核算的经济实体。在现代经济社会中，商品流通企业的范围很广，包括各种经济性质和组织形式的商业、粮食、物资供销、供销合作社、对外贸易、医药、石油、烟草和图书发行等企业，其主要经济活动就是组织各类商品从生产领域转移到消费领域，实现商品的价值，并获取赢利。

商品流通企业通过商品购进、销售、调拨、储存（包括运输）等经营业务实现商品流转，其中购进和销售是完成商品流通的关键业务，调拨、储存、运输等活动都是围绕商品购销展开的。

在商品流通企业的经济活动中，购进和销售活动是企业的基本和关键性活动。商品的调入、调出、运输和储存等经济活动都是围绕购销活动展开的，并受购销活动的支配和影响。经营设施、商品储备和货币储备是商品流通企业开展业务经营必备的资源，并应保持恰当的比例。一般而言，商品是企业经营的对象，在企业的全部资源中占有较大的比重，经营设施与货币储备要与经营商品的范围和规模相适应，并能保障商品购销业务的扩大和加速。商品流通企业的经济活动过程主要包括购进和销售两个阶段，一般没有生产过程。

若将商品流通企业的经济活动与制造业的经济活动相比较，其经济活动表现出下三个特征：

一是企业经济活动的中心内容是频繁发生的商品购进和销售；

二是商品存货在企业全部资产中占有较大的比重，是企业资产核算与管理的重点；

三是企业营运资金的运动轨迹为"货币—商品—货币"，即表现为货币与商品间的相互转换。

 **特别提示**

作为"现代经济的血脉和神经"，商品流通企业在国民经济体系中占有重要的地位，尤其经过对国民经济发展贡献巨大的40年流通体制改革，市场与流通在引导生产、拉动消费、稳定物价、吸纳就业等方面的作用日益突出，逐渐成为促进国民经济发展的先导性产业。

业态业种日益丰富，现代流通方式加快发展。随着零售业态的扩展，一批现代化物流配送中心投入使用，连锁企业统一配送率明显提高。

1.1.2 商品流通的业务环节

商品流通是以货币为媒介的商品交换运动，即通过购销活动，将工农业产品，通过货币结算的交易活动，从生产领域向消费领域转移的过程，也是商品价值实现的过程，它是社会再生产过程的重要环节。通俗地说，商品流通就是商品生产出来以后，通过货币为媒介的商品买卖活动，不断从卖者手中转移到买者手中，最终转移到消费者手中以满足消费的全过程。其间每发生一次商品买卖，就出现一次商品流转业务，所以，商品流通也称为"商品流转"。

商品的流通必须满足以下两个条件：

一是要有实物的转移，即有形货物从卖者手中转移到买者手中；

二是要通过货币结算的买卖行为，即卖者用商品换回货币，买者用货币换回商品。

只有满足了以上两个条件，商品的流通才能成立。凡是付出货币无实物收进，或者有实物收进而无货币付出的，均不属于商品的流通活动。商品流通业务主要包括商品购进、商品销售和商品储存三个业务环节。

1. 商品购进

商品购进是指商品流通企业为了销售，通过货币结算而取得商品所有权的交易行为，它是商品流通的起点。商品购进的过程，也就是货币资金转变为商品资金的过程。商品流通企业购进商品的渠道主要有：向工农业生产部门和个体生产者购进商品；向商品流通部门内其他独立核算单位购进商品以及在国际贸易中进口商品等。

 **特别提示**

凡是不通过货币结算而收入的商品，或者不是为销售而购进的商品，都不属于商品购进的范围。下述行为均不属于商品购进：收回加工的商品；溢余的商品；收回退关甩货的

商品；收回销货退回的商品和购货单位拒收的商品；因企业并购而接受的商品和其他单位赠送的样品；为收取手续费替其他单位代购的商品以及购进专供本单位自用的商品等。

2．商品销售

商品销售是指商品流通企业通过货币结算而售出商品的交易行为，它是商品流通的终点。商品销售的过程，也就是商品资金转变为货币资金的过程，在这一过程中资金得到了增值。商品流通企业商品销售的对象主要有：工农业生产部门和个体经营者；机关、团体、事业单位和个人消费者；商品流通部门内其他独立核算单位以及在国际贸易中出口的国家或地区。

凡是不通过货币结算而发出的商品，不属于商品销售的范围，下述行为均不属于商品销售：发出加工的商品；损耗和短缺的商品；进货退出的商品和退出拒收的商品；因企业并购而交出的商品和赠送其他单位的样品；为收取手续费替其他单位代销的商品以及虽已发出但仍属于本单位所有的委托代销商品和分期收款发出商品等。

3．商品储存

商品储存是指商品流通企业购进的商品在销售以前在企业的停留状态，它以商品资金的形态存在于企业之中。商品储存是商品购进和商品销售的中间环节，也是商品流通的重要环节。保持合理的商品储存是商品流通企业开展经营活动必不可少的条件。

商品储存包括库存商品、委托代销商品、受托代销商品、发出商品和购货方拒收的代管商品等。

1.1.3　商品流通企业业态分析

从社会生产总过程来看，商品从生产领域向消费领域转移全过程中连续不断的商品流通活动，是由批发企业和零售企业分工协作完成的，因此，按照企业在完成商品流通过程中的作用划分，商品流通业务可以分为相互关联的批发商品流通和零售商品流通两个环节；按照商品流通经营方向和结算货币的不同，商品流通可分为国内贸易和国际贸易；按照商品流通的组织方式不同可分为自营商品流通和联营商品流通。

按照投资主体及经营要素的配置不同，商品流通企业可划分为个人业主制企业、合伙制企业、合作制企业和公司四种类型。

按照社会分工及业种的选择不同，商品流通企业可划分为直接贸易企业、居间贸易企业和市场基础交易企业三种类型。

1．直接贸易企业

直接贸易企业是指以自主交易方式，为实现各自不同的目的进行商品交易活动的商品流通企业，包括批发企业和零售企业。

批发商品流通是商品从生产领域进入流通领域中的关键环节，是以整批买卖为特色的交易方式。通过批发企业在城乡之间、地区之间、生产企业与零售企业以及个体工商户组织之间的商品流转，充分发挥了商品流通的"媒介"作用。批发业务的基本特征：一是经营规模、交易量和交易额较大，交易频率较低；二是商品储备量较大，核算上要随时掌握各种商品进、销、存的数量和结存金额；三是每次交易都必须取得合法的交易凭证，用以反映和控制商品的交易活动。

零售商品流通是商品流通的终点，是零售企业从批发企业或生产企业购进商品，再销售给消费者或销售给企事业单位等用以生产和非生产消费的商品流通。零售业务的基本特征：一是所经营商品的品种、规格一般较批发业务多而且复杂，商品的进销频繁、数量少，库存商品储存量较小；二是直接面对消费者，多采用现款结算，资金进出频繁。

随着我国居民人均可支配收入的增长，未来我国居民消费水平有望长期保持快速增长，我国零售企业已进入快速发展的黄金年代，各种类型的零售企业不断涌现，如各种综合商店、百货商店、专业商店、仓储式商场、购物中心、超级市场、邮购中心、便利店等遍布城乡之间。

在实际的商品流转活动中，有的企业专营批发业务，有的企业专营零售业务。部分批发企业在经营批发业务时也兼营零售业务，部分零售企业也兼营批发业务。

在直接贸易企业中，根据其经营的范围或方式不同，又可分为以下几类：

国内贸易企业是指在国内市场上组织各种商品（包括进口商品），并在国内市场上销售的企业，包括批发企业和零售企业两种类型。

国际贸易企业是指组织各种商品在国际市场上销售，或者在国际市场上采购商品，满足国内企业生产和人民生活需要的企业。

自营商品流通是指由商品流通企业自行购进并以其名义对外销售，其特点是一定要采用由商品流通企业自行购进商品并储存，然后再出售的销售组织形式。

联营商品流通是指由商品流通企业与商品供应商合作，采取先销售后购货结算的一种商品销售组织形式。

连锁经营是指由统一经营总部领导下的若干分企业或分店构成的联合体，为实现规模效益所进行的统一商业经营活动。

2. 居间贸易企业

居间贸易企业是指商品流通中专门为买卖双方服务的介绍性或信托性的中间组织。居间贸易组织包括信托组织、代理组织与经纪组织三种形式。

信托企业是指专门从事这种经营行为的贸易组织。在商品贸易实践中，一般有以下具体形式：

（1）寄售商店，是面对消费者进行零售贸易的信托组织形式。

（2）贸易货栈，是从事批发贸易的信托贸易组织。

（3）拍卖行，是接受委托人委托，以公开拍卖方式，组织买卖成交的信托组织，主要在批发贸易中采用。

（4）信托公司，是专门经营信托业务的贸易组织，信托公司的信托业务分为三类：一是资金信托；二是财产信托；三是票据承兑贴现业务，抵押与其他信托。信托投资公司是信托制度的新发展，是居间性金融贸易组织。

（5）典当行，是按借款人提供质押品的价值打折扣贷放现款，定期收回本金和利息的专门经营信托业务的居间贸易组织。

代理是指代理人在代理权限范围内以被代理人名义进行买卖活动，由此产生的权利和义务直接对被代理人发生效力的行为。代理行为的主体就是代理企业，其类型主要包括：

（1）一般代理商。不享有专营权的代理商。被代理人可以在同一市场建立多家代理关系，也可以超越代理人直接进行销售，代理人也可以同时承受多家企业的代理业务，并按合同提取一定的费用或按销售额收取回扣。

（2）独家代理商。指在约定地区和一定时期内，享有某种或某些指定商品的特许专营权的代理商，通常产销双方协商签订独家代理合同协议，在协议有效期内，生产厂家的这些商品在该地区只能通过"独家代理"经营，代理商也不得向第三方，特别是竞争者承担代理业务。

（3）总代理商。指不仅享有专营权，可以代表被代理人从事签订合同、商品交割等商业活动，而且可以代表委托人从事一些非商业性活动的代理商。总代理商是被代理人在指定地区的全权代表。

经纪公司可以分为商品经纪公司、期货经纪公司、证券交易经纪公司、房地产交易经纪公司等多种类型。

《国民经济行业分类》国家标准于1984年首次发布，分别于1994年和2002年进行修订，2011年第三次修订，2017年第四次修订。该标准（GB/T 4754—2017）由国家统计局起草，国家质量监督检验检疫总局、国家标准化管理委员会批准发布，并于2017年10月1日开始实施。

该标准详细划分了批发和零售业所包括的具体门类。

任务二　商品流通企业会计认知

1.2.1　商品流通企业会计

商品流通企业会计是指以货币作为主要计量单位，对商品流通企业的经济活动通过确认、计量、记录和报告等专门方法进行完整、连续、系统的反映和监督，为经济活动进行控制、分析、预测和决策，并旨在提高经济效益的一种经济管理活动。

商品流通企业会计是应用于商品流通企业的一种专业会计，是企业会计的一个分支，每个商品流通企业必须建立、健全会计机构，做好会计工作。

商品流通企业的核算对象表现为其能以货币表现的资金运动，商品流通企业首先需要将大部分货币资金转换成库存商品、设备等物质形态，只保留部分货币形态的资金，从而做到资金的合理配置。

同制造业一样，商品流通企业的资金运动也可分为资金投入、资金周转和资金退出三个环节，随着企业经营活动的不断进行，资金在不断地进行着循环和周转，商品流通企业会计就是要根据会计的职能依次反映这一过程的资金运动。其具体的资金运动过程如图 1.1 所示。

由于商品流通企业资金运动是以"货币—商品—货币"轨迹运动的，所以其核算内容与其他行业会计又有所不同，表现为会计科目上有所差别，其科目表如表 1.1 所示。

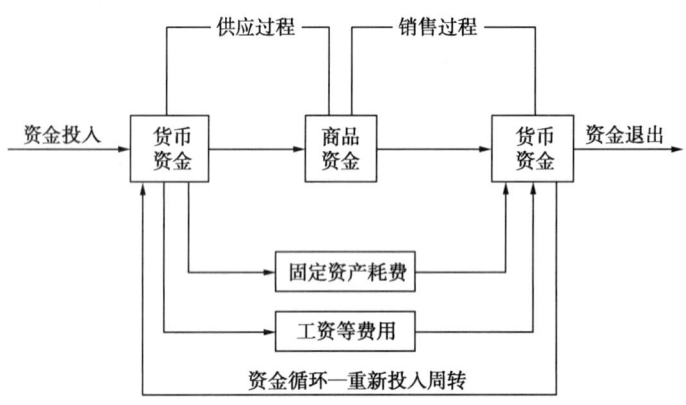

图 1.1　商品流通企业资金运动过程

1.2.2　商品流通企业会计特征

商品流通企业会计作为一种专业会计，除具有一般企业会计的特征外，因商品流通企业经济活动内容的特殊性，又表现出自身所具有的特征。

1．核算和监督的核心是商品购销业务

无论商品流通企业的规模大小、经营商品的种类多少、采用何种交易方式，商品购销活动始终是商品流通企业的基本业务内容，因此，商品购销业务活动所产生的资金运动及其结果就成为商品流通企业会计核算和监督的核心内容。

2．商品流转业务及商品的不同特点决定存货的核算方法

商品从生产领域向消费领域转移的过程中，要经过多次流转活动来实现，加之所经营商品的特点，对商品存货的核算方法提出了不同的要求。商品流通企业存货明细分类核算方法可分为数量进价金额核算法、数量售价金额核算法、进价金额核算法和售价金额核算法四种。所以，商品流通企业应根据经营方式及经营商品的特点采用恰当的存货核算方法，这也是商品流通企业会计不同于制造业等其他行业会计最突出的特点，也是学习商品流通企业会计的重点与难点所在。

表 1.1　商品流通企业会计科目表

编　号	名　称	编　号	名　称
	一、资产类		二、负债类
1001	库存现金	2001	短期借款
1002	银行存款	2101	交易性金融负债
1003	备用金	2201	应付票据
1015	其他货币资金	2202	应付账款
1101	交易性金融资产	2205	预收账款
1121	应收票据	2314	代销商品款
1122	应收账款	2211	应付职工薪酬
1123	预付账款	2221	应交税费
1131	应收股利	2232	应付股利
1132	应收利息	2231	应付利息
1231	其他应收款	2401	预提费用
1241	坏账准备	2411	预计负债
1231	受托代销商品	2601	长期借款
1402	在途物资	2602	长期债券
1403	原材料	2801	长期应付款
1406	库存商品	2802	未确认融资费用
1407	发出商品	2811	专项应付款
1408	委托代销商品	2901	递延所得税负债
1410	商品进销差价		四、所有者权益类
1411	委托加工物资	4001	实收资本
1412	周转材料	4002	资本公积
1461	存货跌价准备	4101	盈余公积
		4103	本年利润
1521	持有至到期投资	4104	利润分配
1522	持有至到期投资减值准备		五、成本类
1523	可供出售金融资产	5002	进货费用
1524	长期股权投资	5201	劳务成本
1525	长期股权投资减值准备	5301	研发支出
1526	投资性房地产		六、损益类
1531	长期应收款	6001	主营业务收入
1601	固定资产	6051	其他业务收入
1602	累计折旧	6101	公允价值变动损益
1603	固定资产减值准备	6111	投资收益
1604	在建工程	6301	营业外收入
1605	工程物资	6401	主营业务成本
1606	固定资产清理	6402	其他业务成本
1701	无形资产	6405	营业税金及附加
1702	累计摊销	6601	销售费用
1703	无形资产减值准备	6602	管理费用
1801	长期待摊费用	6603	财务费用
1811	递延所得税资产	6701	资产减值损失
1901	待处理财产损益	6711	营业外支出
		6801	所得税费用
		6901	以前年度损益调整

3. 外购商品的进货费用可采用简化方法核算

为了便于简化核算手续和计算商品销售毛利，我国的商品流通企业一直采取只计算商品存货的进货原价，而将其进货费用连同销售费用、储存费用等一并列做销售费用的做法。为了逐步与国际会计准则趋同，《企业会计准则第 1 号——存货》的应用指南指出：企业（商品流通）在采购商品过程中发生的运输费、装卸费、保险费及其他可归属于存货采购成本等的进货费用，应当计入存货的采购成本，也可以先行归集，期末根据所购商品的存销情况进行分摊。对于已售商品的进货费用，计入当期损益；对于未售商品的进货费用，计入期末存货成本。企业采购商品进货费用金额较小的，可以在发生时直接计入销售费用。

上述规定既考虑了与国际会计准则的趋同，又兼顾了我国商品流通企业会计处理进货费用的传统优点，即将外购商品的进货费用不对象化到具体商品的采购成本之中，而是先行归集，于月末一次从总体上计入已销商品的营业成本和未销商品的实际总成本之中。

4. 加强对货币资金的控制是会计监督工作的重点

商品流通企业的货币资金结算频繁，尤其作为零售企业，销售收入均以现金形式形成，所以，加强对货币资金的控制，就成为商品流通企业会计的重点。

1.2.3 商品流通的核算方法选择

商品流通的核算是指企业对购进、储存、销售各种商品的核算，商品流通企业每发生一次购进或销售必然会引起商品储存量的变动，所以，商品流通核算的实质就是对库存商品的核算。

库存商品核算，是企业对已购进并点验入库的待销商品进行反映和控制，是商品流通企业对商品进行管理的基本制度，是由库存商品明细账组织、记账价格和商品盘存制度相协调的结果。商品流通企业所经营的商品均具有进销两种价格，要想全面反映和控制各种商品在价值量上的变化及实物结存情况，就必须根据企业会计核算及经营管理的需要，采用进价或售价核算其进、销、存情况，无论是采用进价核算，还是售价核算，必须建立在正确的实物量核算的基础上。所以，商品流通企业建立合理的库存商品明细账组织，并结合恰当的财产盘存制度和确定科学的记账价格，就构成了不同组合的核算方法。

概括而言，商品流通企业库存商品的核算包括进价核算和售价核算两种核算方法，也可以分为数量核算和金额核算两种方法。具体而言，商品流通企业的核算方法包括数量进价金额核算、数量售价金额核算、售价金额核算、进价金额核算。前两种方法可以同时提供实物量和价值量两类指标；后两种方法只能通过价值量指标进行核算。

商品流通业务核算方法如图 1.2 所示。

1. 数量进价金额核算

数量进价金额核算是指库存商品的总分类账户和明细分类账户除均按进价金额反映外，同时明细分类账户还必须反映商品实物数量的一种核算方法。采用这种核算方法，可以根据已销商品的数量按进价结转商品销售成本。

商品流通企业业态与核算方法 项目一

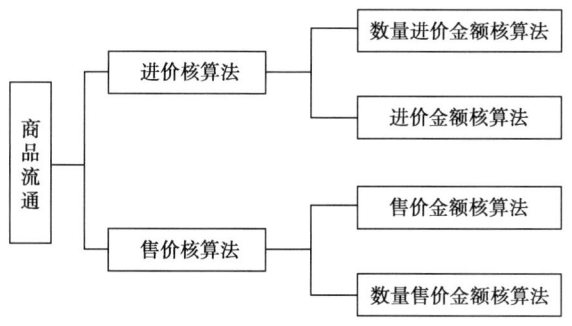

图1.2 商品流通业务核算方法

该核算方法的优点是能够按品名、规格来反映和监督每种商品进、销、存的数量和进价金额的变动情况，有利于加强对库存商品的管理与控制；缺点是每笔销售业务都必须填制销售凭证，并按商品的品名、规格登记商品明细账，记账工作量较大。这种方法主要适用于国内贸易的批发企业和国际贸易企业，有些专业性零售企业也采用这种方法。

2．数量售价金额核算

数量售价金额核算是指库存商品除总分类账户和明细分类账户均按售价金额反映外，同时明细分类账户还必须反映商品实物数量的一种核算方法。采用这种核算方法，必须按每一商品的品名、规格设置商品明细账，以随时掌握各种商品的结存数量。

该核算方法的优点是能够按商品的品名、规格来反映和监督每种商品进、销、存的数量和售价金额的变动情况，便于加强对库存商品的管理和控制。由于按售价记账，对商品销售收入的管理与控制也较为严密；缺点是在进货时既要复核商品的进价，又要计算商品的售价和进销差价，每笔销售业务都要填制销售凭证或做好销售记录，并按商品的品名、规格登记商品明细账，记账的工作量较大。这种核算方法主要适用于部分专业性的经营大件、贵重商品的零售企业和小型批发企业。

3．售价金额核算

售价金额核算是指库存商品总分类账户和明细分类账户都只反映商品的售价金额，不反映实物数量的一种核算方法。采用这种核算方法，库存商品的结存数量只能通过实地盘点来掌握，其商品明细分类账则按经营商品的营业柜组或门市部（也称实物负责人）设置。营业柜组或门市部对其经营的商品承担经济责任，财会部门通过商品的售价来控制营业柜组或门市部的商品。

该核算方法的优点是控制了商品的售价，一般不必为每笔销售业务填制销售凭证，也不必登记大量的实物数量明细账，记账较为简便；缺点是由于明细分类核算不反映和控制商品的数量，平时不易发现商品的溢缺，一般要定期盘点时才能发现，难以分清溢缺商品的品种与数量，也难以分析溢缺的原因和责任。这种核算方法主要适用于综合性零售企业，有些专业性零售企业也采用该方法。

4．进价金额核算

进价金额核算是指库存商品总分类账户和明细分类账户都只反映商品的进价金额，不反映实物数量的一种核算方法。采用这种方法，由于缺乏实物数量的记载，必须通过对库存商品进行实地盘点，计算出期末结存金额后，才能倒挤出商品销售成本。

这种核算方法的优点是记账手续最为简便，工作量小；缺点是平时不能反映商品的进、销、存的数量，由于月末采用盘存计销的办法，将商品销售成本、商品损耗和差错事故混在一起，容易产生弊端，不易发现企业在经营管理中存在的问题。因此，该方法只适用于经营鲜活商品的零售企业。

在实际工作中，数量进价金额核算和售价金额核算的应用比较广泛。随着市场经济的不断深化，多数批发企业和零售企业的经营范围不断拓展，已经呈现了突破批零界限、行业界限、地域界限，向综合化、专业化或综合化与专业化相结合的方向发展，因此，每个企业应根据自身业务活动的需要来灵活选择恰当的一种或几种商品核算方法。

特别提示

1．进价

"进价"就是商品的实际成本。即指商品达到销售状态时所发生的一切合理、必要的支出。作为商品流通企业而言，其商品多为外购取得，所以，其进价即为外购商品的采购成本。一般而言，外购成本包括商品的**购买价格**和**进货费用**两部分。其中，进货费用包括商品采购过程中所发生的运输费、装卸费、保险费、计入成本的税费，以及其他可以归属于商品采购成本的相关费用（如途中合理损耗及挑选整理费用）。

2．售价

"售价"是指商品的销售价格。在零售环节，售价是指包含增值税的商品价格。

任务三　商品流通企业会计核算的通用规范

由于商品流通企业经营方式的多样化和综合化发展趋势，商品流通企业会计作为企业会计的一个分支，其核算与其他行业会计有着明显的差别，即使同为商品流通企业，批发与零售、鲜活商品与大件贵重商品的存货核算均有所不同，但一些基本的规范是相同的，为提高学习的效率，现将其共同的规范介绍如下。

1.3.1　商品购销的交接方式

在商品购销业务活动中，采取的商品交接方式应根据商品本身的性质、市场环境和双方协议等条件来决定。一般来说，商品的交接方式主要有送货制、提货制、发货制和厂商保管制四种。

1. 送货制

送货制是指销货方按照双方的协议将商品送到购货单位指定的仓库或指定地点，由购货单位验收入库的一种商品交接方式。采用这种商品交接方式，商品在运输途中所发生的一切费用和损失均由销货方自行承担。

2. 提货制

提货制是指购货方依据付款凭证或销货方开具的提货单到销货方仓库或指定的地点提取并验收货物的一种商品交接方式。采用这种商品交接方式，商品在运输途中所发生的一切费用和损失均由购货方自行承担。

3. 发货制

发货制是指销货方根据购销合同规定的发货日期、品种、规格、数量等要求，将商品委托运输单位运送到购货单位所在地的车站、码头、机场或其他指定交货地点，由购货单位领取并验收入库的一种商品交接方式。在这种交接方式下，由于购销双方没有直接进行货物的交接，所以很容易产生纠纷。

4. 厂商保管制

厂商保管制是指购货方委托供货厂商代为保管商品，根据约定的时间凭付款凭证及保管凭证办理交接及验收的一种商品交接方式。这种商品交接方式下的保管费用根据双方约定由其中的某方承担。

1.3.2　商品购进的入账时间及成本计量

1. 商品购进的入账时间

商品购进的入账时间就是确认商品购进行为成立的时间，它与企业购进商品过程中采用的货款结算方式、购销双方的地理位置和商品交接方式相关联。不同的商品交接方式与结算方式结合，商品购进的入账时间有以下几种情况。

（1）从本地购进商品，采用现金、支票、本票或商业汇票等方式结算的，在支付货款并取得供货单位发货证明的，就可以作为商品购进入账；若商品先到，验收入库时可不作为商品购进，待承付货款时，再作为购进入账；月末，无论是否支付货款，只要收到了增值税专用发票，均应作为商品购进入账。

（2）从外地购进商品，销货方采用托收承付或委托收款方式结算的，结算凭证先到并承付货款时，作为商品购进入账；若商品先到，并已验收入库，货款尚未支付的，月末可按合同或协议价暂估入账，下月初再用红字冲回，以便在实际结算凭证收到后，按实际成本入账；月末，若收到了增值税专用发票，未支付货款，也应作为商品购进入账。

（3）采用预付货款方式购进的，由于预付货款时双方尚未形成实际的交易行为，因此，预付货款的时间不能作为商品购进的入账时间，待收到所购商品时再作商品购进入账。

（4）进口商品以支付货款的时间作为商品购进的入账时间。

2. 商品采购费用的处理

《企业会计准则第 1 号——存货》规定，存货的采购成本包括买价、相关税费、运输费、装卸费、保险费以及其他可归属于存货采购成本的费用，在其应用指南中对于采购费用也做出了相应的规定：企业（商品流通）在采购商品过程中发生的运输费、装卸费、保险费及其他可归属于存货采购成本等的进货费用，应当计入存货的采购成本，也可以先行归集，期末根据所购商品的存销情况进行分摊。对于已售商品的进货费用，计入当期损益；对于未售商品的进货费用，计入期末存货成本。企业采购商品进货费用金额较小的，可以在发生时直接计入销售费用。

在商品流通企业会计的实务中，对于购进商品过程中发生的运输费、装卸费、保险费及其他可归属于存货采购成本等的进货费用可以根据具体情况采取以下三种不同的处理方法。

（1）采购费用直接计入商品的采购成本。将购进商品的采购费用与买价一并计入商品的采购成本。该方法的核算工作量最大，通常适用于商品采购费用数额较大，商品品种规格较少的国际贸易企业和批发企业。

（2）采购费用通过"进货费用"账户归集，期末按比例分摊。将商品的采购费用先通过"进货费用"账户归集，期末将归集的进货费用再按商品的存销比例分摊，将已销商品的进货费用转入"主营业务成本"；将未销商品的进货费用，计入期末库存商品的成本。该方法的核算工作量较大，通常适用于商品采购费用数额较大，商品品种规格较多的批发企业和零售企业。

（3）采购费用直接计入当期损益。当发生采购费用时，将商品采购费用直接计入当期损益，列入"销售费用"账户。该方法核算最为简便，但因为将商品的采购费用全部由已销商品承担，影响了当前损益的准确性，因此通常适用于商品采购费用数额较小，商品品种规格繁多的零售企业。

3. 商品购进成本的计量

在商品采购费用按"进货费用"账户归集，期末按比例分摊，以及采购费用直接计入当期损益两种处理途径的情况下，商品购进成本入账价格确定方法如下：

（1）国内购进用于国内销售或出口的商品，以进货原价为其采购成本。
（2）企业进口的商品，其采购成本主要包括进口商品的国外进价和进口环节应缴纳的关税和消费税。
（3）企业委托其他单位代理进口的商品，其采购成本为实际支付给代理单位的全部价款。
（4）企业收购免税农产品，其采购成本为实际支付的收购价减去按规定的扣除率计算的进项税额后的差额。

1.3.3 销售收入的确认与计量

1. 商品销售收入确认的条件

企业在进行商品销售收入核算时，必须先确认实现商品销售收入的条件。商品销售收入的确认实际上是指商品销售收入在什么时候及什么条件下入账,并在利润表上反映。根据《企业会计准则第14号——收入》第四条规定,销售收入应当在下列五个条件同时满足时才能予以确认。

(1)企业已将商品所有权上的主要风险和报酬转移给购货方。风险是指商品由于贬值、损坏、报废等造成的损失。报酬是指商品中包含的未来的经济利益,包括商品因升值等给企业带来的经济利益。当一项商品发生的任何损失均不需要本企业承担,带来的经济利益也不归本企业所有时,则意味着该商品所有权上的风险和报酬已转移出该企业。

特别提示

判断一项商品所有权上的主要风险和报酬是否已转移给购货方,需要视下述不同情况而定:

1. 在大多数情况下,所有权上的风险和报酬的转移伴随着所有权凭证的转移或实物的交付而转移,如大多数零售交易。

2. 在有些情况下,企业已将所有权凭证或实物交付给购货方,但商品所有权上的主要风险和报酬并未转移。企业可能在以下几种情况下保留商品所有权上的主要风险和报酬:

(1)企业销售的商品在质量、品种、规格等方面不符合合同规定的要求,又未根据正常的保证条款予以弥补,因而仍负有责任。

(2)企业销售商品的收入是否能够取得,取决于销货方销售其商品的收入是否能够取得。例如,代销商品,受托方仅仅是代理商,委托方应在受托方售出商品,并取得受托方提供的代销清单时确认收入。

(3)企业尚未完成售出商品的安装或检验工作,且此项安装或检验任务是销售合同的重要组成部分,因此只有在商品安装完毕,并经检验合格后才能确认收入。

(4)在销售合同中规定了由于特定原因购货方有权退货的条款,而企业又不能确定退货的可能性,因此,只有在退货期满时才确认收入。

3. 在有些情况下,企业已将商品所有权上的主要风险和报酬转移给购货方,但实物尚未交付,这时应在所有权上的主要风险和报酬转移时确认收入,而不管实物是否交付。

(2)企业已经放弃了对商品的管理权与控制权。企业放弃对商品的管理权与控制权是指企业既没有保留通常与所有权相关联的继续管理权,也没有对已售出的商品实施有效控制。企业将商品所有权上的主要风险和报酬转移给购货方后,如仍然保留通常所有权相关联的继续管理权,或仍然对售出的商品实施控制,则此项销售不能成立,也不能确认相应的销售收入。

(3)收入的金额能够可靠地计量。收入的金额能否可靠地计量是确认收入的基本前提。企业在销售商品时,售价通常已经确定,但在销售过程中由于某种不确定因素,也有可能出现售价变动的情况,在新的售价未确定前不应确认收入。

(4)相关的经济利益很可能流入企业。经济利益是指直接或间接流入企业的现金或现金等价物。在销售商品的交易中,与交易相关的经济利益即为销售商品的价款。销售商品的价款能否有把握收回,是收入确认的一个重要条件,企业在销售商品时,如估计价款收回的可能性不大,即使收入确认的其他条件均已满足,也不应确认收入。销售商品的价款能否收回,主要根据企业以前和购货方交往的直接经验,或从其他方面取得的信息,或依据政府的有关政策等进行判断。例如,企业在出口商品时,不能肯定进口企业所在国政府是否允许款项汇出,在这些情况下,企业应推迟确认收入,直至这些不确定因素消除。

(5)相关已发生或将发生的成本能够可靠地计量。根据收入和费用相配比的要求,与同一项销售有关的收入和成本应在同一会计期间内予以确认,因此,即使在其他条件均已满足的情况下,若成本不能可靠地计量,相关的收入也不能确认。此时,对收到的货款仅能确认为负债。

企业销售商品应该同时满足上述五个条件才能确认收入,任何一个条件没有满足,即使已收到货款,也不能确认收入。

2. 商品销售收入入账时间的确定

商品销售收入的确认比较复杂,在会计实务中,可根据以下原则来确认收入的入账时间:

(1)企业采用直接收款方式销售商品时,可在实际收到货款或取得收取货款的凭证时,来确认收入并入账。

(2)采用托收承付和委托收款结算方式销售商品时,可在发出商品并办妥托收手续时,来确认收入并入账。

(3)采用一年内分期收款结算方式销售商品时,应按合同约定的收款日前作为确认收入的依据并入账。

(4)采用预收货款结算方式销售商品时,待商品交付时再确认收入并入账。

(5)以收取手续费方式委托其他单位代销商品时,委托方应在受托方将商品销售后,并收到其转来的代销清单时,确认收入;受托方在商品销售后,按应收的手续费确认收入并入账。

(6)在交款提货的情况下,货款已收到,主要账单和提货单已经交给买方,不论商品是否发出,都可确认收入并入账。

(7)出口销售的商品,陆运以取得承运货物收据或铁路联运单、海运以取得出口装船提单、空运以取得运单,并向银行办理交单后作为收入的实现依据入账;预收货款不通过银行交单的,取得以上提单、运单后,作为收入的实现,并入账。

3. 商品销售收入的计量

(1)一般应执行《企业会计准则第14号——收入》第五条第一款中的规定:即企业应当按照从购货方已收或应收的合同或协议价款确定销售商品收入金额,但已收或应收的合同或协议不公允的除外。

(2)涉及现金折扣和商业折扣的计量。销售商品涉及现金折扣的,应当按照扣除现金折扣前的金额取得商品销售收入金额,现金折扣在实际发生时计入当期损益。销售商品涉及商业折扣的,应当按照扣除商业折扣后金额确定销售商品收入的金额。

(3)发生销售折让时的计量。企业已经确认销售商品收入的售出商品发生销售折让的,应当在发生时冲减当期的商品销售收入。

项目小结

在现代经济社会中,商品流通企业的范围很广,包括各种经济性质和组织形式的商业、粮食、物资供销、供销合作社、对外贸易、医药、石油、烟草和图书发行等企业。在商品流通企业的经济活动中,购进和销售活动是企业的基本和关键性活动。商品流通业务主要包括商品购进、商品销售和商品储存三个业务环节。商品的调入、调出、运输和储存等经济活动都是围绕购销活动展开的,并受购销活动的支配和影响。

商品流通企业会计是应用于商品流通企业的一种专业会计,是企业会计的一个分支,由于商品流通企业资金运动是以"货币—商品—货币"轨迹运动的,所以其核算内容与其他行业会计有所不同,表现为会计科目上有所差别。

按照企业在完成商品流通过程中的作用划分,商品流通业务可以分为相互关联的批发商品流通和零售商品流通两个环节;按照商品流通经营方向和结算货币的不同,商品流通可分为国内贸易和国际贸易;按照商品流通的组织方式不同可分为自营商品流通和联营商品流通。

商品流通核算的实质就是对库存商品的核算。商品流通企业建立合理的库存商品明细账组织,并结合恰当的财产盘存制度和确定科学的记账价格,就构成了不同组合的核算方法。概括而言包括进价核算和售价核算两种方法,也可以分为数量核算和金额核算两种方法。具体而言,商品流通企业的核算方法包括数量进价金额核算、数量售价金额核算、售价金额核算、进价金额核算。前两种方法,可以同时提供实物量和价值量两类指标;后两种方法只能通过价值量指标进行核算。

《企业会计准则》对所有企业的采购成本及收入的计量和确认的条件均做出了原则性的规定,它是进行会计确认和计量的基础。

思考与练习

一、关键词

商品流通企业、商品流通、商品流通企业会计、批发商品流通、零售商品流通、联营商品流通。

二、思考题

1. 与其他行业会计比较,商品流通企业会计具有哪些特征?
2. 找出商品流通企业会计科目表中与制造业会计不同的会计科目。
3. 商品流通有哪些核算方法?分别说明这些核算方法的优缺点和适用范围。
4. 在不同的结算方式与商品交接方式下,如何确认商品购进的入账时间?
5. 商品流通企业的采购费用应如何处理?
6. 怎样确定商品的购进成本?
7. 《企业会计准则第14号——收入》第四条规定,销售收入应当同时满足哪些条件时才能予以确认?

三、知识与能力拓展

1. 学习《公司法》，查找批发企业与零售企业的开设条件。
2. 请分别选择一家综合百货商场和大型超市，调研其经营方式及商品核算方法。
3. 通过市场调研，列出目前比较突出的几个连锁经营企业。

项目二 批发业务核算

任务导入

1. 掌握批发业务流程
2. 理解批发业务经济活动与会计核算内容的关系
3. 掌握数量进价金额核算法的应用原理
4. 正确应用批发业务购、销、存各环节的核算方法进行核算
5. 对库存商品明细核算的账簿设置与登记
6. 正确应用各种方法计算销售成本
7. 商品销售成本顺算与逆算的应用
8. 商品销售成本分散结转与集中结转、逐日结转与定期结转的应用

批发商品流通是商品从生产领域进入流通领域的关键环节，是以整批买卖为特色的交易方式。通过批发企业在城乡之间、地区之间，生产企业与零售企业以及个体工商户组织商品的流转，充分发挥了商品流通的"媒介"作用。批发业务具有下述基本特征：一是经营规模、交易量和交易额较大，交易频率较低；二是商品储备量较大，核算上要随时掌握各种商品进、销、存的数量和结存金额；三是每次交易都必须取得合法的交易凭证，用以反映和控制商品的交易活动。

批发企业的规模及经营商品的品种多寡决定了其采用的核算方法。一般的批发企业基本上采用数量进价金额核算方法，对于小型的批发企业也可以采用数量售价金额核算方法。

任务一 批发商品购进的核算

2.1.1 购进业务流程分析

商品流通企业在国内采购商品，其货源主要由同城供应商和异地供应商提供，即同城商品购进和异地商品购进。由于供应商的地域差别，使商品的交接方式、货款结算方式均有所不同，因而带来业务流程上的区别。

商品购进涉及企业内部的业务、储运、财会等部门，由于不同企业的经营范围和组织架构的差别，商品购进的业务程序会有所不同。按照《企业内部会计控制规范》的要求，购进

批发商品购进的核算

商品的基本业务环节是相同的,因此,财会部门与业务部门、储运部门相协调,根据本企业的管理要求,结合采购商品的特点、商品交接方式和货款结算方式制定出符合《企业内部会计控制规范》要求的业务流程是发挥会计职能的必然要求。

1. 同城商品购进的业务流程分析

(1) 同城商品购进的交接方式:送货制或提货制。

(2) 同城商品购进的货款结算方式:支票、商业汇票、银行本票、委托收款等。

(3) 业务单证:商品购进所涉及的主要单证包括订购单(合同)、增值税专用发票、验收单(收货单)、付款凭单(根据上述单证由财会部门填制)。

(4) 业务流程:一般由业务部门根据事先制定的进货计划,与供货单位签订购销合同组织进货;如果采取提货制,业务部门根据供货单位开来的专用发票,与合同核对相符后,即填制"收货单"一式数联,连同专用发票一并送交储运部门提货,并将专用发票(发票联)和收货单(结算联)送交财会部门;财会部门对购货凭证审核无误后,作为付款的依据;储运部门提回商品验收入库后,自留一联,作为记账凭证,将一联退回业务部门,由其注销合同,将收货单(入库联)交财会部门作为记账凭证。

送货制条件下的业务程序如下:

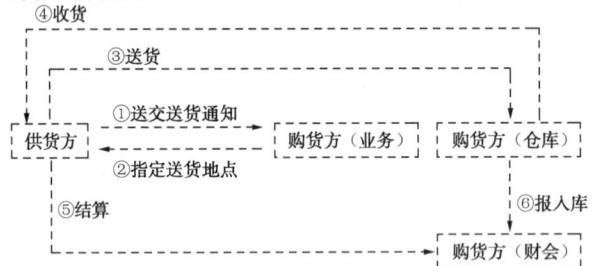

送货制条件下的单证传递程序(支票结算方式)如下:

相关凭证:增值税发票、支票、收货单

业务流程:

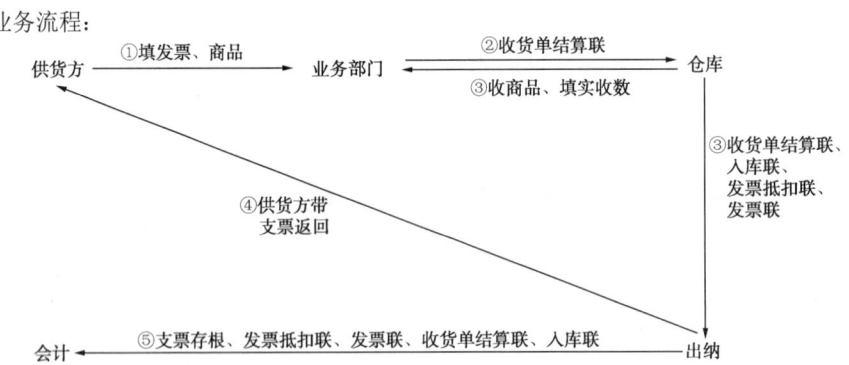

2. 异地商品购进的业务流程分析

(1) 异地商品购进的交接方式:通常采用发货制。

(2) 异地商品购进的货款结算方式:托收承付、委托收款、银行汇票和商业汇票等。

(3) 业务单证:商品购进所涉及的主要单证包括订购单(合同)、增值税专用发票、验收单（收货单）、托收凭证、运费单据、付款凭单（根据上述单证由财会部门填制）。

（4）业务流程：购货单位的财会部门收到银行转来的托收凭证及附来的专用发票（发票联）和运费单据时，应先送交业务部门，经与合同核对无误后，填制"收货单"一式数联，送交储运部门，并将托收凭证送还财会部门，经审核无误后，在付款期内支付货款；当商品到达时，由储运部门根据收货单与供货单位随货同行的专用发票（发货联）核对无误后将商品验收入库，并在"收货单"各联上加盖"收讫"印章，自留一联据以登记商品保管账，一联退回业务部门，由其注销合同，另一联连同专用发票（发货联）一并转交财会部门，经审核无误后，据以进行相关的账务处理。

发货制条件下业务程序如下：

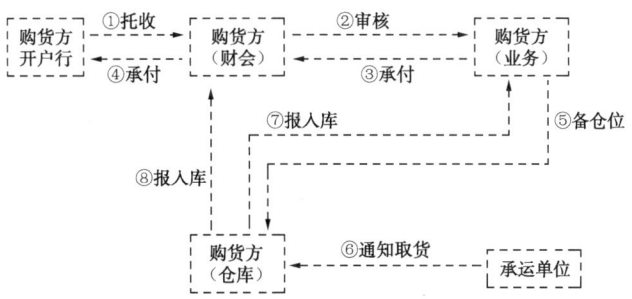

发货制条件下的单证传递程序（托收承付结算方式）如下：

① 单到时：相关凭证——增值税发票、托收承付凭证、运单。

业务流程：

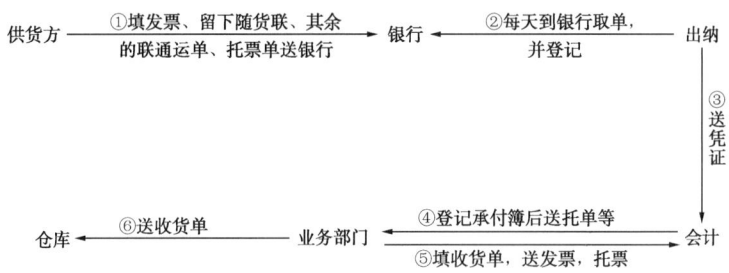

② 货到时：相关凭证——商品、增值税发票、运单。

业务流程：

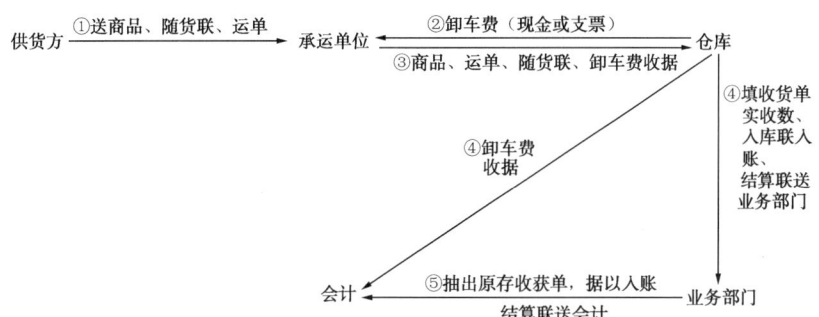

2.1.2 商品购进中正常业务的核算

1. 商品购进业务涉及的主要原始凭证

（1）收货单（或进仓单、商品验收单等），基本联次三联：存根联、结算联、入库联或收货联。

收 货 单

编号：01005

供货单位：湖南服装厂　　　2021 年 2 月 1 日　　　收货部门：批发部仓库

货 号	品 名	规 格	单 位	数 量	单 价	金 额
（略）	男西装		件	100	290.00	29,000.00
	女时装		件	100	205.00	20,500.00
合 计						￥49,500.00

商品类别：服装类

收货人：赵　刚　　　　　　　　　　　　　　　制单人：王小林

（存根联）

收 货 单

编号：01005

供货单位：湖南服装厂　　　2021 年 2 月 1 日　　　收货部门：批发部仓库

货 号	品 名	规 格	单 位	数 量	单 价	金 额
（略）	男西装		件	100	290.00	29,000.00
	女时装		件	100	205.00	20,500.00
合 计						￥49,500.00

商品类别：服装类

收货人：赵　刚　　　　　　　　　　　　　　　制单人：王小林

（结算联）

收 货 单

编号：01005

供货单位：湖南服装厂　　　2021年 2 月 1 日　　　收货部门：批发部仓库

货 号	品 名	规 格	单 位	数 量	单 价	金 额
（略）	男西装		件	100	290.00	29,000.00
	女时装		件	100	205.00	20,500.00
合 计						￥49,500.00

商品类别：服装类

收货人：赵　刚　　　　　　　　　　　　　　　制单人：王小林

（出库联）

（2）增值税专用发票，基本联次三联：记账联、抵扣联、发票联。财会部门以发票联入账，抵扣联单独保管以备税务机关检查。

批发业务核算 项目二

广东增值税专用发票 №14605XXX

4400000000

此联不作报销抵扣凭证使用　开票日期：2021年2月7日

购买方	名　称：燕华商贸有限公司 纳税人识别号：4400018631465 地址、电话：广州市中山三路154号　83487965 开户行及账号：工商银行越秀支行 010-0134-10012335766	密码区	（略）

货物或应税劳务、服务名称	规格型号	单位	数量	单价	金额	税率	税额
散装糖果		千克	1525	4.20	6405.00	13%	832.65
合　计					¥6405.00		¥832.65

价税合计（大写）	⊗柒仟贰佰参拾柒元陆角伍分	（小写）¥7237.65

销售方	名　称：东莞福田糖果厂 纳税人识别号：44000514034518 地址、电话：81276573 开户行及账号：工商银行 021-6539278	备注	（东莞福田糖果厂发票专用章）

收款人：李文广　　复核：张华月　　开票人：陈梅娟　　销售方：（章）

第一联：记账联　销售方记账凭证

广东增值税专用发票 №14605XXX

4400000000

抵扣联　开票日期：2021年2月7日

购买方	名　称：燕华商贸有限公司 纳税人识别号：4400018631465 地址、电话：广州市中山三路154号　83487965 开户行及账号：工商银行越秀支行 010-0134-10012335766	密码区	（略）

货物或应税劳务、服务名称	规格型号	单位	数量	单价	金额	税率	税额
散装糖果		千克	1525	4.20	6405.00	13%	832.65
合　计					¥6405.00		¥832.65

价税合计（大写）	⊗柒仟贰佰参拾柒元陆角伍分	（小写）¥7237.65

销售方	名　称：东莞福田糖果厂 纳税人识别号：44000514034518 地址、电话：81276573 开户行及账号：工商银行 021-6539278	备注	（东莞福田糖果厂发票专用章）

收款人：李文广　　复核：张华月　　开票人：陈梅娟　　销售方：（章）

第二联：抵扣联　购买方扣税凭证

广东增值税专用发票 №14600000

4400000000

发票联　开票日期：2021年2月7日

购买方	名　称：燕华商贸有限公司 纳税人识别号：4400018631465 地址、电话：广州市中山三路154号　83487965 开户行及账号：工商银行越秀支行 010-0134-10012335766	密码区	（略）

货物或应税劳务、服务名称	规格型号	单位	数量	单价	金额	税率	税额
散装糖果		千克	1525	4.20	6405.00	13%	832.65
合　计					¥6405.00		¥832.65

价税合计（大写）	⊗柒仟贰佰参拾柒元陆角伍分	（小写）¥7237.65

销售方	名　称：东莞福田糖果厂 纳税人识别号：44000514034518 地址、电话：81276573 开户行及账号：工商银行 021-6539278	备注	（东莞福田糖果厂发票专用章）

收款人：李文广　　复核：张华月　　开票人：陈梅娟　　销售方：（章）

第三联：发票联　购买方记账凭证

实务中，批发商品购进业务由业务部门与供货单位签订购销合同，合同一式三份，供货单位、业务部门和财会部门各留一份。业务部门根据供货单位开来的增值税专用发票，与合同核对相符后，即填制收货单，将增值税专用发票抵扣联、发票联和收货单结算联送交财会部门，财会部门审核无误后，作为付款的依据。购进的商品验收入库后，由批发部仓库将收货单入库联交财会部门，财会部门据此增加库存商品。

2. 商品购进业务涉及的会计科目

商品购进核算主要是反映和监督商品购进、验收入库和货款结算情况，所涉及的会计科目主要有在途物资、库存商品，以及应交税费——应交增值税（进项税额）、销售费用、银行存款、其他货币资金、应付账款、应付票据等。

（1）在途物资：核算商品流通企业采购商品时已支付货款但尚未运抵验收入库商品的实际成本，其明细账应按供应单位、商品品种等分户，进行明细核算。

（2）库存商品：核算商品流通企业库存待出售的全部自有商品的实际成本，用于销售的商品主要包括外购商品、自制商品、存放在门市部准备出售的商品、发出委托加工完成验收入库的商品、发出展览的商品、寄存在外库的商品等，同时商品盘盈、销货退回等也通过该科目反映。其明细账应按库存商品的种类、品种和规格分户，进行明细分类核算。

3. 同城商品购进的核算

在同城商品购进的业务中，货款的结算通常采用支票或商业汇票等，所以，一般情况下商品验收入库与货款结算可以在当天内同步办理完毕，此时在会计处理上，可同时登记"库存商品"和"银行存款"账户；如果货款结算在先，商品后到，要通过"在途物资"科目核算。

【例2.1】 美达电器公司为主要从事商品批发业务的一般纳税人，1月5日，公司向本地的微波炉厂购进微波炉200台，每台600元，货款计120 000元，增值税额15 600元，商品运到公司并验收入库，用支票付清货款，增值税专用发票、收货单及支票存根均已传到财会部门。会计处理如下：

借：库存商品——微波炉类　　　　　　　　　　　　120 000
　　应交税费——应交增值税（进项税额）　　　　　 15 600
　贷：银行存款　　　　　　　　　　　　　　　　　135 600

【例2.2】 1月7日，美达电器公司向本地的洗衣机厂购进洗衣机100台，每台1 000元，货款计100 000元，增值税额13 000元，开出等额承兑期为3个月的商业承兑汇票一张，商品运到公司并验收入库，相关单证已传到财会部门，会计处理如下：

借：库存商品——洗衣机类　　　　　　　　　　　　100 000
　　应交税费——应交增值税（进项税额）　　　　　 13 000
　贷：应付票据——洗衣机厂　　　　　　　　　　　113 000

4. 异地商品购进的核算

批发企业从外地购进商品时，一般由供应商采用发货制发运商品，购货单位从本地的车站、码头接货，运费一般都是由供应商预先垫付，然后同货款一并委托银行收回。对于发生的商品采购费用，根据《企业会计准则第 1 号——存货》规定，结合批发企业的业务情况，一般采取将采购费用通过"进货费用"账户归集，期末按比例分摊的方式处理较为合理。

在采用托收承付或委托收款方式结算货款时，由于结算单证与货物到达企业的时间可能不同，使财会部门在账务处理上有所差别。

（1）单货同到。

【例2.3】 1月8日，美达电器公司向深圳创维公司购进电视机100台，每台6 000元，货款计600 000元，增值税额78 000元，12日开户银行转来创维公司托收货款及其代垫运费2 000元，增值税额180元的结算单证，同日货到，并验收入库，相关单据传到财会部门，经审核无误，全数承付。会计处理如下：

借：库存商品——电视机类　　　　　　　　　　　　　　　600 000
　　应交税费——应交增值税（进项税额）　　　　　　　　 78 180
　　进货费用——电视机类　　　　　　　　　　　　　　　　2 000
　　贷：银行存款　　　　　　　　　　　　　　　　　　　680 180

（2）单到货未到。

【例2.4】 1月9日，美达电器公司开户银行转来上海电器公司托收的冰箱货款200 000元，增值税额26 000元，及其代垫运杂费162元的结算单证及附件（增值税专用发票），相关单据传到财会部门，经审核无误，全数承付。会计处理如下：

借：在途物资——上海电器公司　　　　　　　　　　　　　200 000
　　应交税费——应交增值税（进项税额）　　　　　　　　 26 162
　　进货费用——电冰箱类　　　　　　　　　　　　　　　　1 800
　　贷：银行存款　　　　　　　　　　　　　　　　　　　227 962

1月15日，仓库通知从北京购入的电冰箱全部到货，并验收入库，收货单及相关单证传到财会部门，会计处理如下：

借：库存商品——电冰箱类　　　　　　　　　　　　　　　200 000
　　贷：在途物资——上海电器公司　　　　　　　　　　　200 000

【例2.5】 25日，美达电器公司开户银行转来青岛海尔集团托收的电视机货款300 000元、增值税额39 000元、运杂费3 000元、增值税额270元的结算单证及附件（增值税专用发票），相关单据传到财会部门，经审核无误，全数承付。会计处理如下：

借：在途物资——青岛海尔集团　　　　　　　　　　　　　300 000
　　应交税费——应交增值税（进项税额）　　　　　　　　 39 270
　　进货费用——电冰箱类　　　　　　　　　　　　　　　　3 000
　　贷：银行存款　　　　　　　　　　　　　　　　　　　342 270

（3）货到单未到。

【例2.6】 25日，美达电器公司仓库通知中山灯具厂发来灯具一批，根据随货到达的发货单点验入库，与业务部门核对符合购销合同要求，货款为15 000元，相关单据传到财会部门。由于此项购进业务尚未收到结算凭证，未付款，可暂不入账，将有关单据妥善保管，等待付款。若月末仍未收到结算凭证，可根据购货合同及随货同行的发货单等暂估入账。

31日，仍未接到上述灯具的结算单据，会计处理如下：

借：库存商品——灯具类　　　　　　　　　　　　　15 000
　　贷：应付账款——中山灯具厂　　　　　　　　　　15 000

2月1日，用红字作上项分录冲销暂估的入账业务，待结算单据到达时，再做相关处理。

借：库存商品——灯具类　　　　　　　　　　　　　15 000
　　贷：应付账款——中山灯具厂　　　　　　　　　　15 000

2月6日，开户银行转来中山灯具厂托收灯具款15 000元，增值税进项税额1 950元，运杂费800元，增值税72元的结算单证及附件（增值税专用发票），经审核无误，立即承付相关款项17 822元。会计处理如下：

借：库存商品——灯具类　　　　　　　　　　　　　15 000
　　应交税费——应交增值税（进项税额）　　　　　　2 022
　　进货费用——灯具类　　　　　　　　　　　　　　800
　　贷：银行存款　　　　　　　　　　　　　　　　　17 822

特别提示

根据新的《企业会计准则第1号——存货》规定：存货成本包括采购成本、加工成本和其他成本，存货的采购成本则包括存货的买价和进货费用；1号准则的《应用指南》更明确规定：

（1）商品流通企业采购过程中发生的进货费用，应当计入采购成本，也可以通过进货费用科目进行归集，期末根据商品存销情况进行分摊；

（2）对于已售商品的进货费用，计入当期损益，对于未售商品的进货费用，计入期末存货成本；

（3）对于企业进货费用金额较小的，可以在发生时直接计入当期损益。

为了简化平时核算的工作量，一般情况下企业可以采取先通过进货费用科目进行归集，期末在进行分摊的方式进行处理。

5. 农副产品收购的核算

农副产品是农、林、牧、副、渔业生产产品的总称。农副产品收购是从事农副产品经营的商品流通企业向从事种职业、养殖业、林业、牧业、水产业生产的经济组织和个人收购各种植物、动物初级产品的行为。农副产品的种类繁多，包括粮、油、棉、糖、果、药材、家禽等。

商品流通企业如果是一般纳税人，在向农副业生产者购买免税农副产品或者向小规模纳税人购买农副产品时，按照税法的规定，可以按照买价9%的扣除率计算增值税进项税额，从当期销项税额中扣除。

农副产品的收购方式按照货款的结算方式划分有直接收购、委托代购和预购三种。

直接收购是批发企业直接设置收购网点，直接向生产者收购农副产品，这是商品流通企业主要采用的收购方式,对于收购网点可以采取拨付备用金或报账付款两种方式进行管理。

【例 2.7】 东旺食品批发公司通过增城的收购网点收购大米,公司对其所属的增城收购网点采用报账付款制。

(1)根据业务需要,在收购旺季来临前,拨付垫底资金 50 000 元,通过银行拨付,会计处理如下:

借:其他应收款——增城收购站　　　　　　　50 000
　　贷:银行存款　　　　　　　　　　　　　　　50 000

(2)增城收购站报来"农副产品收购汇总表",计收购大米 40 000 元,经审核无误,当即通过银行拨付资金,以补足垫底资金,并进行会计处理如下:

借:库存商品——大米　　　　　　　　　　　36 400
　　应交税费——应交增值税(进项税额)　　　3 600
　　贷:银行存款　　　　　　　　　　　　　　　40 000

预购的账务处理与财务会计中制造业的预付款采购业务处理相同,均通过预付账款科目核算。

2.1.3　在途物资的明细分类核算

为了加强对商品采购过程中在途商品的反映和控制,必须对在途物资进行明细分类核算。在途物资的明细分类核算主要通过同行登记法和抽单核对法两种方式进行核算。

1. 平行登记法

在途物资的平行登记法是指在进行在途物资的明细核算时,采用两栏平行式账页,将同一批次购进的商品业务,在账页的同一行次进行反映的方式。具体操作如下:当货款已付而商品未到时,记入账页的借方;待商品到达时,无论间隔时间长短,均记入同一行次的贷方。若一次付款,分批到货时,可在贷方内设几小行进行反映,待在途物资到达后,逐笔核销,并在账页的核销栏内画"√",以示注销。以【例 2.4】和【例 2.5】为例,在途物资两栏平行式明细账的格式及登记方法如表 2.1 所示。

表 2.1　在途物资明细分类账

供货单位	借方					贷方					注销号
	日期		凭证号	摘要	金额	日期		凭证号	摘要	金额	
	月	日				月	日				
上海电器公司	1	9	例 2.4	付电冰箱货款	200 000	1	15	例 2.4	电冰箱到货	200 000	√
海尔集团		25	例 2.5	付电视机款	300 000						

月末,在途物资明细分类账的借方余额,表示已经支付货款的在途商品数额;在途物资

明细分类账的贷方余额，表示商品已验收入库，而货款尚未支付的应付账款。采用平行登记法能够清楚地反映每批购进商品的付款与入库情况，便于加强对商品采购过程的监控和管理，有效防范企业在采购过程中的各种作弊风险，保障企业资金与资产的安全。但该方法对于采购业务比较频繁的企业来说核算的工作量较大。

2．抽单核对法

抽单核对法是利用供应商提供的增值税专用发票（抵扣联）和与货物同行的"发货单"相互配合，来组织在途物资明细分类核算的一种简便方法。

该方法的核心是通过"在途商品"和"入库商品"两个账夹来专门存放上述两种单据；然后再运用两种单据依次先后到达及相互套对的过程，来反映企业在途物资的动态情况。由于该方法是通过以单代账来对在途物资进行控制，因而存在一些管理不严密、出现差错不易查找的弊端。实务中多数商品流通企业不采用这种方法，所以，这里不做详细介绍。

平行登记法和抽单核对法两种记账方法的优缺点如表2.2所示。

表2.2 两种记账方法优缺点对照表

核算方法	记账方式	优　点	缺　点
平行登记法	用两栏式账页记载	能清楚地反映每批购进商品结算和验收入库的情况；便于加强对在途商品的管理；督促在途商品的及时到达；发生差错后，便于查找	核算工作量大，发生悬账，往往拖延日久，账页长期不能结清
抽单核对法	以收货单代替账簿	能简化核算手续，节省人力、物力，提高核算的工作效率	以单代账，对在途商品的管理不够严密；发生差错时，查找比较困难

2.1.4　商品购进中异常业务的核算

1．购进商品退补价的核算

批发企业在商品购进的业务中，有时由于供货单位疏忽，发生开错单价或价格计算错误等情况，导致购入商品的货款与合同产生差异，因此就产生了退补价的业务。购入商品需要退补价时，应由供应商填制更正发票交给购货单位，经业务部门对照合同审核，送交财会部门复核无误后，据以进行退补价的核算。

（1）购进商品退价的核算。购进商品退价是指原先结算货款的进价高于合同约定的价格，应由供应商将高于合同价格造成的货款差额退还给购货单位。

【例2.8】 弘大运动品经营公司从锐步公司购进的篮球鞋1 000双，合同价格每双320元，货款已付，商品入库。后经复核，发现供应商是按330元单价结算的，经过与供应商沟通，对方承认结算的价格有误，并同意更正。现收到供应商开来红字更正发票，应退货款10 000元，增值税额1 300元，退货款和退税款尚未收到。会计处理如下：

① 冲减商品采购额和增值税额：
借：在途物资——锐步公司　　　　　　　　　　　　10 000
　　应交税费——应交增值税（进项税额）　　　　　1 300
　　贷：应收账款——锐步公司　　　　　　　　　　　　11 300
② 同时冲减库存商品的价值：
借：库存商品——运动鞋类　　　　　　　　　　　　10 000
　　贷：在途物资——锐步公司　　　　　　　　　　　　10 000

（2）购进商品补价的核算。购进商品补价是指结算价格低于合同约定的价格，应由购进单位向供应商按照价差补付货款的核算。

【例2.9】　美达电器公司向本地的微波炉厂购进200台微波炉，每台600元，货款计120 000元，增值税额15 600元，商品运到公司并验收入库，用支票付清货款。日前收到供应商开来的更正发票，每台单价应为620元，需补货款4 000元，增值税520元给供应商，会计处理如下：

借：库存商品——微波炉类　　　　　　　　　　　　4 000
　　应交税费——应交增值税（进项税额）　　　　　520
　　贷：应付账款　　　　　　　　　　　　　　　　　　4 520

2. 进货退出的核算

进货退出是指商品购进验收入库后，因质量、品种、规格不符，经与供应商沟通后，再将商品退回供应商的业务。

批发企业对于购进的商品，在验收时一般只做抽样检查，因此在入库后复验商品时，往往会发现部分商品存在数量、质量、品种、规格不符的情况，此时批发企业应及时与供应商联系，调换商品或者作进货退出处理。在发生进货退出业务时，由供应商开出红字专用发票，企业收到后由业务部门据以填制"进货退出单"通知储运部门发运商品；财会部门根据储运部门转来的"进货退出单"进行进货退出的核算。

【例2.10】　美达电器公司日前向美的集团购进空调200台，每台价格1 500元，货款已付讫。今复验发现其中5台空调的质量不符要求，经联系后同意作退货处理。

（1）1月16日，收到美的集团开出的退货红字专用发票，开列退货款7 500元，退增值税975元，并收到业务部门转来的"进货退出单"的结算联。会计处理如下：

借：在途物资——美的集团　　　　　　　　　　　　7 500
　　应交税费——应交增值税（进项税额）　　　　　975
　　贷：应收账款——美的集团　　　　　　　　　　　　8 475

（2）1月17日，收到本公司储运部门转来的"进货退出单"的出库联。会计处理如下：

借：库存商品——空调类　　　　　　　　　　　　　7 500
　　贷：在途物资——美的集团　　　　　　　　　　　　7 500

（3）1月19日，收到开户银行转来的对方退来货款及增值税额8 475元，会计处理如下：

借：银行存款　　　　　　　　　　　　　　　　　　8 475
　　贷：应收账款——美的集团　　　　　　　　　　　　8 475

3. 拒付货款和拒收商品的核算

批发企业从异地购进商品时，对于银行转来供应商的托收凭证及其所附的专用发票、运费凭证等，必须认真地与合同进行核对，如发现与购销合同不符、重复托收以及货款或运费多计等情况，应在银行规定的承付期内填制"拒绝承付理由书"，拒付托收款。对于与购销合同不符或重复托收的，应拒付全部托收款；对于部分与购销合同不符的，应拒付不符部分的托收款；对于多计的货款或运费，则应拒付多计的数额。

对于供应商发来的商品及随货同行的专用发票，同样要与购销合同进行核对，并要认真检验商品的品种、规格、数量、质量，如不符，可以拒收商品。在拒收商品时，应由业务部门填制"拒收商品通知单"，通知供应商，同时需填制"代管商品收货单"一式数联，其中两联送交储运部门验收后，加盖"收讫"章，将其数量做账外记录，并将拒收商品与库存商品分别存放，一联由储运部门转交财会部门，据以记入"代管商品物资"账户。"代管商品物资"是表外账户，用来核算企业受托代管的商品物资等，该账户不与其他账户发生关系，只作单式记录。

在异地商品购进的业务中，由于托收凭证的传递与商品运输的渠道不同，因此，商品验收入库与支付货款的时间往往不一致，由此就会使拒收商品和拒付货款的时间发生差异。

【例2.11】 美达电器公司日前向海尔集团购进小家电500台，每台单价100元，货款总计50 000元，增值税6 500元，运费1 000元，增值税额90元，供应商采用托收承付方式结算。

（1）开户银行转来海尔集团的托收凭证，经审核无误，予以承付，会计处理如下：

借：在途物资——海尔集团　　　　　　　　　　　50 000
　　应交税费——应交增值税（进项税额）　　　　6 590
　　进货费用——小家电类　　　　　　　　　　　1 000
　贷：银行存款　　　　　　　　　　　　　　　　57 590

（2）今复验发现其中20台小家电的质量不符要求，予以拒收，由业务部门与供应商联系。

① 480台合格小家电验收入库，结转商品的采购成本，会计处理如下：

借：库存商品——小家电类　　　　　　　　　　48 000
　贷：在途物资——海尔集团　　　　　　　　　　48 000

② 将拒收20台小家电的货款、增值税及应承担的运费转入"应收账款"账户，拒收商品记入"代管商品物资"，会计处理如下：

借：在途物资——海尔集团　　　　　　　　　　2 000
　　应交税费——应交增值税（进项税额）　　　　263.60
　　进货费用——小家电类　　　　　　　　　　　40
　贷：应收账款——海尔集团　　　　　　　　　　2 303.60

同时在"代管商品物资"账户借记2 000元。

（3）经与供应商联系后，对方同意作退货处理，并汇来退货款，会计处理如下：

借：银行存款　　　　　　　　　　　　　　　　2 380
　贷：应收账款——海尔集团　　　　　　　　　　2 380

4. 供应商提供现金折扣与销售折让的核算

（1）现金折扣的核算。批发企业在赊购商品时，供应商为了鼓励客户及时清偿货款，会提出在规定的期限内还款而给予一定的折扣优惠。批发企业赊购商品，当供应商提出以付款期限为条件的现金折扣方案时，应采取按发票价格入账的总价法进行核算，若企业想享受供应商提供的现金折扣，其折扣额可冲减当期的财务费用。

【例 2.12】 弘大运动品经营公司从李宁公司赊购运动服 1 000 件，每件 280 元，货款 280 000 元，增值税额 36 400 元，商品入库。供应商给予的付款条件为：2/10、1/20、n/30。会计处理如下：

① 商品购进时：

借：库存商品——运动服类　　　　　　　　　　　280 000
　　应交税费——应交增值税（进项税额）　　　　 36 400
　　贷：应付账款——李宁集团　　　　　　　　　　　　316 400

② 付款时，根据企业自身的资金条件，企业决定在 10 天内付款：

借：应付账款——李宁集团　　　　　　　　　　　327 600
　　贷：银行存款　　　　　　　　　　　　　　　　　　322 000
　　　　财务费用　　　　　　　　　　　　　　　　　　 5 600

（2）销售折让的核算。销售折让是指因为供应商的商品出现质量、品种、规格等问题，为避免出现退货或损伤信誉而给予客户在商品价格上的减让。批发企业在得到供应商的销售折让时，应以商品的买价扣除折让后的净额入账。

【例 2.13】 弘大运动品经营公司从建德体育器材公司购进羽毛球拍 1 000 副，每副 80 元，货款 80 000 元，增值税额 10 400 元，协议验货付款。这批商品运到企业时，经检验发现商品存在瑕疵，经协商，供应商同意给予5%的销售折让，商品入库，并按照协商后的价格付款。会计处理如下：

借：库存商品——运动器材类　　　　　　　　　　76 000
　　应交税费——应交增值税（进项税额）　　　　 9 880
　　贷：银行存款　　　　　　　　　　　　　　　　　　 85 880

5. 进货短缺或溢余的核算

购进商品发生短缺或溢余既有自然因素，也有人为差错。如在运输途中由于不可抗拒的自然条件和商品性质等因素，使商品发生损耗或溢余；如运输单位的失职造成事故或商品丢失，供应商工作上的疏忽造成少发或多发商品，以及不法分子贪污盗窃等。因此，除根据实收数量入账外，还应认真调查，具体分析，查明缺溢原因，明确责任，及时予以处理。

储运部门在验收商品时，如发现实收商品与供应商的专用发票（发货联）上所列数量不符时，必须在"收货单"上注明实收数量，并填制"商品短缺溢余报告单"一式数联，其中一联连同鉴定证明送交业务部门，由其负责处理；另一联送交财会部门，作为记账的依据。

（1）购进商品发生短缺的核算。购进商品发生短缺时，在查明原因前，应通过"待处理财产损溢"账户进行核算。查明原因后，如果是供货单位少发商品，经联系后，可由其补发商品或作进货退出处理；如果是运输途中的自然损耗，则应作为"进货费用"列支；如果是责任事故，应由运输单位或责任人承担经济责任的，则作为"其他应收款"处理，如由本企业承担损失的，报经批准后，在"营业外支出"账户列支。

批发企业购进商品发生非正常损失时，其增值税（进项税额）应相应转入有关账户，借记有关账户，贷记"应交税费——应交增值税（进项税额转出）"账户。

【例2.14】 广粮集团从黑龙粮业公司购进玉米100吨，每吨1 000元，计货款100 000元，增值税额13 000元，运费5 000元，增值税额450元，采用托收承付方式结算货款。

① 接到银行转来的托收凭证及附来专用发票（发票联）、运费凭证，经审核无误后，予以承付。会计处理如下：

借：在途物资——黑龙粮业公司　　　　　　　　　　　100 000
　　应交税费——应交增值税（进项税额）　　　　　　 13 450
　　进货费用——粮食　　　　　　　　　　　　　　　　5 000
　　贷：银行存款　　　　　　　　　　　　　　　　　 118 450

② 玉米运到后，储运部门验收时，实收99吨，发现短缺1吨，计货款1 000元，填制"商品短缺溢余报告单"，如表2.3所示。

表2.3　商品短缺溢余报告单　　　　　　　　2021年1月18日

货号	品名	单位	应收数量	实收数量	单价	短缺		溢余	
						数量	金额	数量	金额
2231	玉米	吨	100	99	1 000	1	1 000		
合　　计						1	1 000		
供应商：黑龙粮业公司 专用发票号码：65872		处理 意见				溢余或短缺原因：　待查			

财会部门根据储运部门转来的"收货单"及"商品短缺溢余报告单"，复核无误后，结转已入库的商品成本，并对短缺商品进行核算。会计处理如下：

借：库存商品——粮食类　　　　　　　　　　　　　　99 000
　　待处理财产损溢——待处理流动资产损溢　　　　　 1 000
　　贷：在途物资——黑龙粮业公司　　　　　　　　　100 000

③ 经与供应商联系，查明短缺的玉米中，有500千克是对方少发商品，已开来退货的红字专用发票，应退货款500元，增值税额65元。

冲减商品采购额和增值税额，会计处理如下：

借：在途物资——黑龙粮业公司　　　　　　　　　　　500
　　应交税费——应交增值税（进项税额）　　　　　　 65
　　贷：应收账款——黑龙粮业公司　　　　　　　　　 565

冲转待处理财产损溢，会计处理如下：

借：待处理财产损溢——待处理流动资产损溢　　　　500
　　　　贷：在途物资——黑龙粮业公司　　　　　　　　　　500
④ 另查明有 100 千克短缺的玉米是自然损耗，经批准予以转账，会计处理如下：
　　借：进货费用——粮食类　　　　　　　　　　　　　100
　　　　贷：待处理财产损溢——待处理流动资产损溢　　　　100
⑤ 另查其余的 400 千克，属于运输部门的过失，对方同意赔付货款及进项税额，会计处理如下：
　　借：其他应收款——某运输部门　　　　　　　　　　452
　　　　贷：待处理财产损溢——待处理流动资产损溢　　　　400
　　　　　　应交税费——应交增值税（进项税额转出）　　　52

（2）购进商品溢余的核算。购进商品发生溢余，在查明原因前，应通过"待处理财产损溢"账户进行核算。查明原因后，如果是运输途中的自然升溢，应冲减"进货费用"账户，如果是供应商多发了商品，可与对方联系，由其补来专用发票后，作为商品购进处理，也可以退还对方。

【例 2.15】 承上例，若验收商品时发现多出 1 吨玉米。财会部门根据储运部门转来的"收货单"及"商品短缺溢余报告单"，审核无误后，作商品入库及溢余的核算，会计处理如下：

① 借：库存商品——粮食类　　　　　　　　　　　　101 000
　　　贷：在途物资——黑龙粮业公司　　　　　　　　　100 000
　　　　　待处理对产损溢——待处理流动资产损溢　　　　1 000

② 经与供应联系，确认其中 900 千克为供应商多发商品，并补来发票，企业补付货款和税款；其余的 100 千克属于运输途中因湿度变化带来的自然升溢。会计处理如下：
　　借：在途物资——黑龙粮业公司　　　　　　　　　　900
　　　　应交税费——应交增值税（进项税额）　　　　　　117
　　　　贷：银行存款　　　　　　　　　　　　　　　　1 017
　　借：待处理财产损溢——待处理流动资产损溢　　　1 000
　　　　贷：在途物资——黑龙粮业公司　　　　　　　　　900
　　　　　　进货费用——粮食类　　　　　　　　　　　　100

任务二　批发商品销售的核算

2.2.1　销售业务流程分析

批发企业的国内销售业务按照客户的地域不同，可分为同城销售和异地销售。由于客户的地域差别，使商品的交接方式、货款结算方式有所不同，因而带来业务流程上的差别。

1. 同城商品销售的业务程序

（1）同城商品销售的商品交接方式：提货制或送货制。
（2）同城商品销售的货款结算方式：支票、商业汇票、银行本票等。

(3) 业务单证：商品销售所涉及的主要单证包括客户订单（合同）、增值税专用发票、发货单或提货单、收款凭单（根据上述单证由财会部门填制）。

(4) 业务流程。

① 在采用提货制的情况下，批发销售企业的业务部门根据购货单位选定的商品品种和数量，填制一式三联的增值税专用发票（发票联、抵扣联、记账联）和一式多联的商品发货单（提货单），业务部门留下专用发票的记账联和发货单（提货单）的存根联，将其余各联交与采购员，据以向财会部门结算货款和到仓库提货。

销货单位财会部门收妥货款后，留下专用发票的记账联和发货单（提货单）的记账联后，据以进行账务处理；仓库发货后留下发货单（提货单）的提货联据以登记商品实物保管账。客户提货后将专用发票的发票联和抵扣联带回，交给本单位的财会部门据以进行账务处理。

② 在采用送货制的情况下，通常有两种做法：一是客户现付货款，然后由销货单位送货；二是销货单位先将商品送给客户，经客户验收后再支付货款。采用第一种做法与提货制下的业务程序基本相同。采用第二种做法时，其程序如下：销货单位的业务部门根据客户的要求，填制增值税专用发票，除留下记账联转财会部门记账外，其余各联交储运部门向仓库提货送给客户，并将专用发票的发票联、税款抵扣联交给客户据以验收商品和结算货款；客户验货后，由送货人员将对方的验货凭证带回，连同记账联转交财会部门，结算货款。

提货制条件下的业务程序：

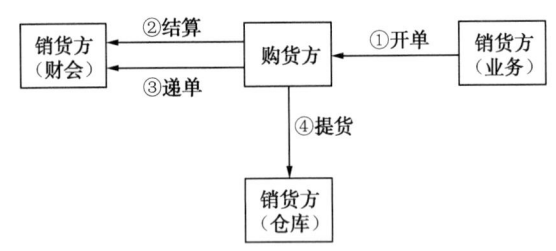

提货制条件下的单证传递程序（支票结算方式）：

相关凭证：支票、增值税发票、银行进账单

业务流程：

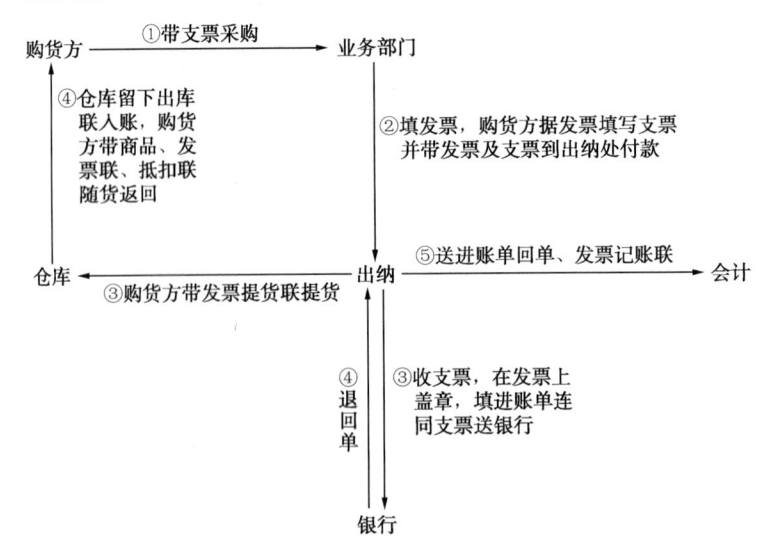

2. 异地商品销售的业务流程分析

（1）异地商品销售的交接方式：通常采用发货制。

（2）异地商品销售的货款结算方式：托收承付、委托收款、银行汇票和商业汇票等。

（3）业务单证：商品销售所涉及的主要单证包括订单（合同）、增值税专用发票、发货单、托收凭证、运费单据、收款凭单（根据上述单证由财会部门填制）。

（4）业务流程。现以发货制和托收承付结算方式为例，介绍异地销售的业务流程：由业务部门根据购销合同约定的商品品种、规格、数量、单价，填制增值税专用发票一式数联和商品发货单，业务部门留下存根联备查外，将其余各联转交储运部门。储运部门根据专用发票和发货单提货、包装，并委托运输单位发运商品，发货联随货同行，留下发货单的提货联登记商品保管账。运输单位在发运商品后，送来运单，向财会部门结算运费。财会部门收到专用发票的发票联、发货单的提货联及运单后，一方面支付运输单位运费，另一方面填制托收凭证，附上发票联、抵扣联和运单，向银行办理托收手续，银行受理后，取回托收回单，据以作商品销售的核算。

发货制条件下的业务程序：

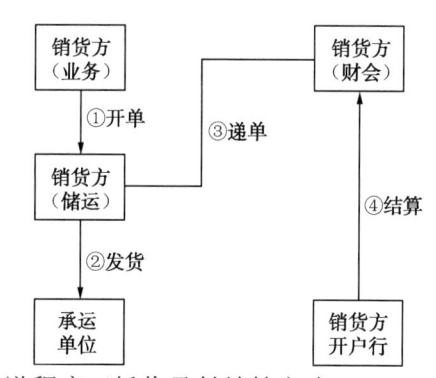

发货制条件下的单证传递程序（托收承付结算方式）：

相关凭证：增值税发票、支票、受托承付凭证、运单、货票。
业务流程：

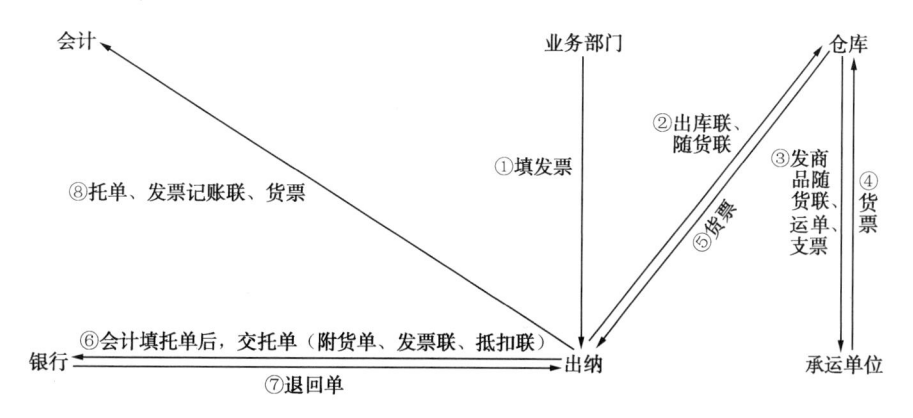

2.2.2 批发商品销售业务的核算

1. 批发商品销售涉及的主要原始凭证

（1）发货单或出仓单，基本联次三联：存根联、结算联、出库联或发货联。

发 货 单

编号：01005

购货单位：湖南服装厂　　　2021 年 2 月 1 日　　　发货仓库：批发部仓库

货 号	品 名	规 格	单 位	数 量	单 价	金 额
（略）	男西装		件	100	290.00	29,000.00
	女时装		件	100	205.00	20,500.00
合 计						￥49,500.00
商品类别：服装类							

发货人：赵　刚　　　　　　　　　　　　　　制单人：王小林

存根联

发 货 单

编号：01005

购货单位：湖南服装厂　　　2021 年 2 月 1 日　　　发货仓库：批发部仓库

货 号	品 名	规 格	单 位	数 量	单 价	金 额
（略）	男西装		件	100	290.00	29,000.00
	女时装		件	100	205.00	20,500.00
合 计						￥49,500.00
商品类别：服装类							

发货人：赵　刚　　　　　　　　　　　　　　制单人：王小林

结算联

发 货 单

编号：01005

购货单位：湖南服装厂　　　2021 年 2 月 1 日　　　发货仓库：批发部仓库

货 号	品 名	规 格	单 位	数 量	单 价	金 额
（略）	男西装		件	100	290.00	29,000.00
	女时装		件	100	205.00	20,500.00
合 计						￥49,500.00
商品类别：服装类							

发货人：赵　刚　　　　　　　　　　　　　　制单人：王小林

出库联

（2）增值税专用发票（或普通发票）：财会部门以记账联入账。

广东增值税专用发票 № 00463400

4400000000

此联不作报销抵扣税凭证使用　开票日期：　　年　月　日

购买方	名称：广州市家乐商场 纳税人识别号：4400025639583 地址、电话：22054963 开户行及账号：020-0329-1002564896	密码区	（略）

货物或应税劳务、服务名称	规格型号	单位	数量	单价	金额	税率	税额
夹心饼干		盒	200	15.50	3 100.00	13%	403.00
合　计					¥3 100.00		¥403.00
价税合计（大写）	⊗叁仟伍佰零叁圆整				（小写）¥3 503.00		

销售方	名称：燕华商贸有限公司 纳税人识别号：4400018631465 地址、电话：广州市中山三路154号 83487965 开户行及账号：工商银行越秀支行 010-0134-10012335766	备注	（燕华商贸有限公司 发票专用章）

收款人：李文广　　　复核：张华月　　　开票人：陈梅娟　　　销售方：（章）

第一联：记账联 销售方记账凭证

（3）相关银行结算单证。

2．同城商品销售的核算

为了正确核算批发企业商品销售业务，必须合理设置核算商品销售业务的会计科目，一般应设置"主营业务收入"、"主营业务成本"等科目。

"主营业务收入"是损益类账户，用以核算企业的商品销售收入，取得商品销售收入时，记入贷方；期末转入"本年利润"账户时，记入借方。"主营业务成本"是损益类账户，用以核算企业的商品销售成本，当结转商品销售成本时，记入借方；期末转入"本年利润"账户时，记入贷方。

批发企业在销售商品后，应按专用发票列明的价税合计数收款，若收取转账支票、银行本票的，存入银行时，借记"银行存款"账户；若收取的是商业汇票，借记"应收票据"账户；若尚未收到账款的，则借记"应收账款"账户，同时按专用发票列明的货款贷记"主营业务收入"账户，按列明的增值税额贷记"应交税费"账户，然后计算出销售商品的进价成本，并予以结转，结转时借记"主营业务成本"账户，贷记"库存商品"账户。

【例2.16】　弘大运动品经营公司向美达体育用品商城销售运动服200套，每套350元，每套进价300元。客户采取自己提货，并将货款用转账支票支付。其收入及成本的会计处理如下：

借：银行存款　　　　　　　　　　　　　　　　79 100
　　贷：主营业务收入——运动服类　　　　　　70 000
　　　　应交税费——应交增值税（销项税额）　 9 100
借：主营业务成本——运动服类　　　　　　　　60 000
　　贷：库存商品——运动服类　　　　　　　　60 000

在商品流通企业会计核算的实务中，由于商品种类繁多，每天计算商品销售成本工作量很大，为了简化核算手续，主营业务成本一般采取期末集中结转的方式进行处理。

3. 异地商品销售的核算

异地商品的销售业务，一般要委托运输单位将商品运往客户，至于支付给运输单位的运费，根据购销合同规定，一般由客户负担。销货单位在垫支时，通过"应收账款"账户进行核算，然后连同销货款、增值税额一并通过银行向购货单位办理托收。

【例2.17】 弘大运动品经营公司向郑州体育商城销售篮球鞋500双，每双300元，每双进价270元。采取发货制的商品交接方式。

（1）1月12日，运输公司开来运费凭证800元，弘大公司用转账支票支付，会计处理如下：

借：应收账款——郑州体育商城　　　　　　　　800
　　贷：银行存款　　　　　　　　　　　　　　　800

（2）1月16日，弘大公司凭专用发票的发票联及运费凭证通过银行办理托收，根据银行的托收凭证回单联，作商品销售的会计处理：

借：应收账款——郑州体育商城　　　　　　　169 500
　　贷：主营业务收入——篮球鞋　　　　　　　150 000
　　　　应交税费——应交增值税（销项税额）　19 500

（3）1月20日，收到银行转来的郑州体育商城托收款项的收款通知。会计处理如下：

借：银行存款：　　　　　　　　　　　　　　176 300
　　贷：应收账款——郑州体育商城　　　　　　176 300

4. 直运商品销售的核算

直运商品销售是指批发企业购进商品后，不经过本企业仓库储备，直接从供应商发运给客户的一种销售方式。

直运商品销售涉及批发企业、供货单位和购货单位三方，因此，直运商品销售的核算包括两个部分：一是批发企业从供货单位购进商品的核算；二是批发企业向购货单位销售商品的核算。只有二者结合起来，才真正完成一次直运商品销售业务。

采用直运商品销售，商品不通过批发企业仓库的储存环节，所以可以不通过"库存商品"账户，直接在"在途物资"账户进行核算。由于直运商品购进和销售的专用发票上已经列明商品的购进金额和销售金额，因此商品销售成本可以按照实际进价成本，分销售批次随时进行结转。

直运商品销售的核算包括承付货款、托收销货款、结转销售成本、收到托收款四个环节。在一般情况下，是批发企业先向供货单位承付货款，然后再向购货单位托收销货款，但也有先向购货单位托收销货款，后向供货单位承付购货款的情况，以及二者同时完成的情况。

【例2.18】 弘大运动品经营公司向李宁公司订购男运动服600套，每套560元，直运给青岛体育用品商城，每套600元，购进、销售的增值税率均为13%，李宁公司代垫运费1 500元，购销合同规定运费由青岛体育用品商城负担。

（1）根据银行转来李宁公司的托收凭证，内附专用发票，开列男运动服货款336 000元、增值税额43 680元，运费凭证1 500元，经审核无误，当即承付，会计处理如下：

借：在途物资——李宁公司　　　　　　　　　　　　　　336 000
　　应交税费——应交增值税（进项税额）　　　　　　 43 680
　　应收账款——代垫运费　　　　　　　　　　　　　　 1 500
　贷：银行存款　　　　　　　　　　　　　　　　　　　381 180

（2）直运销售男运动服 600 套，每套 600 元，货款 360 000 元，增值税额 46 800 元，连同垫付的运费 1 500 元，一并向青岛体育用品商城托收，根据专用发票（记账联）及托收凭证（回单联），会计处理如下：

借：应收账款——青岛体育用品商城　　　　　　　　　408 300
　贷：主营业务收入——男运动服　　　　　　　　　　　360 000
　　　应交税费——应交增值税（销项税额）　　　　　　 46 800
　　　应收账款——代垫运费　　　　　　　　　　　　　　1 500

同时结转商品销售成本，会计处理如下：

借：主营业务成本——男运动服　　　　　　　　　　　 336 000
　贷：在途物资——李宁公司　　　　　　　　　　　　　 336 000

在直运商品销售中发生的运费，一般应按供销双方的协议处理，属批发企业负担的，应列入"进货费用"，属购货单位负担的，应作为垫付款，连同货款一并托收。

5．分期收款销售的核算

批发企业扩大销售数量，提高市场占有率，有时会以分期收款的方式进行商品销售。由于该方式下的商品销售具有收款期限长、货款回收风险大的特点，所以，采用这种销售方式事先要由业务部门与购货方订立"分期收款商品购销合同"，进行风险控制，合同内应注明发货日期、分期收款的期限和金额及违约责任。

对于不具有融资性质的分期收款商品销售，可按合同约定的收款日期进行收入实现的确认，并根据全部销售成本与销售收入的比率，计算本期应结转的销售成本。

为了加强对分期收款发出商品的反映和控制，批发企业应设置"发出商品"账户。该账户属于资产类账户，用来核算企业采用分期收款方式销售商品时，未满足收入条件但已发出商品的实际成本。商品发出时，借记该账户，按照合同规定的时间收回货款时，按照规定的方法计算出应结转的销售成本，贷记该账户，其借方余额表示尚待以后收回的分期收款销售商品的成本。

【例 2.19】 弘大运动品经营公司采取年内分期收款方式向广华运动用品商城销售健身器材 50 套，该健身器材购进单价为 2 200 元，销售单价为 2 500 元，按合同约定，在一年内分三期收款，第一期收取价款的 40%，后两期各收取价款的 30%。

（1）1 月 10 日，发给广华运动用品商城 50 套，财会部门根据"分期收款商品发货单"进行会计处理如下：

借：发出商品——广华运动用品商城　　　　　　　　　110 000
　贷：库存商品——健身器材　　　　　　　　　　　　　110 000

（2）1 月 30 日，收到广华运动用品商城汇来的第一期货款及税款 56 500 元，会计处理如下：
　① 确认实现的收入：

借：银行存款　　　　　　　　　　　　　　　　　　　　　56 500
　　贷：主营业务收入——健身器材　　　　　　　　　　　50 000
　　　　应交税费——应交增值税（销项税额）　　　　　　 6 500
② 结转分期收款商品的销售成本：
借：主营业务成本——健身器材　　　　　　　　　　　　　44 000
　　贷：发出商品——广华运动用品商城　　　　　　　　　44 000
以后两期收款期限到时，所作收入实现、成本结转的会计处理同上。

6. 代销商品销售的核算

代销商品是销售商品活动中广为采用的一种营销方式，代销商品牵涉委托方和受托方两个方面，委托方委托代销的商品称为委托代销商品，受托方代销的商品称为受托代销商品。代销商品销售有视同买断和收取代销手续费两种方式。

为了加强对代销商品的核算与控制，对于代销的商品，委托方与受托方分别通过"委托代销商品"和"受托代销商品"账户进行核算。"委托代销商品"是资产类账户，用以核算企业委托其他单位代销的商品，企业将商品交付受托单位代销时，记入该账户借方；企业收到受托单位已售代销商品清单确认销售收入并转销其成本时，记入该账户贷方；期末余额在借方，表示企业委托代销商品尚未销售的数额。该账户应按受托单位进行明细分类核算。

"受托代销商品"是资产类账户，用以核算企业接受其他单位委托代销的商品。受托企业收到代销商品时，记入该账户借方；受托代销商品销售后，结转其销售成本时，记入该账户贷方；期末余额在借方，表示企业尚未销售的代销商品数额。该账户应按委托单位进行明细分类核算。

（1）视同买断方式代销商品销售的核算。批发企业采取视同买断方式代销商品，作为委托方的批发企业应与受托方签订"商品委托代销合同"，合同上应注明委托代销商品的协议价、销售价、结算方式、结算时间以及双方承担的责任等内容。

在采用该方式进行商品销售时，委托方在交付委托销售的商品时，不确认收入，受托方也不作购进商品的处理。受托方将商品销售后，按实际售价确认销售收入，并向委托方开具代销清单，委托方收到代销清单时，确认代销商品销售的实现。

所以，受托方在收到代销商品时，在借记"受托代销商品"的同时，还应贷记"代销商品款"。"代销商品款"是负债类账户，用以核算企业接受代销商品的货款。企业在收到代销商品时，记入贷方；销售代销商品时，记入该账户借方；期末余额在贷方，表示尚未销售代销商品的货款。该账户应按委托单位进行明细分类核算。

【例2.20】 弘大运动品经营公司委托美达体育用品商城销售跑步机100台，根据商品委托代销合同，将跑步机发给美达体育商城。其购进单价为1 600元，协议单价为2 000元，增值税率为13%，合同规定每个月末受托方向委托方开具代销清单，据以结算货款。

① 1月2日，发运商品时，根据"委托代销商品发货单"，进行会计处理如下：
借：委托代销商品——美达体育用品商城　　　　　　　　160 000
　　贷：库存商品——跑步机　　　　　　　　　　　　　　160 000
② 1月31日，根据美达体育用品商城送来的代销商品清单，填制专用发票，列明销售跑

步机 50 台，协议单价 2 000 元，金额 100 000 元，增值税额 13 000 元，会计处理如下：

  借：应收账款——美达体育用品商城　　　　　　　　　　　　　113 000
    贷：主营业务收入——跑步机　　　　　　　　　　　　　　　100 000
      应交税费——应交增值税（销项税额）　　　　　　　　　13 000

同时结转已售委托代销商品的销售成本 80 000 元，会计处理如下：

  借：主营业务成本——跑步机　　　　　　　　　　　　　　　　　80 000
    贷：委托代销商品——美达体育用品商城　　　　　　　　　　　80 000

③ 2月5日，收到美达体育用品商城支付50台跑步机的货款及增值税额的转账支票，会计处理如下：

  借：银行存款　　　　　　　　　　　　　　　　　　　　　　　　113 000
    贷：应收账款——美达体育用品商城　　　　　　　　　　　　113 000

【例 2.21】　弘大运动品经营公司根据商品委托代销合同，接受康泰集团 1 000 双新品运动鞋的代销业务，合同规定运动鞋的协议单价为 400 元，销售单价为 480 元，增值税率为 13%，每个月末向委托方开具代销清单，结算货款。

① 1月3日，收到 1 000 运动鞋，会计处理如下：

  借：受托代销商品——康泰集团　　　　　　　　　　　　　　　　400 000
    贷：代销商品款——康泰集团　　　　　　　　　　　　　　　400 000

② 1月20日，销售运动鞋 500 双，每双 480 元，计货款 240 000 元，增值税额为 31 200 元，收到转账支票存入银行，会计处理如下：

a．确认销售收入：

  借：银行存款　　　　　　　　　　　　　　　　　　　　　　　　271 200
    贷：主营业务收入——运动鞋　　　　　　　　　　　　　　　240 000
      应交税费——应交增值税（销项税额）　　　　　　　　　31 200

b．结转商品销售成本：

  借：主营业务成本——运动鞋　　　　　　　　　　　　　　　　　200 000
    贷：受托代销商品——康泰集团　　　　　　　　　　　　　　200 000

c．结转代销商品款：

  借：代销商品款——康泰集团　　　　　　　　　　　　　　　　　200 000
    贷：应付账款——康泰集团　　　　　　　　　　　　　　　　200 000

③ 1月31日，开出代销商品清单给委托方，2月3日，收到康泰集团专用发票，开列运动鞋 500 双，每双 400 元，计货款 200 000 元，增值税额 26 000 元，当即签发转账支票支付全部账款，会计处理如下：

  借：应付账款——康泰集团　　　　　　　　　　　　　　　　　　200 000
    应交税费——应交增值税（进项税额）　　　　　　　　　　　26 000
    贷：银行存款　　　　　　　　　　　　　　　　　　　　　　226 000

（2）收取代销手续费方式的核算。批发企业采取收取手续费方式代销商品时，作为委托方的批发企业，应当在收到受托方转来的商品代销清单时确认销售收入，同时，按照合同约定的比例支付代销手续费时，借记"销售费用"账户。而受托方则按所收取的手续费确认收入。

【例 2.22】 弘大运动品经营公司将 1 000 支网球球拍委托顺达体育用品商城代销,该网球拍的购进价每支 500 元,合同规定销售单价为 580 元,增值税率为 13%,每个月末受托方向委托方开具代销清单,据以结算货款,代销手续费率为 8%。

① 1 月 5 日,将网球拍交付顺达体育用品商城时,根据"代销商品发货单",会计处理如下:

借:委托代销商品——顺达体育用品商城　　　　　　　500 000
　　贷:库存商品——网球拍　　　　　　　　　　　　　　500 000

② 1 月 31 日,顺达体育用品商城送来代销商品清单,据以填制专用发票,开列网球拍 200 支,每支 580 元,计货款 116 000 元、增值税 15 080 元。

根据代销商品清单,确认收入:

借:应收账款——顺达体育用品商城　　　　　　　　　131 080
　　贷:主营业务收入——网球拍　　　　　　　　　　　　116 000
　　　　应交税费——应交增值税(销项税额)　　　　　　 15 080

同时结转已售委托代销商品成本:

借:主营业务成本——网球拍　　　　　　　　　　　　100 000
　　贷:委托代销商品——顺达体育用品商城　　　　　　　100 000

③ 结算代销手续费,会计处理如下:

借:销售费用——手续费　　　　　　　　　　　　　　　9 280
　　贷:应收账款——顺达体育用品商城　　　　　　　　　　9 280

④ 1 月 31 日,顺达体育用品商城扣除代销手续费 9 280 元后,付来已售代销的 200 支网球拍的货款及增值税额,存入银行,会计处理如下:

借:银行存款　　　　　　　　　　　　　　　　　　　126 440
　　贷:应收账款——顺达体育用品商城　　　　　　　　　126 440

作为受托方的批发企业,采取收取代销手续费方式开展代销业务时,与视同买断方式相比较,主要区别是受托方应按照委托方规定的价格销售代销商品,不得随意改变代销商品的价格,同时,企业根据合同规定在向委托方结算代销手续费时,应作为其他业务收入处理。

【例 2.23】 弘大运动品经营公司根据商品委托代销合同,接受康泰集团 500 张乒乓球台的代销业务,合同规定该乒乓球台的单价为 1 800 元,增值税率为 13%,代销手续费率为 8%,每月末向委托方开具代销清单,结算货款和代销手续费。

① 1 月 6 日,收到 500 张乒乓球台,会计处理如下:

借:受托代销商品——康泰集团　　　　　　　　　　　900 000
　　贷:代销商品款——康泰集团　　　　　　　　　　　　900 000

② 1 月 18 日,销售乒乓球台 100 张,每张 1 800 元,计货款 180 000 元,增值税额 23 400 元,收到转账支票存入银行,会计处理如下:

a. 反映商品销售:

借:银行存款　　　　　　　　　　　　　　　　　　　203 400
　　贷:应付账款——康泰集团　　　　　　　　　　　　　180 000
　　　　应交税费——应交增值税(销项税额)　　　　　　 23 400

b．同时注销代销商品：
借：代销商品款——康泰集团　　　　　　　　　　　　　　180 000
　　贷：受托代销商品——康泰集团　　　　　　　　　　　　　　180 000
③ 1月30日，开出代销商品清单及代销手续费发票，开列代销手续费14 400元，会计处理如下：
借：应付账款——康泰集团　　　　　　　　　　　　　　　14 400
　　贷：其他业务收入　　　　　　　　　　　　　　　　　　　　14 400
④ 1月30日，收到康泰集团开来的专用发票，开列乒乓球台100张，每张1 800元。扣除代销手续费14 400元后，签发转账支票196 200元，支付康泰集团已售代销商品货款及增值税额，会计处理如下：
借：应付账款——康泰集团　　　　　　　　　　　　　　　165 600
　　应交税费——应交增值税（进项税额）　　　　　　　　　23 400
　　贷：银行存款　　　　　　　　　　　　　　　　　　　　　189 000

2.2.3　涉及现金折扣与销售折让的核算

1．现金折扣的核算

现金折扣是指企业赊销商品时，为了使客户在一定期限内迅速还清账款而给予的折扣优惠，因此，现金折扣实质上是企业为了尽快回笼资金而发生的理财费用，应在其实际发生时，列入"财务费用"账户。采用现金折扣方式，应体现在合同中，作为落实现金折扣的依据。

【例2.24】　弘大运动品经营公司为了提高赊销商品的资金回笼速度，对所有的赊购客户给予的信用条件为：2/10、1/20、n/30。

1月10日，赊销给华泰体育用品商城商品一批，货款30 000元，增值税额3 900元，会计处理如下：
借：应收账款——华泰体育用品商城　　　　　　　　　　　33 900
　　贷：主营业务收入　　　　　　　　　　　　　　　　　　　30 000
　　　　应交税费——应交增值税（销项税额）　　　　　　　　3 900
1月15日，华泰体育用品商城用转账支票支付赊购商品的货款及增值税，金额为34 500元，存入银行，会计处理如下：
借：银行存款　　　　　　　　　　　　　　　　　　　　　34 500
　　财务费用　　　　　　　　　　　　　　　　　　　　　　　600
　　贷：应收账款——华泰体育用品商城　　　　　　　　　　　35 100
核算时需要注意的是在计算现金折扣时，应按照货款计算，增值税额并不同步享有现金折扣。

2．销售折让的核算

销售折让是指因为所销售的商品出现质量、品种、规格等问题，或出现商品的品种、规格发错等情况时，为避免出现退货或损伤信誉而给予客户在商品价格上的减让。因此，在会计核算中，应冲减当期的商品销售收入。

【例 2.25】（1）弘大运动品经营公司于 1 月 12 日，销售给沈阳体育用品商城足球鞋 1 000 双，每双 350 元，计货款 350 000 元，增值税额 45 500 元，以转账支票垫付运费 1 000 元，今一并向银行办妥托收手续。会计处理如下：

借：应收账款——沈阳体育用品商城　　　　　　　　　　　　396 500
　　贷：主营业务收入——足球鞋　　　　　　　　　　　　　　350 000
　　　　应交税费——应交增值税（销项税额）　　　　　　　　 45 500
　　　　银行存款　　　　　　　　　　　　　　　　　　　　　　1 000

（2）1 月 18 日，沈阳体育用品商城验收商品时，发现该批足球鞋存在部分质量瑕疵，予以拒收，经双方协商后决定给予 10%折让，沈阳体育用品商城开出专用发票支付货款。弘大运动品经营公司的会计处理如下：

首先作折让的会计处理，用红字冲销已入账的折让款：

借：应收账款——沈阳体育用品商城　　　　　　　　　　　　 39 550
　　贷：主营业务收入——足球鞋　　　　　　　　　　　　　　 35 000
　　　　应交税费——应交增值税（销项税额）　　　　　　　　 4 550

同时作收款的会计处理：

借：银行存款　　　　　　　　　　　　　　　　　　　　　　　369 550
　　贷：应收账款——沈阳体育用品商城　　　　　　　　　　　369 550

2.2.4 销售商品退补价的核算

销售商品的退补价一般发生在商品销售后，由于错发商品的规格或等级不符，以及货款计算错误等原因，需要向购货单位退还或补收货款的业务。

当商品的实际销售价格低于已经结算货款的价格时，需要向客户退还部分货款，销货单位应将多收的差额退还给客户；当实际销售价格高于已经结算货款的价格时，需要向客户提出补收货款，销货单位应向客户补收少算的差额。销售商品发生退补价时，应先由业务部门填制专用发票予以更正，财会部门审核无误并盖章后，据以结算退补价款并冲减或增加商品销售收入。

【例 2.26】 弘大运动品经营公司 1 月 10 日销售给华泰体育用品商城男运动服 1 000 套，其单价为 450 元，增值税率为 13%，货款已经结算，但 16 日收到华泰体育用品商城发来专函，发现这批商品的单价错开为 540 元，对方要求退回多付的货款及税金。经财会部门与业务部门核对发现发票及货款结算确实出现错误，应退回货款 90 000 元，税款 11 700 元，共计 105 300 元，财会部门开出红字专用发票并退回货款。会计处理如下：

借：银行存款　　　　　　　　　　　　　　　　　　　　　　　101 700
　　贷：主营业务收入——运动服　　　　　　　　　　　　　　 90 000
　　　　应交税费——应交增值税（销项税额）　　　　　　　　 11 700

若发生销货补价时，则应借记"应收账款"账户；贷记"主营业务收入"账户和"应交税费"账户。

2.2.5 销货退回的核算

销货退回是指批发企业销售的商品因品种、规格、质量等原因造成的客户提出退货。当发生销货退回时,财会部门应根据不同情况区别处理。

如果销货退回发生在企业确认收入之前,此时的处理比较简单,只需由业务部门收回已开出的增值税专用发票,并注明"作废"字样,并将商品重新入库即可。

如果企业已经确认了收入而发生退货的,应取得客户的有效证明,据此开出红字增值税专用发票。无论是当年销售,还是以前年度销售的,均应冲减退回当月的商品销售收入,同时冲减退回当月的销售成本。如果该项销售已经发生现金折扣,应在退回当月一并调整。

【例2.27】 弘大运动品经营公司1月12日销售给东方体育用品商城男运动服1 000套,单价540元,增值税率为13%。发出商品已经确认为收入,并通过银行托收,1月15日东方体育用品商城在收货时发现其中10套质量存在问题,要求退货,经业务部门同意并开出红字增值税专用发票,商品已经退回并验收入库。其会计处理如下:

借:应收账款　　　　　　　　　　　　　　　　　　　　　　　6 102
　　贷:主营业务收入——运动服　　　　　　　　　　　　　　5 400
　　　　应交税费——应交增值税额(销项税额)　　　　　　　702

对于因退货发生的运费,若应由销售方负担,应计入"销售费用"账户。

如果退回的商品已经结转了销售成本,同时还应作"库存商品"和"主营业务成本"的红字冲销处理。

2.2.6 客户拒收商品与拒付货款的核算

在异地商品销售的业务中,一般采用发货制和托收承付结算方式,当客户收到托收凭证,并发现收到的商品因数量、品种、规格、质量与合同不符时,就会发生客户拒付货款和拒收商品。当财会部门接到银行转来客户的"拒绝付款理由书"时,暂不作账务处理,应由业务部门及时查明原因,并尽快与客户联系进行协商,然后根据不同的情况做出处理。

如果是商品计价错误,应由业务部门填制红字专用发票,财会部门审核无误后,据以作销货退价处理。

如果商品少发,应根据客户的要求分别进行处理:若客户要求补发商品,在商品发运后,仍按原发票货款进行结算;若客户不再要求补发商品,则由业务部门填制红字专用发票,作销货退回处理。

如果是因商品质量不符合要求,或因商品品种、规格发错,客户要求作退货处理时,作销货退回处理。

如果商品在运输过程中发生短缺,且客户不再要求补发,则先要对短缺商品的货款作红字冲销"主营业务收入"、"应交税费"及"应收账款"的处理,然后再根据具体情况进行账务处理。若属于本企业储运部门责任,应由储运部门填制"财产损失报告单",财务部门将商品的短缺金额转入"待处理财产损溢"账户,待审批后,再转入相关账户;若是外部运输单位的责任,应将损失转入"其他应收款"账户。

任务三 批发商品储存的核算

商品储存是商品流通企业开展商品流通正常进行的必要条件和物质基础，是适应市场需求变化的重要保证，开展商品流通储存核算更是商品流通企业会计核算的重要内容之一。为此，批发企业财会部门应通过与有关各部门的配合，加强对库存商品的核算与控制工作；通过库存商品的盘点工作，以保证账实相符和商品的完整；通过正确计算和结转商品销售成本，以保证企业利润核算的准确性。

2.3.1 数量进价金额核算的应用

批发企业一般采用数量进价金额核算法对库存商品进行核算。

1. 数量进价金额核算的含义

数量进价金额核算是指库存商品的总分类账户和明细分类账户除均按进价金额反映外，同时库存商品的明细分类账户还必须按每一商品品名、规格等分户，同时用实物数量和进价金额两种计量方式反映和控制商品收、发、存状况，并根据已销商品的数量按进价结转商品销售成本的一种核算方法。

2. 数量进价金额核算法的应用要点

（1）对库存商品实施三级核算控制。批发企业要设置库存商品的总账、类目账和明细账，对库存商品实施三级控制。总账和类目账一般只记金额，不记数量；明细账既要登记金额，又要登记数量，并且需要按每一种商品的品名、规格等分户，同时用实物数量和进价金额两种计量方式反映和控制商品收、发、存的状况。

（2）对库存商品的明细核算，实施"三账分设"控制。除财会部门设置库存商品明细账外，业务部门和仓库保管部门还应分别设置商品调拨账和实物保管账。

（3）账账核对与账实核对相结合。财会部门应定期将库存商品总账、类目账和明细账进行核对，同时在定期盘点的基础上，库存商品的明细账要与商品调拨账、实物保管账进行核对。

（4）根据已销商品的数量按进价结转商品销售成本。

（5）库存商品的账簿设置，见表2.4。

表2.4 库存商品的账簿

部门	库存商品总账	商品类目账	商品明细账	设置目的
业务			√进价或售价的数量单价	可调库存
仓库			√数量	保管库存
财会	√进价金额	√进价金额	√数量、单价、进价金额	会计库存

（6）会计部门库存商品账的核对。

库存商品	总账	= 类目账	= 明细账
	一级账	= 二级账	= 三级账
	只记进价金额	按商品大类名称设置	按商品的品名规格设置
		只记进价金额	记进价金额、数量、单价
	一级	= 二级	= 三级 = 四级（仓库账）
	实务中月末对账	账账相符	账账相符 账实相符

若账账不符：则查找错账，进行错账更正
若账实不符：先挂待处理，再查找原因，进行转销。（商品溢余短缺的核算）
实物的记录与账面余额进行数量核对
　　＝　账实相符
　　＞　盘盈(商品溢余)(商品溢余报告单)
　　＜　盘亏(商品短缺)(商品损耗报告单)

2.3.2 库存商品的明细分类核算

库存商品的明细分类核算，是商品储存核算中最基本、最大量的工作，核算方法要根据不同经营方式和对象有所区别，其核算内容主要包括库存商品明细账户的设置与登记两个方面。

1. 库存商品明细账的设置

批发企业在采取数量进价金额核算法对库存商品进行核算时，为了加强对库存商品的管理和控制，一般对库存商品实行总账、类目账和明细账三级控制，由此构成总账通过金额控制类目账，类目账通过数量、金额控制明细账的三级控制体系。库存商品的明细分类核算既包括商品大类核算，又包括商品明细核算，但以后者为主。

在实务中，商品流通企业的库存商品一、二级核算在企业财会部门进行，即通过设置库存商品总账和类目账分别核算企业全部自营库存商品的收入、发出及结存的进价金额情况。其三级核算则应同时在财会部门、业务部门和仓库进行，本着既方便各部门业务需要，又符合重要性原则的要求，可分别采用"三账一卡"、"两账一卡"或"一账一卡"三种方式。

（1）库存商品类目账的设置。库存商品类目账是指按商品类别分户设置，以登记其收入、发出与结存情况的账簿。类目账是处于总账与明细账之间的二级账户，当批发企业商品品种规格繁多，但又可以按照一定的标准分类时，企业就可以在库存商品总账下设置库存商品的类目账进行归类管理和核算，并通过定期与库存商品总账、明细账进行核对，达到对商品明细账的数量和金额的双重控制，有利于账账之间的核对，以减少查账和计算商品销售成本的工作量。

（2）库存商品明细账的设置。如前所述，批发企业对库存商品明细账可分别采用"三账一卡"、"两账一卡"或"一账一卡"三种方式进行设置。

"三账一卡"又称三账分设，是指业务部门按照商品的编号、品名、等级、规格分户设置一套商品调拨账，登记库存商品的数量，掌握商品的可调库存（又称业务库存），凭以办理商品的购进、调拨和销售；财会部门与业务部门同口径设置一套库存商品明细账，登记库存商品的数量和进价金额，核算商品的会计库存，以掌握和控制商品资金的变化情况，计算已销商品的销售成本，并达到对业务部门和仓库部门的控制；仓库部门也设置一套与财会部门、业务部门同口径的实物保管账，掌握商品的实际库存（保管库存），据以安排仓位、保管商品、办理发货；此外，仓库部门还应在商品堆放处挂堆垛卡，便于随时掌握各堆商品的存量。

这种方式便于控制商品变动，利于部门间对账，但登记账簿的工作量大，重复劳动多，且易造成未达账项。

"两账一卡"又称两账分设，是指商品调拨账与商品明细账合并设置，并由业务部门人员凭单登记，财会人员逐笔钩稽，仓库仍然设置实物保管账和堆垛卡。这种方式适用于业务部门与财会部门在同一场所办公，且相互协调比较好的企业。在实务中，较多的批发企业采用这种方式。

"一账一卡"又称三账合一，是指将商品调拨账、商品明细账和实物保管账合并设为一套商品明细账，既登记数量，又登记金额。这种方式只能适用于业务、财会和仓库在同一场所办公的"前店后仓"式小型批发企业。

2. 库存商品明细账的登记

库存商品明细账是按商品的品名、规格、等级分户设置，登记其收入、发出和结存情况的账簿。

（1）库存商品类目账的登记。库存商品类目账采用三栏式账页格式，一般是只记金额，不记数量，但如果该大类商品所属商品的实物计量单位相同，也可以同时核算数量和金额。对于库存商品品种不多的批发企业也可以不设置库存商品类目账。

（2）库存商品明细账的登记。一般采用数量金额三栏式账页，以反映和控制每一种商品的数量和金额。由于批发企业的商品销售成本主要是通过库存商品明细账进行计算的，因此要求库存商品明细账能够正确地反映商品的购进、销售和结存的情况，而库存商品明细账的登记方法又与销售商品成本的计算方法和结转方式有着紧密联系。现就库存商品明细账的登记方法说明如下：

① 货物购进入库时，应根据商品入库凭证在该账户收入栏内登记购进商品的数量、单价和金额。

② 进货退出时，应根据进货退出凭证，在该账户的收入栏用红字登记购进数量和金额，表示购进的减少，并用蓝字登记单价。

③ 商品加工收回时，应根据委托加工商品成本计算单在该账户收入栏登记其他数量、单价和金额。

④ 购进商品退补价时，将退补价款的差额在收入栏登记单价和金额，退价用红字登记，补价用蓝字登记。

⑤ 销售商品发出时，应根据商品销售的发货凭证，记入该账户的发出栏。若采取逐日结转成本方式，应登记商品的销售数量、单价和金额；若采取定期结转成本方式，则平时只登记销售商品的数量，不登记单价和金额，销售成本金额在月末一次登记。

⑥ 销货退回时，应根据销货退回凭证在该账户的发出栏登记。若逐日结转成本的，用红字在发出栏登记销售数量和金额，用蓝字登记单价；若定期结转成本的，平时只用红字在发出栏登记销售数量，不登记单价和金额。

⑦ 商品发出加工时，应根据商品加工发料单在该账户发出栏登记其他数量、单价和金额。

⑧ 商品溢余时，应根据商品溢余报告单在该账户收入栏登记其他数量、单价和金额。

⑨ 商品短缺时，应根据商品短缺报告单在该账户发出栏登记其他数量、单价和金额。

库存商品明细账的登记要点如下：

库存商品明细账

账户名称：××商品　　　　　　　　　　　　　　　　　计量单位：××

业务	收入			业务	发出			业务	结存		
	数量	单价	金额		数量	单价	金额		数量	单价	金额
购进收货单	√	√	√	销售发货票	√			平时	√		
进货退出红字收货单	☑	√	☑	销货退回红字发货票	☑			期初期末及需要时	√	√	√
加工收回委托加工商品计算单	√	√	√	加工发出委托加工商品发料单	√	√	√				
商品溢余溢余报告单	√	√	√	商品短缺损耗报告单	√	√	√				
进货补价发货票		√									
进货退出红字发货票			☑								

库存商品明细账的登记范例如下：

库存商品明细账

类别　文具　　货号　105　　品名　胶水　　规格　　　　单位　瓶　　牌价 1.65元

2021年		凭证号数	摘要	收入			发出			结存			存放地点		
月	日			购进数量	其他数量	单价	金额	销售数量	其他数量	单价	金额	数量	单价	金额	甲库	乙库	待运
2	1	05	购进	24 000		1.55	37 200.00					24 000			24 000		
	2	09	进货补价			0.05	1 200.00					24 000			24 000		
	2	13	进货退出	500		1.60	800.00					23 500			23 500		
	7	35	销售					12 000				11 500			11 500		
	9	42	销货返回					1 000				12 500			12 500		
	10	53	分期收款发出商品					7 000		1.60	11 200.00	5 500			5 500		
	12	57	商品加工收回	6 000		1.60	9 600.00					11 500			11 500		
	12	58	商品发出加工					5 000		1.60	8 000.00	6 500			6 500		
	15	70	商品盘点溢余		10	1.60	16.00					6 510			6 510		
	15	72	商品盘点短缺						15	1.60	24.00	6 495			6 495		
	15	73	开单待运									6 495			6 495		4 000

3．商品保管账的登记

商品实物保管账是掌握和控制库存商品实物数量变动的明细账，应由仓库保管员根据每一种商品收入、发出的原始凭证逐笔登记，登记时只记数量，不记金额。每月末，其结果应与所记录的商品实物数量及堆垛卡记录相符。

2.3.3　库存商品盘点的核算

商品流通企业的商品在储存过程中，由于自然条件或人为原因，可能会引起商品数量的短缺或溢余以及质量上的变化，为了保护商品的安全，保证账实相符，企业必须定期或不定期开展库存商品的盘点，以清查商品在数量上有无损耗和溢余，在质量上有无残次、损坏、变质等情况，同时，及时掌握商品在库存结构上是否存在合理，判断是否存在呆滞商品等问题，便于及时做出调整。

企业必须建立健全盘点制度，并做到有领导、有组织、有计划地进行。在盘点前，应根据盘点的范围，确定参加盘点的人员与组织分工，财会部门与保管部门应将有关商品收发业务的凭证全部登记入账，并结出余额，以便与盘点出来的实存数量进行核对。盘点时，要根据商品的特点，采用不同的盘点方法和操作规程。盘点结束，应由保管人员负责填制"商品盘存表"，根据账面资料填写账存数量，根据盘点结果填列实存数量，以反映盘点的结果。二者的差额即为溢余或短缺数。

当商品盘点出现溢余或短缺时，应及时填制"商品盘点溢余短缺报告单"一式数联，其中一联转交财会部门，财会部门据以将商品短缺或溢余的金额分别转入"待处理财产损溢"账户，以便调整"库存商品"账户的账面记录。等待处理的库存商品溢余或短缺，应于期末前查明原因，按企业管理权限报请企业的管理机构批准后，在期末结账前予以处理完毕。

【例 2.28】 利康食品经营公司按照规定对库存商品进行盘点，发现如下商品与账存数存在差异：色拉油盘亏 50 千克，单价 8 元，绵白糖盘盈 20 千克，单价 4 元，原因待查，并将结果填列入"商品盘点溢余短缺报告单"交财会部门。

（1）财会部门审核无误后，据以调整库存商品结存额。

① 根据短缺金额，会计处理如下：

借：待处理财产损溢——待处理流动资产损溢　　　　　　　　　　400
　　贷：库存商品——色拉油　　　　　　　　　　　　　　　　　400

② 根据溢余金额，会计处理如下：

借：库存商品——绵白糖　　　　　　　　　　　　　　　　　　　80
　　贷：待处理财产损溢——待处理流动资产损溢　　　　　　　　80

（2）查明原因后，作会计处理。

① 现查明色拉油 50 千克，其中：5 千克自然损耗，45 千克系收发过程中的差错，经领导批准，予以核销转账，会计处理如下：

借：销售费用——商品损耗　　　　　　　　　　　　　　　　　　40
　　营业外支出——盘亏损失　　　　　　　　　　　　　　　　　360
　　贷：待处理财产损溢——待处理流动资产损溢　　　　　　　　400

② 现查明绵白糖溢余 20 千克，其中 15 千克系销货时少发商品，当即补发对方；另 5 千克系自然升溢，会计处理如下：

借：待处理财产损溢——待处理流动资产损溢　　　　　　　　　　80
　　贷：库存商品——绵白糖　　　　　　　　　　　　　　　　　60
　　　　销售费用——商品损耗　　　　　　　　　　　　　　　　20

批发企业的库存商品因火灾、水灾、盗窃等原因造成的非正常损失，按照税法规定，商品购进时所发生的进项税额不能从销项税额中抵扣，因此要按照规定从进项税额中予以转出，并按非正常损失商品的成本及其进项税额借记"待处理财产损溢"账户，按非正常损失商品的成本贷记"库存商品"账户，按非正常损失商品的进项税额贷记"应交税费——应交增值税(进项税额转出)"账户。然后与保险公司联系,按保险公司承诺理赔的金额,借记"其他应收款"账户;将作为企业损失的金额,借记"营业外支出"账户;按损失的总金额,贷记"待处理财产损溢"账户。

【例 2.29】 利康食品经营公司因仓库水管损坏,损失一批儿童食品,购进成本为 20 000 元。

(1)注销损失食品,并转销其进项税额,会计处理如下:

借:待处理财产损溢——待处理流动资产损溢　　　　　　　　　　22 600
　贷:库存商品——儿童食品类　　　　　　　　　　　　　　　　20 000
　　　应交税费——应交增值税(进项税额转出)　　　　　　　　 2 600

(2)与保险公司联系后,保险公司同意赔偿 15 000 元,其余部分作为企业损失,会计处理如下:

借:其他应收款——保险公司　　　　　　　　　　　　　　　　　15 000
　　营业外支出　　　　　　　　　　　　　　　　　　　　　　　 8 400
　贷:待处理财产损溢——待处理流动资产损溢　　　　　　　　　 23 400

2.3.4　库存商品的期末计价

根据《企业会计准则第 1 号——存货》的规定:在资产负债表日,存货应当按照成本与可变现净值孰低法计量。批发企业的库存商品是存货的主要组成部分,在流动资产中占有重要的比重,因此,在会计期末,批发企业应按照成本与可变现净值孰低对库存商品进行计量可以使存货更符合资产的定义。当商品存货的可变现净值低于其成本以下时,表明该存货给企业带来的未来经济利益低于其账面价值,因而应将该部分损失从资产价值中扣除,计入当期损益。否则,就会出现虚计资产的现象。

对于商品流通企业而言,库存商品的成本是指取得商品时发生的实际成本,包括采购成本和加工成本;而库存商品的可变现净值是指企业在日常活动中,以存货的估计售价减去存货成本、估计的销售费用以及相关税费后的金额。当库存商品成本低于可变现净值时,库存商品按成本计量;当成本高于可变现净值时,库存商品按可变现净值计量。但是,对于为执行销售合同而持有的库存商品,其可变现净值应当以合同价格为基础计算,超出销售合同需要的商品存货的可变现净值应当以一般销售价格为基础。

1. 存货跌价准备的计提条件

批发企业在期末或年度终了时,应对商品进行全面的清查,如果由于商品遭受毁损、全部或部分陈旧过时等原因使其可变现净值低于成本,应将其低于成本的金额计提存货跌价准备。对于不同状态的库存商品而言,当商品流通企业的库存商品尚有使用价值和可转让价值的,当其存在下列情况之一时,应当计提存货跌价准备:

(1)市价持续下跌,并且在可预见的未来无回升的希望。

(2)因企业所提供的商品过时或者消费者消费偏好改变而使市场的需求发生变化,导致市场价格逐渐下跌。

(3)为执行销售合同而持有的库存商品,其入账成本已经高于以合同价格为基础确定的可变现净值。

（4）其他足以证明有关库存商品实质上已经发生减值的情况。

对于完全丧失使用价值和转让价值的库存商品，当企业的库存商品存在以下一项或若干项情况的，属完全丧失使用价值和转让价值的库存商品：

（1）已霉烂变质的商品。

（2）已过期且无转让价值的商品。

（3）其他足以证明已无使用价值和转让价值的商品。

存货跌价准备应按单个商品项目计提。对于数量繁多、单价较低的商品，也可以按商品类别计提。

2. 存货跌价准备的核算

商品流通企业应通过"存货跌价准备"科目核算库存商品跌价准备的金额。该科目是资产类账户，它是"库存商品""原材料"等存货账户的抵减账户，用以核算企业提取的存货跌价准备。在期末发生存货可变现净值低于成本时，所计提的跌价准备金额记入该科目的贷方；在已计提跌价准备的存货出售、领用或者价值恢复，转销其已计提的跌价准备时，记入该科目的借方；期末余额在贷方，表示已经提取但尚未转销的存货跌价准备的数额。

商品流通企业应当于资产负债表日比较库存商品的成本与可变现净值，计算出库存商品应计提的存货跌价准备金额，然后与"存货跌价准备"账户现有的余额进行比较，若应提数大于已提数，则补提；反之，应冲销部分已提数。提取和补提存货跌价准备时，借记"资产减值损失——计提存货跌价损失"账户，贷记"存货跌价准备"账户；冲回或转销存货跌价损失时，作相反的会计处理。但是，当已计提跌价准备的库存商品价值以后又得以恢复时，其冲减的跌价准备金额应以"存货跌价准备"账户的余额冲减至零为限。而减记的转回要以"以前减记存货价值的影响因素已经消失"为前提。

【例2.30】 弘大运动品经营公司对商品在期末采用存货成本与可变现净值孰低法计价。

（1）1月31日，业务部门送来库存商品可变现净值报告单，列明男运动服200套，账面成本500元，可变现净值单价450元，计提减值金额10 000元。财会部门的会计处理如下：

  借：资产减值损失——存货减值损失   10 000

    贷：存货跌价准备   10 000

（2）2月8日，销售减值男运动服100套，每套450元，计货款45 000元、增值税额7 650元，收到货款并存入银行。

  ① 确认商品销售收入，会计处理如下：

  借：银行存款   50 850

    贷：主营业务收入   45 000

      应交税费——应交增值税（销项税额）   5 850

  ② 结转商品销售成本，会计处理如下：

  借：主营业务成本   50 000

    贷：库存商品   50 000

  ③ 2月28日，结转本月份已销男运动服计提的存货跌价准备，会计处理如下：

借：存货跌价准备　　　　　　　　　　　　　　　　　　　　　　5 000
　　贷：主营业务成本　　　　　　　　　　　　　　　　　　　　　5 000

对于已经完全丧失了使用价值和转让价值的库存商品，应区别情况进行核算。未计提过跌价准备的商品，应按其账面价值，借记"资产减值损失——存货减值损失"账户，贷记"库存商品"等账户。对于事前曾计提过跌价准备的商品，则应按该商品已计提的跌价准备，借记"存货跌价准备"账户，按商品的账面价值，贷记"库存商品"账户；两者的差额则应列入"资产减值损失——存货减值损失"账户的借方。

2.3.5　商品销售成本的计算和结转

商品流通企业所用库存商品核算方法的不同造成了商品销售成本核算的差异。在进价核算法下，库存商品按照实际采购成本入账，自然已销商品的成本也应按照实际采购成本进行核算。由于批发企业是采用数量进价金额核算法对库存商品进行核算，所以，应根据实际采购成本核算已销商品的成本。批发企业在购进商品时，由于每次进货的品种、数量、规格、单价都不会相同，在采用数量金额式账页格式进行库存商品明细核算的情况下，其会计核算的工作量相对比较大，因此，批发企业应根据企业的特点和管理的需要，在确定商品销售成本结转的时间、计算的程序和结转的方式的基础上，再确定适当的商品销售成本计算方法。

商品销售成本按照计算的程序分，有顺算成本和逆算成本两种。顺算成本是先计算各种商品的销售成本后，再计算各种商品的结存金额，这种方法一般采用逐日结转，所以工作量较大。逆算成本又称倒挤成本，是先计算各种商品的期末结存金额，然后据以计算商品销售成本，该方法一般采用定期结转，所以工作量较小。

1．商品销售成本的计算方法

为了正确计算销售商品的单位进价成本，在数量进价金额核算法下，批发企业可以采用个别计价法、加权平均法、移动加权平均法、先进先出法和毛利率推算法。企业一旦确定了商品销售成本的计算方法后，在同一会计年度内不得随意变更。下面分别介绍上述各种方法的销售成本计算：

（1）个别计价法。个别计价法是指对库存和发出的某一特定物品的个别成本加以认定的每一批商品的实际进价，或该批商品销售成本的一种方法。采用此方法必须具备以下两个条件：一是对库存商品必须可以辨别认定；二是有反映个别库存商品收发异动的详细记录。该方法在批发企业中的具体运用，就是分批实际进价法。

所以，在整批购进分批销售时，可以根据该批商品的实际购进单价，乘以销售数量来计算商品销售成本，其计算公式如下：

　　　　　　商品销售成本＝某批（件）商品销售数量×该件（批次）商品购进单价

采用个别计价法，应对每件或每批购进的商品分别存放，并分户登记库存商品明细账。对每次销售的商品，应在专用发票上注明进货件别或批次，便于按照该件或该批商品的实际购进单价计算商品销售成本。所以，在采用该方法时，必须在每批次商品购进时，按批次分设明细账页，该批次商品销售完后，即结清该账户，不得续用。

该方法只适用于整进整出或整进零出以及直运商品销售等进销货物能分清批次的商品，或是不能替代、单位价值较高的商品成本计算。该方法的优点是不需另外计算单价，计算出来的商品销售成本符合实际情况；不足是同一商品不同批次购进需分设账页，手续繁杂，账页过多，适用范围较窄。

（2）加权平均法。加权平均法又称全月一次加权平均法，是指以本期全部购进商品数量加上期初库存商品数量作为权数，按照本期全部购进商品采购成本加上期初库存商品实际成本，计算出库存商品的加权平均单位成本，并以此为基础计算出本期销售商品成本和期末结存商品成本的一种方法。其计算公式如下：

$$加权平均单价=\frac{期初结存商品实际成本+本期购进商品采购成本-本期非销售发出商品实际成本}{期初结存商品数量+本期购进商品数量-本期非销售发出商品数量}$$

本期期末结存商品成本＝期末结存商品数量×加权平均单价

本期销售商品成本＝期初结存商品成本＋本期购进商品成本－本期期末结存商品成本

在实际工作中，由于加权平均单价往往不能整除，计算的结果会产生尾差，为了保证本期销售商品成本的准确性，一般应该先确定期末库存商品的成本，然后再倒挤出销售商品的成本。

在上述计算公式中，本期非销售发出商品数量和成本，是指除销售以外其他的商品发出，包括分期收款发出商品、发出加工商品、盘缺商品等。这些非销售发出的商品，应在发生时，即在库存商品账户予以转销，所以在期末计算加权平均单价时要剔除这些因素。

采用加权平均法计算的商品销售成本比较均衡，且计价手续比较简便，但工作量仍然较大，平时无法从账面上反映商品的结存金额，因此适用于前后进货价格相差幅度较大，购进业务频繁，而且管理上不要求随时掌握结存情况的商品成本计算。

【例2.31】 弘大运动品经营公司1月份某规格篮球鞋明细账资料如表2.5所示。

表2.5 库存商品明细账

商品名称：篮球鞋　　　　　规格：42码　　　　　单位：双　　　　　金额单位：元

2021年		凭证号码	摘要	收入			发出			结存		
月	日			数量	单价	金额	数量	单价	金额	数量	单价	金额
1	1	略	期初							100	300	30 000
	8		购入	400	320	128 000				500		
	10		发出				300			200		
	15		购入	300	325	97 500				500		
	20		发出				260			240		
	27		购入	150	328	49 200				390		
	30		发出				160			230		
	30		结转成本						230 929.80			
	30		本月合计	850		274 700	720		230 929.80	230	320.74	73 770.20

$$加权平均单价=\frac{30\,000+274\,700}{100+850}=\frac{304\,700}{950}=320.74（元）$$

本期期末结存商品成本＝230×320.74＝73 770.20（元）

本期销售商品成本＝30 000＋274 700－73 770.20＝230 929.80（元）

（3）移动加权平均法。移动加权平均法是指按实际成本组织商品明细分类核算时，在每次进货后，将进货前结存商品成本与本次进货成本之和，除以本次进货数量加上进货前结存商品的数量，据以计算加权平均单价，作为随后发出商品的成本，来计算商品销售成本的一种方法。其计算公式如下：

$$移动加权平均单价=\frac{本次进货前结存商品实际成本+本期购进商品采购实际成本}{本次进货前结存商品数量+本期购进商品数量}$$

$$商品销售成本=商品销售数量×移动加权平均单价$$

采用移动加权平均法，计算出来的商品销售成本比加权平均法更为均衡和准确，但计算工作量大，一般适用于经营品种不多、进货次数不频繁，或者前后购进商品的单价相差幅度较大、并逐日结转商品销售成本的企业。

【例2.32】 采用表2.3中的资料，采用移动加权平均法计算商品的销售成本：

$$1月8日的加权平均单价=\frac{30\,000+128\,000}{100+400}$$
$$=316（元）$$

1月10日结存商品成本＝200×316＝63 200（元）

1月10日销售商品成本＝30 000＋128 000－63 200
$$=94\,800（元）$$

以后每次销售商品成本的计算同上，不再赘述。

（4）先进先出法。先进先出法是指根据先购进的商品先销售的实物流转顺序假设为前提，以先购进商品的采购成本，作为商品销售成本的一种计算方法。采用先进先出法计算商品销售成本的具体操作是：企业购进商品时，逐笔登记购入商品的数量、单价和金额；销售商品时，按照先进先出原则逐笔登记商品的销售成本，并按照本期库存商品的增减变动情况计算期末结存商品金额。

【例2.33】 根据【例2.31】采用加权平均法计算商品销售成本的资料，用先进先出法登记并计算商品销售成本如表2.6所示。

表2.6 库存商品明细账

商品名称：篮球鞋　　　　规格：42码　　　　单位：双　　　　金额单位：元

2021年		凭证号码	摘要	收入			发出			结存		
月	日			数量	单价	金额	数量	单价	金额	数量	单价	金额
1	1	略	期初							100	300	30 000
	8		购入	400	320	128 000				500		158 000
	10	略	发出				100	300	30 000	200	320	64 000
							200	320	64 000			
	15		购入	300	325	97 500				500		161 500

续表

2021年		凭证号码	摘要	收入			发出			结存		
月	日			数量	单价	金额	数量	单价	金额	数量	单价	金额
	20		发出				200 60	320 325	64 000 19 500	240	325	78 000
	27		购入	150	328	49 200				390		127 200
	30		发出				160	325	52 000	80 150	325 328	75 200
	30		结转成本						229 500			
	30		本月合计	850		274 700	720		229 500	230		75 200

在采用先进先出法时，一般是采用顺算成本的方法计算商品销售成本，由于期末结存商品金额是根据近期进价计价的，因此，其价值最接近市场价格，符合易于变质、有一定保质期的商品的流转规律。但由于每次销售都要根据先购进的单价计算，工作量较大，所以，该方法最适用于经营品种较少，具有较强时效性而且管理上要求随时掌握结存情况的商品成本的计算。

（5）毛利率法。毛利率推算法是指根据本期商品销售收入净额乘以上季度实际毛利率（或本季度计划毛利率），匡算出商品销售毛利，并据以计算销售商品和期末结存商品成本的一种方法。其计算公式如下：

$$毛利率 = \frac{商品销售毛利}{商品销售收入净额} \times 100\%$$

本期商品销售毛利＝本期商品销售收入净额×上季度实际毛利率（本季度计划毛利率）

本期商品销售成本＝本期商品销售收入净额－本期商品销售毛利

＝本期商品销售收入净额×（1－上季度实际毛利率）

【例2.34】 利康食品经营公司2008年第四季度实际毛利率为12%，2009年1月份、2月份商品销售收入净额分别为86 000元、92 000元。用上述资料计算1、2月份商品销售成本。

1月份商品销售成本＝86 000×（1－12%）＝75 680（元）

2月份商品销售成本＝92 000×（1－12%）＝80 960（元）

在实务中，由于企业经营的商品品种繁多，且同一类别内商品的毛利率不尽相同，本期的经营品种与上期时常有变动，用上季度的毛利率来匡算本期的毛利，往往与本季度实际的毛利不一致，计算结果不够准确。所以，该方法只能在每季度的第一、二月采用，每季度的第三个月应按季末各种商品实际结存数和实际进货单价，先确定季末库存商品成本，再在商品类目账上用倒挤法计算本季商品销售总成本，然后从销售总成本中扣除前两个月预转的销售成本，即为季度内第三个月的商品销售成本。

采用毛利率推算法，不是按库存商品品名、规格逐一计算商品销售成本，而是按商品类别进行计算，大大简化了企业的计算工作。它一般适用于经营商品品种较多、按月计算商品销售成本有困难的企业。

2. 商品销售成本的结转

商品销售成本的结转是指将计算出来的已销商品进价成本,自"库存商品"账户转入"主营业务成本"账户的过程。

商品销售成本按照结转的方式分,有分散结转和集中结转两种。分散结转是按每一库存商品明细账户逐户计算出商品销售成本,逐户转销,然后加总后作为类目账结转商品销售成本的依据。采用该方法,账簿记录清楚完整,有利于加强对各种商品的经营业绩进行分析考核,但工作量较大。集中结转是期末在每一库存商品明细账上只结出期末结存金额,再按类目加总后作为类目账的期末结存金额,然后在类目账上计算并结转商品销售成本,该方法可以简化计算和记账手续,但账簿记录不够完整,只能按商品类别来考核分析其经营业绩。

商品销售成本按照结转的时间分,有逐日结转和定期结转两种。逐日结转是逐日计算出商品销售成本后,逐日从"库存商品"账户上转销,故又称随销随转,该方法能随时反映库存商品的结存金额,但工作量较大。定期结转是在期末即月末集中计算出商品销售成本后,从"库存商品"账户上一次转销,故又称月末一次结转,该方法工作量较小,但不能随时反映库存商品的结存金额。

无论企业采取哪一种销售成本的计算方式和结转方式,都要根据其计算结果结转商品的销售成本,结转时,借记"主营业务成本",贷记"库存商品"。

3. 进货费用的分摊

当批发企业采取通过"进货费用"账户归集商品的采购费用,并在期末在结存商品和已销商品之间进行分摊方式处理采购费用时,在平时就要按商品类别在"进货费用"账户中归集商品采购费用,期末应将进货费用在结存商品和已销商品之间进行分摊,"进货费用"是成本类账户,用以核算企业归集的商品采购费用。企业发生商品采购费用时,记入借方;月末按存销比例分摊商品采购费用时,记入贷方,分摊后应无余额。其分摊的计算公式如下:

$$某类商品进货费用分摊率 = \frac{该类商品期初结存进货费用 + 该类商品本期增加进货费用}{该类商品期初余额 + 该类商品本期增加额} \times 100\%$$

某类结存商品应分摊进货费用 = 该类商品期末余额 × 该类商品进货费用分摊率

某类已销商品应分摊进货费用 = 该类商品进货费用总额 − 该类结存商品应分摊进货费用

【例2.35】 仍用【例2.31】中资料,该公司"库存商品——篮球鞋类"账户1月份期初余额为30 000元,本期增加金额为274 700元,期末余额为73 770.20元,"进货费用——篮球鞋类"账户期初余额为3 000元,本期增加金额为6 500元,分摊本月份篮球鞋类商品进货费用如下:

$$篮球鞋类商品进货费用分摊率 = \frac{3\,000 + 6\,500}{30\,000 + 274\,700} \times 100\%$$
$$= \frac{9\,500}{304\,700} \times 100\%$$
$$= 3.12\%$$

篮球鞋类结存商品应分摊进货费用 = 73 770.20 × 3.12% = 2 301.63(元)

篮球鞋类已销商品应分摊进货费用 = 3 000 + 6 500 − 2 301.63 = 7 198.37(元)

根据计算的结果,做以下账务处理。

(1) 1月31日,结转已销商品进货费用,会计处理如下:

借:主营业务成本　　　　　　　　　　　　　　7 198.37
　　贷:进货费用——篮球鞋类　　　　　　　　　　　7 198.37

(2) 1月31日,结转结存商品的进货费用,会计处理如下:

借:库存商品——篮球鞋类(进货费用)　　　　2 301.63
　　贷:进货费用——篮球鞋类　　　　　　　　　　　2 301.63

(3) 2月1日,将"库存商品"账户中的进货费用转回,会计处理如下:

借:进货费用——篮球鞋类　　　　　　　　　　2 301.63
　　贷:库存商品——篮球鞋类(进货费用)　　　　　2 301.63

项目小结

批发商品流通是商品从生产领域进入流通领域的关键环节,是以整批买卖为特色的交易方式。批发业务具有下述基本特征:一是经营规模、交易量和交易额较大,交易频率较低;二是商品储备量较大,核算上要随时掌握各种商品进、销、存的数量和结存金额;三是每次交易都必须取得合法的交易凭证,用以反映和控制商品的交易活动。

商品流通企业在国内采购商品,由于供应商的地域差别,使商品的交接方式、货款结算方式均有所不同,因而带来业务流程上的区别。同城商品购进的交接方式:送货制或提货制;货款结算方式:支票、商业汇票、银行本票、委托收款等。异地商品购进的交接方式:通常采用"发货制";货款结算方式:托收承付、委托收款、银行汇票和商业汇票等。

批发企业在购进商品过程中会发生退补价、折扣与折让、拒收商品与拒付货款及商品溢余与短缺等问题。

为了保证所购商品的完整,需要对在途物资进行明细分类核算,其方法主要通过同行登记法和抽单核对法两种方式进行。

批发企业的国内销售业务按照客户的地域不同,可分为同城销售和异地销售。由于客户的地域差别,使商品的交接方式、货款结算方式有所不同,因而带来业务流程上的差别。批发商品的销售包括同城销售和异地销售及直运销售。

采用直运商品销售,商品不通过批发企业仓库的储存环节,所以可以不通过"库存商品"账户,直接在"在途物资"账户进行核算。由于直运商品购进和销售的专用发票上已经列明商品的购进金额和销售金额,因此商品销售成本可以按照实际进价成本,分销售批次随时进行结转。

在分期收款销售方式下,关键点在于应按合同约定的收款日期作为确认收入和结转成本的依据。

代销商品销售应区别视同买断和收取手续费两种方式下收入的确认原则。

在批发商品销售过程中,同样会发生现金折扣与销售折让、销售商品退补价、客户拒收商品与拒付货款及销货退回的问题,所以要明确其核算的要点。

在会计期末,批发企业应按照成本与可变现净值孰低对库存商品进行计量。

对于批发企业，应采取数量进价金额核算法对库存商品进行核算。为了加强对库存商品的管理和控制，商品流通企业一般对库存商品实行总账、类目账和明细账三级控制。在实务中，商品流通企业的库存商品一、二级核算在企业财会部门进行，即通过设置库存商品总账和类目账分别核算企业全部自营库存商品的收入、发出及结存的进价金额情况。其三级核算则应同时在财会部门、业务部门和仓库进行，本着既方便各部门业务需要，又符合重要性原则的要求，可分别采用"三账一卡"、"两账一卡"或"一账一卡"三种方式。

商品流通企业对库存商品核算方法的不同造成了商品销售成本核算的差异。在进价核算法下，库存商品按照实际采购成本入账，自然已销商品的成本也应按照实际采购成本进行核算。由于批发企业是采用数量进价金额核算法对库存商品进行核算，所以，应根据实际采购成本核算已销商品的成本。

批发企业应根据企业的特点和管理的需要，在确定商品销售成本结转的时间、计算的程序和结转的方式的基础上，再确定适当的商品销售成本计算方法。为了正确计算销售商品的单位进价成本，在数量进价金额核算法下，批发企业可以采用个别计价法、加权平均法、移动加权平均法、先进先出法和毛利率推算法。企业一旦确定了商品销售成本的计算方法后，在同一会计年度内不得随意变更。商品销售成本按照计算的程序分，有顺算成本和逆算成本两种。商品销售成本按照结转的方式分，有分散结转和集中结转两种；商品销售成本按照结转的时间分，有逐日结转和定期结转两种。

思考与练习

一、关键词

同行登记法、抽单核算法、直运商品销售、库存商品类目账、"三账一卡"、"两账一卡"、逐日结转和定期结转、分散结转和集中结转、顺算成本和逆算成本。

二、思考题

1. 试比较同城与异地商品购进的业务流程。
2. 在途物资明细分类核算一般有哪些方式，试比较其优缺点。
3. 试比较同城销售、异地销售和直运销售的业务流程。
4. 批发企业"库存商品"账户分几级设置？为何要这样设置？
5. 委托代销和受托代销在销售收入确认方面有何异同？
6. 商品销售成本有哪些计算方法？试分别说明各种计算方法的优缺点和适用性。

三、知识与能力拓展

1. 学习《企业会计准则第1号——存货》《企业会计准则第14号——收入》。
2. 学习《内部会计控制规范——采购与付款》。
3. 学习《内部会计控制规范——销售与收款》。

四、综合实务

1. 业务一

（1）目的：掌握批发商品购进核算的业务处理。

（2）资料：弘大运动品经营公司1月份发生下列经济业务。

① 2日，业务部门转来粤达运动品厂开来的专用发票，开列男运动服300套，每套300元，计货款90 000元，增值税额11 700元，并收到自行填制的收货单，经审核无误，当即签发转账支票付讫。

② 5日，储运部门转来收货单（入库联），列明向粤达运动品厂购进的男运动服300套，每套300元，男运动服已全部验收入库，结转男运动服的采购成本。

③ 8日，业务部门转来利华运动品厂开来的专用发票，开列乒乓球拍1 000付，每付200元，计货款200 000元，增值税额22 600元，并收到自行填制的收货单（结算联），经审核无误，当即以银行承兑汇票支付。

④ 10日，储运部门转来收货单（入库联），列明向利华运动品厂购进的乒乓球拍1 000付，每付200元，乒乓球拍已全部验收入库，结转乒乓球拍的采购成本。

⑤ 12日，银行转来天津运动品厂的托收凭证，附来专用发票，开列男运动服500套，每套300元，计货款150 000元，增值税额19 500元，对方代垫运费800元，并收到自行填制的收货单（结算联），经审核无误，当即承付。

⑥ 13日，银行转来青岛运动品厂托收凭证，附来专用发票（发票联），开列篮球鞋200双，每双300元，计货款60 000元，增值税额7 800元，运费900元，并收到自行填制的收货单（结算联），经审核无误，当即承付。

⑦ 15日，储运部门转来天津运动品厂专用发票（发货联），开列男运动服500套，每套300元，并收到自行填制的收货单（入库联）。男运动服已全部验收入库，结转其采购成本。

⑧ 17日，财会部门收到仓库转来的青岛运动品厂的篮球鞋200双，每双300元的收货单（入库联），计货款60 000元，增值税额7 800元，运费900元，并收到自行填制的收货单（结算联），篮球鞋已全部验收入库，结转其采购成本。

（3）要求：编制上述业务处理的会计分录。

2. 业务二

（1）目的：掌握进货退出及购进商品退补价的核算。

（2）资料：美达电器公司1月份发生下列有关的经济业务。

① 4日，业务部门转来迅达电器厂开来的专用发票，开列电风扇300台，每台200元，计货款60 000元，增值税额7 800元，并收到自行填制的收货单（结算联）。经审核无误，当即签发转账支票付讫。

② 6日，储运部门转来收货单（入联库），列明购进的电风扇300台，每台200元，电风扇已全部验收入库，结转其采购成本。

③ 8日，开箱复验商品，发现6日入库的电风扇中有10台质量不符要求，与迅达电器厂联系后对方同意退货，收到其退货的红字专用发票，应退货款2 000元，增值税额260元，并收到业务部门转来的进货退出单（结算联）。

④ 9日，储运部门转来进货退出单（出库联），将10台质量不符要求的电风扇退还厂方，并收到对方退还货款及增值税额的转账支票2 340元，存入银行。

⑤ 12日，业务部门转来迅达电器厂开来的专用发票，开列消毒柜200台，每台400元，计货款80 000

元，增值税额13 600元，并收到自行填制的收货单（结算联）。经审核无误，当即签发转账支票付讫。

⑥ 16日，储运部门转来收货单（入库联），列明向迅达电器厂购进的消毒柜200台，每台400元。消毒柜已全部验收入库，结转其采购成本。

⑦ 20日，业务部门转来迅达电器厂的更正专用发票，更正本月12日发票错误，列明消毒柜每台应为420元，补收货款4 000元、增值税额520元。经审核无误，当即以转账支票付讫。

⑧ 22日，业务部门转来迅达电器厂开来的专用发票，列明吸尘器300台，每台321元，计货款96 300元，增值税额12 519元，并收到自行填制的收货单（结算联）。经审核无误，当即签发转账支票付讫。

⑨ 当日，储运部门转来收货单（入库联），列明向迅达电器厂购进的吸尘器300台，每台321元。吸尘器已全部验收入库，结转其采购成本。

⑩ 28日，业务部门转来迅达电器厂的更正专用发票，更正本月22日发票错误，列明吸尘器每台应为312元，应退货款2 700元、增值税额351元。

（3）要求：编制上述业务处理的会计分录。

3．业务三

（1）目的：掌握购进商品溢余和短缺的核算。

（2）资料：某商品批发企业（一般纳税人）1月发生下列有关商品购进的业务。

① 5日，银行转来外地兴达糖烟酒公司托收凭证及所附单据，开列白糖15 000千克，单价3元，计45 000元，进项税额5 850元；白酒1 200瓶，单价2.10元，计2 520元，进项税额327.60元；代垫运费400元，经审核无误，承付价款，商品尚未运到。

② 12日，上项购进商品运到，仓库验收入库，转来收货单和商品溢余（短缺）报告单：白糖实收15 460千克，溢余460千克；白酒实收1 120瓶，短缺80瓶，溢余及短缺原因待查。

③ 14日，对上项溢余、短缺商品查明原因及处理如下：溢余白糖460千克，其中400千克系供货方多发，本企业同意做购进，已收到对方补来发货票，企业汇付货款，其余60千克系自然升溢，做企业营业外收入处理；短缺白酒80瓶，其中50瓶是供货方少发，同意补发，20瓶是运输部门责任造成，索赔，其余10瓶是企业市区搬运时丢失，经批准做销售费用核销。

④ 18日，供货方已补来白酒50瓶，经验收入库，运输部门已汇来赔偿款。

（3）要求：编制上述业务处理的会计分录。

4．业务四

（1）目的：掌握购进商品拒付货款和拒收商品的核算。

（2）资料：某商品批发企业1月发生下列有关商品购进的业务。

① 5日，银行转来天津百货公司托收凭证及所附单据，开列童车200辆，单价60元，计12 000元，增值税款1 560元，垫付运费250元，经审核，不是本企业订购商品，全部拒付。

② 8日，上项商品运到，商品拒收做代管。

③ 14日，上项商品经与供货方联系，同意每辆作价40元，本企业愿意接受，供货方已寄来发票及垫付运费单据，通过银行汇付货款、运费及增值税款9 290元。

④ 18日，接银行转来桂林百货公司托收凭证及所附单据，开列抽油烟机200台，单价200元，计40 000元，增值税款5 200元，供货方代垫运费600元，经审核发现每台多计价30元，不合理运费120元，填制拒付理由书拒付货款和运费计6 120元，增值税款780元，其余货款、运费及税款承付，商品尚未运到。

⑤ 23日，上项商品运到，经验收入库200台。

⑥ 24日，银行转来北京百货公司托收凭证及所附单据，开列羊毛衫500件，单价120元，计60 000元，增值税款7 800元，供货方代垫运费1 490元，审核无误承付款项，商品未运到。

⑦ 26日，上项商品运到，经检验质量有问题，全部拒收，商品暂做代管。

⑧ 27日，上项商品经双方交涉，结果每件减价为80元，企业同意购进300件，负担运费900元，其余200件退回供货方，并以银行存款支付代垫运费300元，供货方同意退回价税款及部分运费，已收到供货方的发货票但未收到退款。

⑨ 30日，供货方汇来退回的200件羊毛衫价税款、运费42 710元及退回商品运费300元。

（3）要求：编制上述业务处理的会计分录。

5．业务五

（1）目的：掌握购货折扣和购货折让的核算。

（2）资料：弘大运动品经营公司1月份发生下列有关的经济业务。

① 1日，向某运动器具厂赊购健身器100台，每台2 000元，计货款200 000元、增值税额26 000元。厂方给予的付款条件为：2/10、1/20、n/30。健身器已验收入库。

② 4日，向惠达运动器材厂赊购哑铃200付，每付80元，计货款16 000元，增值税额2 080元。厂方给予的付款条件为：2/10、1/20、n/50。哑铃已验收入库。

③ 9日，向海德运动器材厂购入乒乓球台100张，每张1 500元，计货款150 000元，增值税额19 500元，当即签发转账支票付讫。

④ 13日，海德厂发来乒乓球台100张，验收时发现外观漆面存在瑕疵。与厂方联系后，对方同意给予8%的购货折让，当即收到厂方的销货折让发票，并收到对方退回的折让款12 000元，增值税额1 560元；款项已存入银行，商品也已验收入库。

⑤ 16日，签发转账支票一张，金额为231 660元，系支付赊购健身器的货款及增值税的全部款项。

⑥ 12日，签发转账支票一张，支付惠达运动器材厂哑铃的货款及增值税额，总计18 345.6元。

（3）要求：编制上述业务处理的会计分录。

6．业务六

（1）目的：练习商品购进的明细分类核算。

（2）资料：

① 甲企业（一般纳税人）9月初在途物资明细账如表2.7所示。

表2.7　甲企业在途物资明细账

供货单位	收货单号（财会联）	金额	记账凭证号
乙	#7023	6 120.00	36
丙	#7210	1 280.00	69

② 1月份发生下述有关业务：

a．收货单#9023（入库联），金额6 120.00元。

b．乙企业托收单（付款通知），金额46 800.00元；

增值税发票#005287（发票联），货价40 000.00元，税额5 200元；

收货单#9451（结算联），金额40 000.00元。

c. 收货单#9210（入库联），金额 1 280.00 元。

d. 丁企业托收单（付款通知），金额 10 000.00 元；
普通发票#100312（发票联），价款 10 000.00 元；
收货单#9452（结算联），金额 10 000.00 元。

e. 丁企业托收单（付款通知），金额 20 000.00 元；
普通发票#100346（发票联），价款 20 000.00 元；
收货单#9453（结算联），金额 20 000.00 元。

f. 收货单#9453（入库联），金额 20 000.00 元；
收货单#9454（入库联），金额 5 000.00 元（供货单位：丙）。

(3) 假设：甲企业的收货单一式三联，其用途为：
① 存根联（业务存查）。
② 结算联（报财会记账）。
③ 入库联（仓库收货后报财会及业务记账）。

(4) 要求：
① 根据上述资料编制记账凭证（号码从 1 号起）。
② 回答：如果用抽单核对法，"在途物资明细账"账夹有无单据？如有，是哪些号码？金额合计是多少？说明什么会计信息？
③ 回答：收到收货单#9454（入库联）时应如何处理？月末时应如何处理？下月初应如何处理？

7. 业务七

(1) 目的：掌握商品销售和直运商品销售的核算。

(2) 资料：弘大运动品经营公司 1 月份发生下列经济业务。

① 1 日，弘大运动品经营公司向何慧体育用品商城销售篮球鞋 300 双，每双 350 元，每双进价 300 元。客户采取自己提货，并将货款用转账支票支付。

② 3 日，销售给穆德体育用品商厦女运动服 200 套，每套 380 元，款项当即收到已承兑的商业汇票。

③ 7 日，签发转账支票 1 500 元，支付代垫运费，其中青岛公司 500 元，长春公司 1 000 元。

④ 7 日，销售给青岛公司男运动服 600 套，每套 380 元，当即连同代垫的运费一并向银行办妥托收手续。

⑤ 7 日，销售给长春公司女运动服 900 套，每套 350 元，当即连同代垫的运费一并向银行办妥托收手续。

⑥ 15 日，银行转来厦门运动品厂托收凭证，附来专用发票（发票联），开列羽毛球鞋 500 双，每双 320 元，计货款 160 000 元，增值税额 20 800 元。该商品已直接由铁路运给石家庄公司，厦门至石家庄的运费 1 800 元。经审核与合同相符，当即承付。

⑦ 10 日，收到本公司驻厦门运动品采购员寄来专用发票（记账联），500 双羽毛球鞋已发往石家庄公司，该羽毛球鞋销售单价为 350 元，计货款 175 000 元，增值税额 22 750 元，当即连同垫付的 1 800 元运费一并向银行办妥托收手续。

⑧ 15 日，银行转来购货单位支付货款的收账通知，其中青岛公司 267 260 元，长春公司 369 550 元，石家庄服装公司 206 550 元。

(3) 要求：编制上述业务处理的会计分录。

8. 业务八

(1) 目的：掌握代销商品销售及分期收款销售的核算。

(2) 资料：弘大运动品经营公司公司 1、2 月份发生下列经济业务。

① 弘大运动品经营公司委托海德体育用品商城销售健身器 200 台，根据商品委托代销合同，将健身器发给海德体育商城。其购进单价为 2 600 元，协议单价为 3 000 元，增值税率为 13%，合同规定每个月末受托方向委托方开具代销清单，据以结算货款。

a. 1 月 2 日，根据"委托代销商品发货单"发运商品。

b. 1 月 31 日，根据海德体育用品商城送来的代销商品清单，填制专用发票，列明销售健身器 50 台，单价 3 000 元，金额 150 000 元，增值税额 19 500 元。

c. 2 月 5 日，收到海德体育用品商城支付 50 台健身器的货款及增值税额的转账支票。

② 弘大运动品经营公司根据商品委托代销合同，接受何慧集团 2 000 双新品羽毛球鞋的代销业务，合同规定羽毛球鞋的协议单价为 300 元，销售单价为 380 元，增值税率为 13%，每个月末向委托方开具代销清单，结算货款。

a. 1 月 3 日，收到 2 000 运动鞋。

b. 1 月 20 日，销售羽毛球鞋 400 双，每双 380 元，计货款 152 000 元，增值税额为 19 760 元，收到转账支票存入银行。

c. 1 月 31 日，开出代销商品清单给委托方，2 月 3 日，收到何慧集团专用发票，开列羽毛球鞋 400 双，每双 300 元，计货款 120 000 元，增值税额 15 600 元，当即签发转账支票支付全部账款。

③ 弘大运动品经营公司将 1 000 付乒乓球拍委托立达体育用品商城代销，该球拍的购进价 200 元，合同规定销售单价为 280 元，增值税率为 13%，每个月末受托方向委托方开具代销清单，据以结算货款，代销手续费率为 8%。

a. 1 月 5 日，将乒乓球拍交付立达体育用品商城。

b. 1 月 31 日，立达体育用品商城送来代销商品清单，据以填制专用发票，开列乒乓球拍 300 付，每付 280 元，计货款 84 000 元、增值税 10 920 元。

c. 结算代销手续费。

d. 1 月 31 日，顺达体育用品商城扣除代销手续费 5 880 元后，付来已售代销的 300 付乒乓球拍的货款及增值税额，存入银行。

④ 弘大运动品经营公司根据商品委托代销合同接受何慧集团 500 张斯诺克球台的代销业务，合同规定该斯诺克球台的单价为 4 800 元，增值税率为 13%，代销手续费率为 8%，每月末向委托方开具代销清单，结算货款和代销手续费。

a. 1 月 6 日，收到 500 张斯诺克球台。

b. 1 月 18 日，销售斯诺克球台 100 张，每张 4 800 元，计货款 480 000 元，增值税额 62 400 元，收到转账支票存入银行。

c. 1 月 30 日，开出代销商品清单及代销手续费发票，开列代销手续费 38 400 元。

d. 1 月 30 日，收到何慧集团开来的专用发票，开列斯诺克球台 100 张，每张 4 800 元。扣除代销手续费 38 400 元后，签发转账支票 523 200 元，支付何慧集团已售代销商品货款及增值税额。

⑤ 弘大运动品经营公司采取年内分期收款方式向利华运动用品商城销售跑步机 50 套，该跑步机购进单价为 2 500 元，销售单价为 2 900 元，按合同约定，在一年内分三期收款，第一期收取价款的 40%，后两期各收取价款的 30%。

a. 1 月 10 日，发给利华运动用品商城 50 套。

b. 1月30日，收到利华运动用品商城汇来的第一期货款及税款。

（3）要求：编制上述业务处理的会计分录。

9. 业务九

（1）目的：掌握销货退回和销售商品退补价的核算。

（2）资料：美和电器公司1月份发生下列经济业务。

① 3日，销售给美达商厦加湿器300台，每台430元，计货款129 000元，增值税额16 770元，当即收到转账支票存入银行。

② 5日，美达商厦发现3日购入的加湿器中有20台质量不符要求，经联系后业务部门同意退货。商品已退回并验收入库，退货款8 600元，增值税额1 118元，当即签发转账支票付讫。

③ 10日，销售给利达商厦微波炉200台，每台800元，计货款160 000元，增值税额20 800元，当即收到转账支票存入银行。

④ 11日，发现所售微波炉每台应为820元，当即开出专用发票，应补收货款4 000元、增值税额520元。

⑤ 17日，收到利达商厦付来补价补税款4 520元，存入银行。

⑥ 20日，销售给美华商厦消毒柜300台，单价982元，款项尚未收到。

⑦ 23日，发现所售消毒柜每台应为928元，当即开出更正发票，应退货款16 200元，增值税额2 106元，款项从应收款项中抵扣。

⑧ 29日，美华商厦付来300台消毒柜货款及增值税额，当即存入银行。

（3）要求：编制上述业务处理的会计分录。

10. 业务十

（1）目的：掌握购货单位拒付货款和拒收商品的核算。

（2）资料：粤达公司1月份发生下列经济业务。

① 3日，销售给郑州服装公司男西装100套，每套1 200元，计货款120 000元，增值税额15 600元，连同代垫运费500元，一并向银行办妥托收手续。

② 7日，销售给烟台公司女连衣裙200件，每件380元，计货款76 000元，增值税额9 880元，以转账支票支付代垫运费600元，一并向银行办妥托收手续。

③ 10日，银行转来郑州服装公司承付款项的收账通知，支付90套男西装的货款、增值税额及该部分商品的运费，同时收到拒绝付款理由书，拒付10套男西装的货款、增值税额及该部分商品的运费。

④ 15日，银行转来烟台公司承付贷款的收账通知，支付180件女连衣裙的货款、增值税额及该部分商品的运费，同时收到拒绝付款理由书，拒付20件女连衣裙的货款、增值税额。

⑤ 16日，经联系查明郑州公司拒付账款的10套男西装系质量问题，商品已退回，业务部门转来红字专用发票，做销货退回处理，并汇去退回商品的运费70元。

⑥ 20日，经联系，烟台公司拒付账款的20件女连衣裙的原因是商品运输途中丢失，查明系运输单位责任，与运输单位联系后同意按原进价赔偿。该商品的单位进价为300元，拒赔偿款尚未收到。

（3）要求：编制上述业务处理的会计分录。

11. 业务十一

（1）目的：练习主营业务成本的计算。

（2）资料：某商品批发企业1月3号铜线库存资料如下：

① 上月结存数量500米，单价12.00元。

② 购进：

　　5日，数量600米，单价12.20元，记账凭证号#26；

　　11日，数量400米，单价12.40元，记账凭证号#53；

　　19日，数量800米，单价12.50元，记账凭证号#79。

③ 销售：

　　8日，数量300米，记账凭证号#33；

　　16日，数量700米，记账凭证号#69；

　　24日，数量900米，记账凭证号#82。

④ 报损：

　　30日，数量5米，单价12.00元，记账凭证号#91。

（3）要求：分别用加权平均法、先进先出法计算结转3号铜线1月份的销售成本（列式计算）。

12. 业务十二

（1）目的：练习主营业务成本的计算结转与具体应用。

（2）资料：某商品批发企业1、2、3月份饼干大类商品账资料如下。

① 饼干大类1月初结存金额34 007.10元。

② 1月购进（以金额计）：

　　5日，45 342.00元；

　　15日，35 300.00元；

　　20日，47 005.00元。

③ 2月购进（以金额计）：

　　8日，44 082.00元；

　　12日，38 528.00元；

　　18日，39 237.00元。

④ 3月购进（以金额计）：

　　8日，85 061.00元；

　　21日，32 936.00元。

⑤ 饼干大类1月份销售收入（不含税）159 109元；2月份销售收入（不含税）157 716元；饼干大类上季实际毛利率28%。

⑥ 饼干大类明细账如下：

a. 香酥饼

● 1月初结存数量11 000盒，单价1.372元，金额15 092.00元。

● 购进：

　　1月5日，数量33 000盒，单价1.374元，金额45 342.00元；

　　2月12日，数量28 000盒，单价1.376元，金额38 528.00元；

　　3月8日，数量37 000盒，单价1.378元，金额50 986.00元。

● 销售：

　　1月31日，数量35 800盒；

　　2月28日，数量26 600盒；

3月31日，数量38 050盒。

b．果汁饼

- 1月初结存数量8 300盒，单价1.333元，金额11 063.90元。
- 购进：

　　1月20日，数量35 000盒，单价1.343元，金额47 005.00元；

　　2月18日，数量29 000盒，单价1.353元，金额39 237.00元；

　　3月8日，数量25 000盒，单价1.363元，金额34 075.00元。

- 销售：

　　1月31日，数量28 010盒；

　　2月28日，数量30 580盒；

　　3月31日，数量29 930盒。

c．夹心饼

- 1月初结存数量5 600盒，单价1.402元，金额7 851.20元。
- 购进：

　　1月15日，数量25 000盒，单价1.412元，金额35 300.00元；

　　2月8日，数量31 000盒，单价1.422元，金额44 082.00元；

　　3月21日，数量23 000盒，单价1.432元，金额32 936.00元。

- 销售：

　　1月31日，数量23 420盒；

　　2月28日，数量29 580盒；

　　3月31日，数量21 150盒。

（3）要求：1、2月用毛利率法，季末用先进先出法、逆算法、集中结转饼干类商品3月份的销售成本。

项目三 零售业务核算

任务导入

1. 掌握零售业务流程
2. 理解零售业务经济活动与会计核算的关系
3. 掌握售价金额核算法的应用原理
4. 掌握进价金额核算法的应用原理
5. 对零售商品购、销、存业务进行会计处理
6. 对零售商品销售收入与销售成本进行调整
7. 对鲜活商品流通进行会计核算
8. 对库存商品与商品进销差价进行明细分类核算

零售商品流通是商品流通的终点,是零售企业从批发企业或生产企业购进商品,再销售给消费者或销售给企事业单位等用以生产和非生产消费的商品流通。零售企业多数是综合经营,综合性零售企业与批发企业相比较,在业务经营和管理上有自己的特点:所经营商品的品种、规格一般较批发业务多而且复杂;商品的进销频繁、数量少、库存商品储存量较少;直接面对消费者,多采用现款结算,"一手交钱,一手交货",并不一定都要填制销货凭证,企业资金进出频繁;一般情况下是柜台商品和在库商品结合在一起,由同一实物负责人进行保管。

零售企业的规模及经营的品种多寡及品种差异决定了其应采用的核算方法。对于综合性零售企业及经营一般性商品的专业零售企业均采用售价金额核算法;对于专业性零售企业,可以采用数量进价金额核算法;对于经营大件、贵重商品的零售企业也可以选择数量售价金额核算法;而对于经营鲜活商品的零售企业一般选用进价金额核算法;对于大型的综合性零售企业,也可以根据不同的业务部所经营的商品特点,同时选择几种核算方法对其商品进行核算。

在综合性零售企业,一般是以售价金额核算法为主,其他核算方法为辅。在应用售价金额核算法时,应注意以下要点:第一,建立实物负责制;第二,库存商品按售价记账;第三,设置"商品进销差价"账户;第四,要加强商品的盘点。

任务一　零售商品购进的核算

3.1.1　零售商品购进的业务流程分析

零售企业主要从当地批发企业和生产企业采购商品，根据市场需要及货源情况也从异地购进商品。从异地购进商品的接收与结算方式，与批发企业基本相同，下面仅以同城购进商品为例，介绍其商品购进的业务流程。

（1）采购组织：零售企业采购的机构设置较批发企业简单，除一些大型集团企业以外，一般不单独设庞大的采购机构及储运部门。根据企业的内部组织分工不同，部分企业设专职采购员负责整个企业的进货；部分企业由各实物负责人（门市部及营业柜组）直接进货；还有的企业既设专职采购员进货，又由实物负责人直接进货。

（2）结算方式：支票、商业汇票、银行本票、委托收款等。

（3）商品交接方式：同批发企业。

（4）业务单证：订购单（合同）、增值税专用发票、验收单（收货单）、付款凭单（根据上述单证由财会部门填制）。

（5）业务流程：零售企业的采购员或实物负责人到供货单位采购商品，凭供货单位的专用发票，一般以转账支票或商业汇票办理结算；所购货物可以采用"提货制"或"送货制"；货到后由实物负责人（仓库）将专用发票上开列的购进单价、商品货号、品名、规格、等级、数量与实物进行核对，如核对无误，在专用发票上签收后，转交财会部门入账；也可以根据管理需要，由业务部门另行填制收货单一式数联，将其中一联与专用发票一并送交财会部门。

送货制条件下业务程序：同批发商品购进业务程序。

送货制条件下的单证传递程序（支票结算方式）：

相关凭证：增值税发票、支票、零售商品验收单
业务流程：

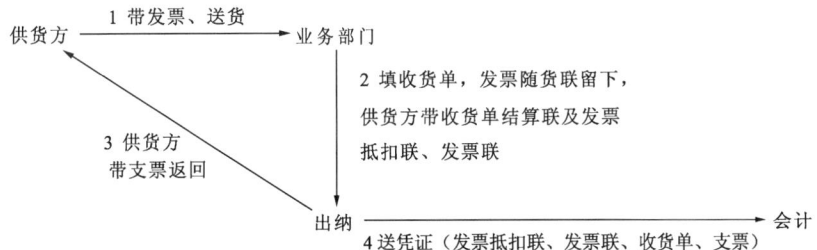

```
                1 带发票、送货
    供货方 ─────────────────────→ 业务部门
       ↖                              │
        ↖                              │ 2 填收货单，发票随货联留下，
         ↖ 3 供货方                    │   供货方带收货单结算联及发票
          ↖ 带支票返回                 │   抵扣联、发票联
           ↖                           ↓
            出纳 ─────────────────────────────────────→ 会计
                4 送凭证（发票抵扣联、发票联、收货单、支票）
```

3.1.2　零售商品购进中的常规业务核算

1．零售商品购进业务涉及的主要原始凭证

（1）增值税专用发票：同批发商品购进。

（2）零售商品收货单（或进仓单、商品验收单等），基本联次三联：存根联、结算联、入库联或收货联。

收 货 单

编号：1002089

收货部门：服装组　　　2021年2月8日　　　供货单位：深奇制衣厂

商品名称	购 进 价 格				零 售 价 格				进销差价	
	单位	数量	单价	金额	单位	数量	单价	金额		存根联
女时装	套	100	207	20,700.00	套	100	248	24,800.00	4,100.00	
合　计				￥20,700.00				￥24,800.00	￥4,100.00	

收 货 单

编号：1002089

收货部门：服装组　　　2021年2月8日　　　供货单位：深奇制衣厂

商品名称	购 进 价 格				零 售 价 格				进销差价	
	单位	数量	单价	金额	单位	数量	单价	金额		结算联
女时装	套	100	207	20,700.00	套	100	248	24,800.00	4,100.00	
合　计				￥20,700.00				￥24,800.00	￥4,100.00	

收 货 单

编号：1002089

收货部门：服装组　　　2021年2月8日　　　供货单位：深奇制衣厂

商品名称	购 进 价 格				零 售 价 格				进销差价	
	单位	数量	单价	金额	单位	数量	单价	金额		入库联
女时装	套	100	207	20,700.00	套	100	248	24,800.00	4,100.00	
合　计				￥20,700.00				￥24,800.00	￥4,100.00	

收货人：孙红梅

实务中，零售商品购进业务由业务部门与供货单位签订购销合同，合同一式三份，供货单位、业务部门和财会部门各留一份。业务部门根据供货单位开来的增值税专用发票，与合同核对相符后，即填制收货单，将增值税专用发票和收货单送交财会部门，财会部门审核无误后，作为付款的依据。购进的商品由营业柜组负责验收，并将收货单入库联交财会部门，财会部门据以增加库存商品。

2．零售商品购进业务涉及的会计科目

零售商品购进核算所涉及的会计科目除批发业务中所涉及的在途物资、库存商品、应交税费——应交增值税（进项税额）、销售费用、银行存款、其他货币资金、应付账款、应付票据外，还需设置商品进销差价科目。

（1）库存商品：核算商品流通企业库存待出售的全部自有商品，用于销售的商品主要包括外购商品、自制商品、存放在门市部准备出售的商品、发出委托加工完成验收入库的商品、发出展览的商品、寄存在外库的商品等，同时商品盘盈、销货退回等也通过该科目反映。在售价金额核算法下，当购进的商品经实物负责人验收后，按照售价记入该账户，同时，库存商品的增减变动及结存情况均按售价记载。其明细账应按实物负责人（门市部或柜组）分户，只记金额，不记数量。库存商品的售价是指包含按规定向消费者收取的增值税税额的含税零售价。

（2）商品进销差价账户是资产类账户，是"库存商品"账户的抵减账户，用以反映库存商品含税售价金额与不含税进价金额之间的差额。商品购进、溢余及调价增值发生差价时，记入该账户贷方；结转已销商品进销差价、商品短缺、削价及调价减值等而注销时，记入该账户借方；期末余额在贷方，表示期末库存商品的进销差价。期末"库存商品"账户余额减去"商品进销差价"账户的余额，即为库存商品的进价金额。

> **特别提示**
>
> 在售价金额核算法下，由于库存商品是按含税售价记载的，所以，"商品进销差价"也是含税的，而非实际的进销差价。由此计算的差价率也不是真实体现企业经营成果的商品经营差价率，必须待月份终了时，将进销差价按商品存销比例分摊后，才可以将商品销售成本和结存成本中的差价及税金予以抵扣，将其还原为不含税的进价成本，然后用不含税的销售收入与不含税的进价成本比较，才能计算出真正的商品经营毛利。

3．零售商品购进中常规业务的核算

零售商品购进过程与批发商品购进一样，由于结算单证与货物到达企业的时间可能不同，一般也会存在单货同到、单到货未到、货到单未到三种情况。现仅以第二、第三种情况为例。

【例 3.1】 华美商厦是一家综合性零售企业，1 月 5 日从本市利达集团购进电风扇 500 台，单价 200 元，供货方垫付运费 500 元，通过托收承付方式结算货款。

（1）1 月 6 日收到货款托收单证，列明货款 100 000 元，增值税额 13 000 元，财会部门签发转账支票付款。会计处理如下：

借：在途物资——利达集团　　　　　　　　　　　　　　　100 000
　　应交税费——应交增值税（进项税额）　　　　　　　　 13 000
　　进货费用　　　　　　　　　　　　　　　　　　　　　　　500
　　贷：银行存款　　　　　　　　　　　　　　　　　　　　130 500

（2）8 日收到商品，财会部门收到家电柜转来的收货单，列明含税售价金额 120 000 元。会计处理如下：

借：库存商品——家电柜　　　　　　　　　　　　　　　　120 000
　　贷：在途物资——利达集团　　　　　　　　　　　　　100 000
　　　　商品进销差价——家电柜　　　　　　　　　　　　 20 000

3.1.3 零售商品购进中的异常业务核算

1. 购进商品退补价的核算

零售企业购进商品并结算后,如果发现结算凭证的价格有误,应向供方索取更正发票,以便调整会计记录。

如果供货方开来更正发票时,只更正购进价格,没有影响到商品的零售价,财会部门只需调整"商品进销差价"账户,而不必调整"库存商品"账户的记录。

(1)购进商品退价的核算。购进商品退价是指原先结算货款的进价高于合同约定的价格,应由供应商将高于合同价格造成的货款差额退还给购货单位。财会部门应根据供应商开来的红字专用发票冲减商品采购额和进项税额。用红字借记"在途物资"账户、"应交税费"账户,贷记"银行存款"、"应收账款"或"应付账款"账户;同时还应增加商品进销差价,用红字借记"商品进销差价"账户,贷记"在途物资"账户。

【例 3.2】 华美商厦日前从瑞斯服装购进女装 100 套,每套进价 180 元,售价 220 元,商品已由服装组验收入库,货款已付,现经查验发现对方的发票有误,每套服装多收 10 元,经交涉,收到厂方的更正发票,并退回多收的货款及税款 1 130 元。其会计处理如下:

冲销商品进货额及进项税额:
借:在途物资——瑞斯服装厂　　　　　　　　　　　1 000
　　应交税费——应交增值税(进项税额)　　　　　　130
　　贷:银行存款　　　　　　　　　　　　　　　　　　　　1 130

同时调整商品进销差价:
借:商品进销差价——服装柜　　　　　　　　　　　1 000
　　贷:在途物资——瑞斯服装厂　　　　　　　　　　　　1 000

此例中如果还未付货款,应用红字记"应付账款"账户,如果已付款,但供货方在开来红字发票后,尚未退回多收的货款,可用红字贷记"应收账款"账户。

(2)购进商品补价的核算。如果购货单位少收了货款,只需由购进单位按合同或协议价格补价。此时应根据专用发票增加商品采购额和进项税额,借记"在途物资"账户和"应交税费"账户,贷记"应付账款"账户;同时还要减少商品的进销差价,借记"商品进销差价"账户,贷记"在途物资"账户。

【例 3.3】 华美商厦日前从康齿牙膏厂购进 1 000 支牙膏,厂方开来的发票单价为 10 元,售价 15 元,货款已付,商品已由百货柜验收入库。现收到厂方开来的更正发票,每支单价应为 12 元,应补付货款及税款 2 260 元,财会部门开出转账支票付款。其会计处理如下:

补记商品进货额及进项税额:
借:在途物资——康齿牙膏厂　　　　　　　　　　　2 000
　　应交税费——应交增值税(进项税额)　　　　　　260
　　贷:银行存款　　　　　　　　　　　　　　　　　　　　2 260

同时调整商品进销差价:
借:商品进销差价——百货柜　　　　　　　　　　　2 000

贷：在途物资——康齿牙膏厂　　　　　　　　　　　　　　　　　　　　2 000

（3）因商品品种、等级错误形成的退补价。供货单位发错商品品种、规格及等级时，经双方协商不退货和重新换货的前提下，就形成了退补价业务。此时供货方需开来更正发票更正批发价和零售价，如因更正价格而使供货单位应退还货款时，除了应根据更正专用发票冲减商品采购额、进项税额和应付账款外，还要冲减库存商品的售价金额、进价成本和商品进销差价。如因更正价格而使购货单位应补付货款时，除了根据供货方开来的更正发票增加商品采购额、进项税额和应付账款外，还要增加库存商品的售价金额、进价成本和商品进销差价。

【例3.4】　华美商厦日前从顺达食品公司购进一级茶树菇200千克，每千克进价50元，售价60元。商品已由食品柜验收入库，货款已付。经查验，发现收到的茶树菇为二级品，经协商不做退货处理，现收到对方的更正发票，该二级茶树菇每千克的进价为42元，售价为50元，应退货款1 600元，增值税额208元。其会计处理如下：

冲减商品进价和进项税额：
　　借：在途物资——顺达食品公司　　　　　　　　　　　　　　　　　　1 600
　　　　应交税费——应交增值税（进项税额）　　　　　　　　　　　　　　208
　　贷：应收账款——顺达食品公司　　　　　　　　　　　　　　　　　　1 808

同时冲减库存商品的售价金额和进价成本：
　　借：库存商品——食品柜　　　　　　　　　　　　　　　　　　　　　2 000
　　贷：在途物资——顺达食品公司　　　　　　　　　　　　　　　　　　1 600
　　　　商品进销差价——食品柜　　　　　　　　　　　　　　　　　　　　400

2．进货退出的核算

零售企业购进商品后，发现商品的品种、规格或质量达不到要求等情况时，如不愿通过退补价等方式处理，应与供货方联系，做退货处理。经供货方同意后，由供货单位开出退货的红字专用发票，办理退货手续，并将商品退还供货单位。

【例3.5】　华美商厦发现日前购进的餐具中有30套质量存在瑕疵，经与供应商泰达公司联系后同意做退货处理。该餐具每套进价100元，售价130元。

（1）商品退出后，根据百货柜转来的红字收货单，会计处理如下：
　　借：库存商品——百货柜　　　　　　　　　　　　　　　　　　　　　3 900
　　贷：在途物资——泰达公司　　　　　　　　　　　　　　　　　　　　3 000
　　　　商品进销差价——百货柜　　　　　　　　　　　　　　　　　　　　900

（2）收到对方开来退货的红字专用发票、货款及税款3 390元，会计处理如下：
　　借：在途物资——泰达公司　　　　　　　　　　　　　　　　　　　　3 000
　　　　应交税费——应交增值税（进项税额）　　　　　　　　　　　　　　390
　　贷：银行存款　　　　　　　　　　　　　　　　　　　　　　　　　　3 390

3．购进商品发生溢缺的核算

零售企业在购进商品过程中，由于发货差错或运输事故都会造成所购商品的短缺或溢余，同时有些商品因自然因素也会发生自然升溢或自然损耗，进而形成验收商品的数量有短缺或溢余情况。对于发错商品数量可与供货单位联系,由对方补发其少发的商品,或将对方多发的商品退还;也可经过协商后做退补价处理。但对于因自然因素、责任事故或一时难以查明原因等造成的溢缺,应由验收柜组填制"商品购进短缺溢余报告单",财会部门据以按进价将短缺或溢余的商品先记入"待处理财产损溢"账户,并按实收商品数量的售价金额借记"库存商品"账户。待查明原因并经管理层批准后,再根据不同的原因从"待处理财产损溢"账户,转入各有关的账户,原则上对于"待处理财产损溢"的处理不得跨月。

【例 3.6】 华美商厦从大连海产公司购入虾皮 500 千克,每千克进价 10 元,售价 16 元,对方代垫运费 500 元,采用托收承付结算。

(1) 1 月 6 日,收到银行转来托收凭证,内附专用发票,计货款 5 000 元,进项税额 850 元,运费凭证 500 元,经查验与合同相符,予以承付,会计处理如下:

借:在途物资——大连海产公司　　　　　　　　　　　　5 000
　　应交税费——应交增值税(进项税额)　　　　　　　　650
　　进货费用　　　　　　　　　　　　　　　　　　　　500
　　贷:银行存款　　　　　　　　　　　　　　　　　　　　6 150

(2) 1 月 9 日,虾皮已运到,由食品柜验收,实收 510 千克,溢余 10 千克,原因待查。

借:库存商品——食品柜　　　　　　　　　　　　　　　8 000
　　贷:在途物资——大连海产公司　　　　　　　　　　　　5 000
　　　　商品进销差价——食品柜　　　　　　　　　　　　3 000

根据"商品购进短缺溢余报告单"做如下处理:

借:库存商品——食品柜　　　　　　　　　　　　　　　160
　　贷:待处理财产损溢——待处理流动资产损溢　　　　　100
　　　　商品进销差价——食品柜　　　　　　　　　　　　60

(3) 经查明溢余商品属于自然升溢。

借:待处理财产损溢——待处理流动资产损溢　　　　　　100
　　贷:进货费用　　　　　　　　　　　　　　　　　　　　100

【例 3.7】 假设例 3.6 中在收货时分析短缺 10 千克,其会计处理如下:

(1) 验收入库:

借:库存商品——食品柜　　　　　　　　　　　　　　　7 840
　　贷:在途物资——大连海产公司　　　　　　　　　　　　4 900
　　　　商品进销差价——食品柜　　　　　　　　　　　　2 940

根据"商品购进短缺溢余报告单"做如下处理:

借:待处理财产损溢——待处理流动资产损溢　　　　　　100
　　贷:在途物资——大连海产公司　　　　　　　　　　　　100

(2) 经查明短缺的 10 千克虾皮是属于自然损耗,其会计处理如下:

借:进货费用　　　　　　　　　　　　　　　　　　　　100
　　贷:待处理财产损溢——待处理流动资产损溢　　　　　100

延伸思考

结合批发企业进货溢缺的核算,试比较数量进价金额核算法与售价金额核算法下二者在会计处理上的异同。

任务二 零售商品销售的核算

3.2.1 零售商品销售业务流程分析

零售企业的商品销售业务,一般按营业柜组或门市部组织进行。商品销售的业务程序,根据企业的规模、经营商品的特点以及经营管理的需要而有所不同。

(1)零售商品销售的组织。按营业柜组或门市部分别组织所负责商品的销售,同时,也负有对其经营商品的保管责任。

(2)零售商品销售的货款结算方式。以现金或信用卡及借记卡结算为主,涉及企事业单位的大额销售采取转账结算。

(3)销售货款收取方式。主要有以下三种方式:

一是由营业员直接收款,即一手交钱、一手交货,一般不填制销售凭证,手续简便,交易迅速。

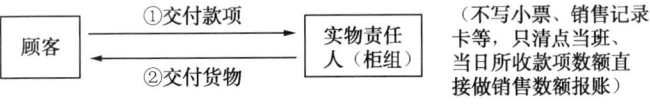

```
顾客  ①交付款项→  实物责任
      ②交付货物←  人(柜组)
```
(不写小票、销售记录卡等,只清点当班、当日所收款项数额直接做销售数额报账)

但由于货款均由营业员一人经手,容易发生差错与弊端,且不易及时发现,该方式适合价值较低的商品或小型零售企业。

二是在商城内设立若干收银台负责收款,营业员只负责售货,并负责填制销货凭证或商品计数卡,消费者据以向收银台交款,消费者凭付款后的单证向营业员领取商品。

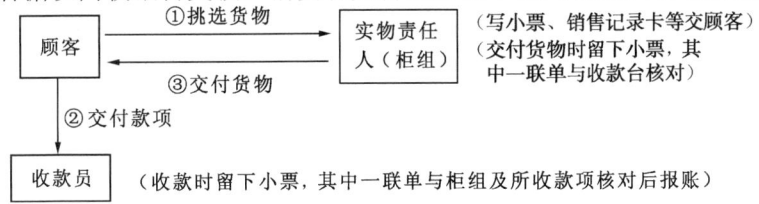

```
顾客  ①挑选货物→  实物责任
      ③交付货物←  人(柜组)
       ↓
       ②交付款项
       ↓
      收款员
```
(写小票、销售记录卡等交顾客)
(交付货物时留下小票,其中一联单与收款台核对)

(收款时留下小票,其中一联单与柜组及所收款项核对后报账)

售货小票(第1联:柜组联)顾客交款后凭此联取货
商品品名:*女时装*
数量: 2
单位售价: 150.00
合计金额: ¥300.00
收款员:*王波*   售货员:*李丽*

该方式由于钱货分管，职责分明，不易发生差错，但手续烦琐，效率较低，适合于价值较高的商品销售或大型零售企业。

三是对于一些超市的销售，由于实行开架销售，基本上采取在出口处集中设立若干收银机，由专职收银员负责货物的清点和收取货款，该方式手续简便，效率较高。

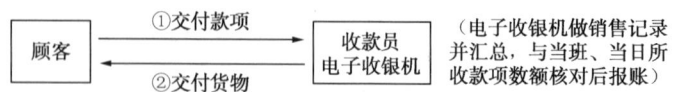

```
顾客  ①交付款项→   收款员       （电子收银机做销售记录
      ②交付货物←   电子收银机    并汇总，与当班、当日所
                                收款项数额核对后报账）
```

（4）货款的解缴。不论采用哪一种收款方式，均应按照现金管理的规定，在当天将销货款解缴到银行，解缴货款的方式有集中解缴和分散解缴两种。集中解缴是每天营业结束后，由各营业柜组（门市部）或收款员按其所收的销货款，填制"内部缴款单"及"零售商品进销存日报表"，连同所收的货款，一并送交财会部门，财会部门将各营业柜组或门市部的销货款集中汇总后填制"解款单"，并集中将当日的销售货款全部解存银行。"内部缴款单"、"零售商品进销存日报表"及"银行进账单回单"是财会部门对每日销售业务进行账务处理的依据。分散解缴是在每天营业结束后，由各营业柜组（门市部）或收款员负责，按其所收的销货款，填制"银行进账单"后，将现金直接解存银行，取得银行进账单回单后，填制"内部缴款单"、"零售商品进销存日报表"，并将其一并送交财会部门，作为账务处理的依据。以上单据的格式如表3.1、表3.2所示。

表 3.1　内部缴款单（第 1 联　缴款人留存）

缴款单位：（实物负责人）　　　　　　　　　　年　　月　　日

项目	金额	小票金额合计	
现金		销售折扣金额	
支票		应收金额	
信用卡			
借记卡		长款金额	
实缴金额合计		短款金额	

缴款人：　　　　　　　　收款人：

"内部缴款单"由缴款人填制，通常一式两联，一联缴款单位自存，一联上交财会部门，作为入账依据。

表 3.2　零售商品进销存日报表

年　　月　　日

柜组名称：　　　　　　　　　　　　　　　　　　　　　　　　　　　编号：

	项目	金额		项目	金额
	昨日库存			本日销售	
今日收入	本日进货		今日减少	残品减值	
	调价增值			调价减值	
	盘点溢余			盘点亏损	
	商品升溢			商品损耗	

	项目	金额		项目	金额
今日收入	加工收回		今日减少		
				本日结存	
	合计			合计	
本月销售计划			销售完成累计		

柜组长：　　　　　　复核：　　　　　　制表：　　　　　　附凭证　　张

"零售商品进销存日报表"由实物责任人填制，通常一式两份，一份柜组自存，一份上交财会部门，作为入账的依据。

3.2.2 零售商品销售的核算业务

1．日常销售的业务程序

日常销售业务程序如下：

各营业柜组 → 内部缴款单 零售商品进销存日报表 → 出纳员 → 银行进账单 内部缴款单 零售商品进销存日报表 → 会计员

2．单证传递程序

相关凭证：售货小票、销货缴款单、长短款报告单、销售日报表、现金送款单、银行进账单。

业务流程：

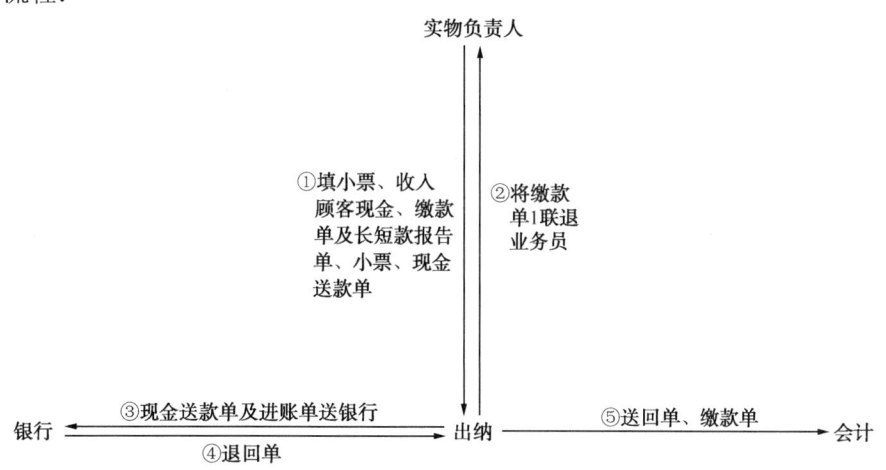

实物负责人
①填小票、收入顾客现金、缴款单及长短款报告单、小票、现金送款单
②将缴款单1联退业务员
③现金送款单及进账单送银行
④退回单
⑤送回单、缴款单
银行　　　　出纳　　　　会计

3．日常销售涉及的主要凭证及处理流程

（1）商品进销存日报表。

"商品进销存日报表"由柜组、实物负责人根据实收款或核对无误的小票金额填零售销售额一栏，通常一式两份，一份柜组自存，一份上报财会部门。

商品进销存日报表

部门：食品组　　　　2021年2月25日　　　　　　　　编号：360

项　目		金　额	项　目		金　额
昨日结存		205 345.60		销售	6 427.80
今日收入	购进	9 050.00	今日发出	调出	
	调入			发出委托加工	
	加工成品收回			调价减值	
	调价增值	3 210.20		削价	224.00
	溢余			短缺	20.00
				今日结存	211 121.80
本月销售计划		180 000.00	本月销售累计		159 255.00
柜组长：张文红　　　复核：张文红　　　制表：王波　　　付凭证22张					

（2）内部缴款单。

商品销售收入缴款单

缴款部门：服装组　　　　　　2021年2月2日

货款种类	张数	金　额	货款种类	张数	金　额
现金：			银行卡签购单	7	2,260.80
其中：票面100元	16	1,600.00	转账支票	1	1,800.00
票面50元	8	400.00	银行本票		
票面20元	20	400.00			
票面10元	18	180.00			
票面5元	5	25.00	收讫		
票面2元	2	4.00			
票面1元	2	2.00			
角票、分币					

缴款金额人民币（大写）陆仟陆佰柒拾壹元捌角整　　　￥6,671.80元

缴款人：王波　　　　　　　　　收款人：王方

（3）信用卡签购单。

Uninon Pay　签购单
银联
商户存根

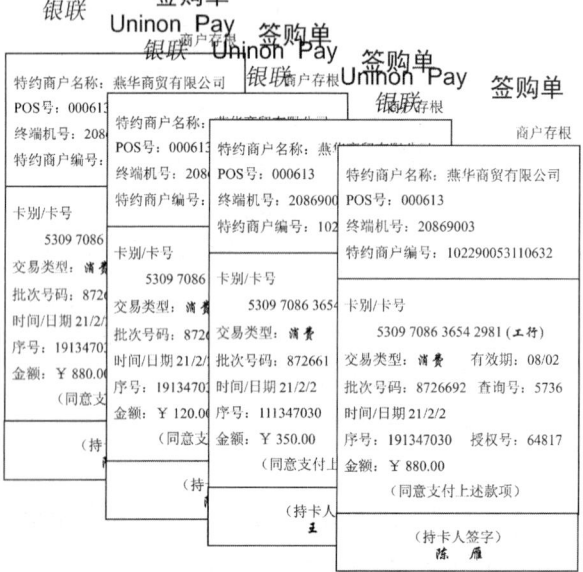

特约商户名称：燕华商贸有限公司
POS号：000613
终端机号：20869003
特约商户编号：102290053110632

卡别/卡号
5309 7086 3654 2981（工行）
交易类型：消费　　有效期：08/02
批次号码：8726692　查询号：5736
时间/日期 21/2/2
序号：191347030　授权号：64817
金额：￥880.00
（同意支付上述款项）

（持卡人签字）
陈雁

（4）汇计单。

```
中国工商银行银联卡              编号：08325
     汇 计 单           日      期  2021年2月2日
  特约单位名称：燕华商场      签购单总份数    5份
                           总 计 金 额   ￥2,260.80
  特约单位编号：102290053110632  净 计 金 额   ￥2,260.80
```

第一联：银行盖章后退特约单位作交费收据

（5）支票正联。

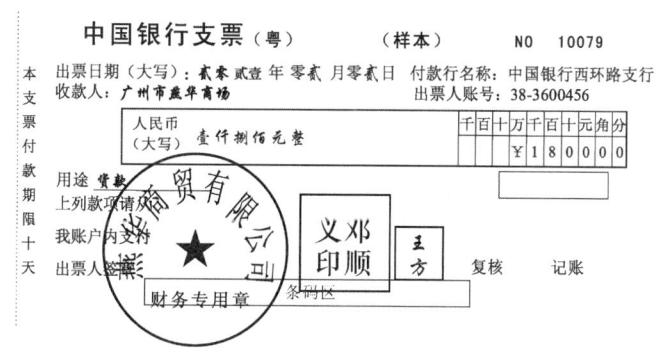

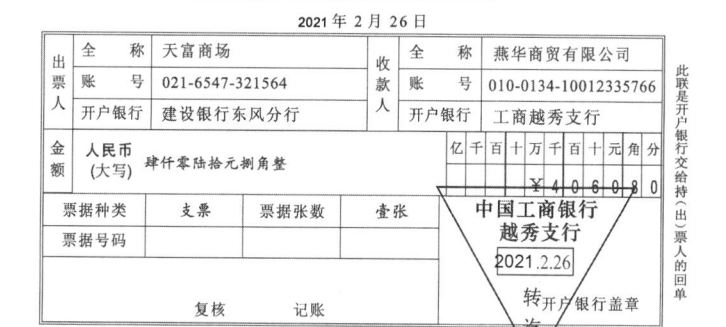

```
         中国银行支票（粤）   （样本）   NO 10079
  出票日期（大写）：贰零 贰壹 年 零贰 月 零贰 日   付款行名称：中国银行西环路支行
  收款人：广州市燕华商场                      出票人账号：38-3600456
  人民币（大写） 壹仟捌佰元整           千百十万千百十元角分
                                              ￥180000
  用途  货款
  上列款项请从
  我账户内支付
  出票人签章            复核    记账
                  财务专用章  条码区
```

本支票付款期限十天

（6）银行进账单。

```
       工商银行    进账单    （回单）  1
                 2021年2月26日
  出  全    称  天富商场        收  全    称  燕华商贸有限公司
  票  账    号  021-6547-321564  款  账    号  010-0134-10012335766
  人  开户银行  建设银行东风分行  人  开户银行  工商越秀支行
  金  人民币
  额  （大写）  肆仟零陆拾元捌角整       亿千百十万千百十元角分
                                            ￥40608 0
                                        中国工商银行
  票据种类    支票    票据张数  壹张      越秀支行
  票据号码                                2021.2.26
              复核    记账              转开户银行盖章讫
```

此联是开户银行交给持（出）票人的回单

（7）现金送款单。

```
     中国工商银行广州市（越秀支行）现金送款单(回单) ①
                2021年2月26日
  款项来源  销货款        收  全    称  燕货商贸有限公司
  解款部门  财务部        款  账    号  010-0134-10012335766
                          人
  人民币（大写） 贰仟陆佰壹拾壹元整     千百十万千百十元角分
                                            ￥2611 00
  票面 张数 票面 张数 种类 角 分         中国工商银行
  一百元 16 五元  5  五角                  越秀支行
  五十元  8  二元  2  二角                    现
  二十元 20  一元  2  一角                   金
  十元   18       分币                 （收款银行盖章）
                                            收
                                            讫
```

此联由银行盖章后退解款人

在实务中，零售商品销售业务由各营业柜组缴款员填制商品销售收入缴款单，缴款单一式两份，连同收取的现金、票据、信用卡签购单等一并送交财会部门，财会部门点收无误后，加盖收讫戳记，一联退还缴款部门，作为其缴款的依据；另一联留在财会部门，作为商品销售收入和收款的入账依据。

财会部门将各营业柜组的销货现金汇总后，填制送款单解存开户银行；根据信用卡签购单填制汇计单，根据收到的支票等票据填制银行进账单；将签购单、汇计单、进账单和支票正联一并解存开户银行；根据信用卡签购单存根联、汇计单收据联、进账单回单入账。

4. 日常销售的核算

零售企业商品销售业务是通过"主营业务收入"和"主营业务成本"账户进行核算的。

在零售商品的核算中，"主营业务收入"账户平时在贷方登记含税销售收入，为了简化核算手续，期末再将其调整为不含税的销售额；借方登记的是定期或月终计算转出的销项税额和期末结转"本年利润"账户的不含税销售收入；期末结转后该账户应无余额。在核算零售商品销售时，其明细账应按商品大类或实物负责人分设。

在零售商品核算中，"主营业务成本"账户平时在借方登记结转含税的商品销售收入，贷方登记月末计算结转的已销商品应分摊的进销差价和期末结转"本年利润"账户的进价成本数额，结转后该账户应无余额。在核算零售商品销售时，其明细账应按商品大类或实物负责人分设。

在核算时的具体操作如下：

日常核算时，财会部门根据各柜组（门市部）交来的当日"内部缴款单"、"零售商品进销存日报表"及"银行进账单回单"按已售商品的含税售价登记"主营业务收入"和"银行存款"账户；同时，将实物负责人经管的库存商品转入"主营业务成本"账户。

【例3.8】 华美商厦为信用卡特约单位，信用卡结算手续费率为3%，1月8日各营业柜组商品销售及货款收入情况如表3.3所示。

表3.3 商品销售及货款收入情况表

	销售金额	现金收入	信用卡签购单	转账支票	现金溢缺
服装柜	18 230.50	12 630.50	5 600.00		
百货柜	15 350.70	10 150.70	4 200.00	1 000.00	
食品柜	16 330.60	13 030.60	3 300.00		
五金柜	11 253.40	6 353.40	2 600.00	2 300.00	
合 计	61 165.20	42 165.20	15 700.00	3 300.00	

（1）财会部门根据各营业柜组交来的商品销售收入内部缴款单及现金、签购单和转账支票，根据签购单编制计汇单，与转账支票一并存入银行，并根据银行进账单回单进行会计处理如下：

借：银行存款　　　　　　　　　　　　　　　　　　　60 694.20
　　财务费用　　　　　　　　　　　　　　　　　　　　　471
　　贷：主营业务收入——服装柜　　　　　　　　　　18 230.50
　　　　　　　　　　——百货柜　　　　　　　　　　15 350.70
　　　　　　　　　　——食品柜　　　　　　　　　　16 330.60
　　　　　　　　　　——五金柜　　　　　　　　　　11 253.40
（2）转销实物负责人保管的已销商品库存，会计处理如下：
借：主营业务成本——服装柜　　　　　　　　　　　18 230.50
　　　　　　　　——百货柜　　　　　　　　　　　15 350.70
　　　　　　　　——食品柜　　　　　　　　　　　16 330.60
　　　　　　　　——五金柜　　　　　　　　　　　11 253.40
　　贷：库存商品——服装柜　　　　　　　　　　　18 230.50
　　　　　　　　——百货柜　　　　　　　　　　　15 350.70
　　　　　　　　——食品柜　　　　　　　　　　　16 330.60
　　　　　　　　——五金柜　　　　　　　　　　　11 253.40

特别提示

按上述方式所进行的会计处理，零售企业平时的"主营业务收入"和"主营业务成本"账户并不能反映真实的收入和成本，更不能反映出真实的毛利。只有待月终计算并结转全月已销商品的进销差价，并通过价税分离后，才能进一步计算出已销商品的毛利。之所以这样处理，是为了适应零售企业商品流转的特点及管理要求，也是简化会计核算的需要。

5．分期收款销售的核算

近年来，零售企业为了扩大销售规模，提高市场占有率，纷纷采取了分期收款。采取分期收款销售的商品均是一些高档耐用品，但对于零售企业来讲，由于其面对的是广大消费者，且其销售的商品均不是批量销售，所以，此时的分期收款销售并不具有融资性质。

在采用分期收款销售时，应将所销售的商品转入"发出商品"账户，并应将其转为进价，凡是已经转入"发出商品"账户的已发出商品，均不再参与月终的商品进销差价的分摊。在以后按合同约定的期限分期收款时，应按每次的实收价款确认销售收入的实现，同时应按所收取款项占全部销售收入的比例结转销售成本。

【例3.9】　华美商厦为了对所经营的商务手机进行促销，于1月份开始对该类手机实行分期收款的销售活动。活动方案约定：首次收取该手机价款的40%，余款采取分两次各按30%的比例收取，后两次收款的时间分别为6月30日和12月30日。1月8日当天共销售该手机10部，每部进价2 800元，活动售价3 400元。

（1）发出商品时：

借：发出商品——数码柜　　　　　　　　　　　　　　28 000
　　商品进销差价——数码柜　　　　　　　　　　　　6 000
　贷：库存商品——数码柜　　　　　　　　　　　　　　34 000
（2）确认40%的收入：
借：银行存款　　　　　　　　　　　　　　　　　　　13 600
　贷：主营业务收入——数码柜　　　　　　　　　　　　13 600
同时结转销售成本：
借：主营业务成本——数码柜　　　　　　　　　　　　11 200
　贷：发出商品——数码柜　　　　　　　　　　　　　　11 200
（3）第二次及第三次的账务处理同上，只是比例按30%处理。

6．销售长短款的核算

如前所述，由于商品零售业务交易频繁，且多以现金结算，所以，在日常销售过程中不可避免地会发生长短款。当实收货款多于应收货款时，即为长款；当实收货款少于应收货款时，即为短款。其原因多为收款过程中的差错造成的。

每日终了，各实物负责人或收银台应将实收现款与收款记录进行核对，若有差异，应及时填报长（短）款报告单连同零售商品进销存日报表送交财会部门据以进行账务处理。

零售企业采用售价金额核算法下的实物负责制，既是针对库存商品的核算方法，更是一种管理制度，其实物负责制的核心就是柜组岗位责任制。为此，零售企业必须根据《内部会计控制规范——货币资金》规范的要求，建立健全防范收款错弊的机制与业务规范，尽量防止其发生，同时，对于发生的长短款应有规范的处理办法，明确责任，所以，在长（短）款报告单中应列明长短款的原因及处理意见，作为财会部门进行账务处理的依据。长（短）款报告单的格式如表3.4所示。

表3.4　长（短）款报告单

实物负责人（收银台）：　　　　年　月　日　　　　　　　　　　单位：元　　　　字第　号

应收金额		实收金额		长款金额		短款金额	
长短款原因							
处理意见						签字：	

财会部门根据批复后的处理意见，分别记入"其他应收款"、"销售费用"、"营业外支出"或"营业外收入"账户。对于同时发生的长短款，财会部门不可做相互抵销处理，应分别核算。

【例3.10】　华美商厦1月10日服装柜销货记录为5 600元，实收5 650元；食品柜销货记录为4 800元，实收4 760元。经查：服装柜的长款原因不明，转入营业外收入；食品柜的短款为收款员李燕收款疏忽所致，应记入其个人责任。会计处理如下：

（1）反映当日销售收入：
借：银行存款　　　　　　　　　　　　　　　　　　　　　　　　10 410
　　其他应收款——李燕　　　　　　　　　　　　　　　　　　　　40
　　贷：主营业务收入——服装柜　　　　　　　　　　　　　　　　5 600
　　　　　　　　　　　——食品柜　　　　　　　　　　　　　　　4 800
　　　　营业外收入　　　　　　　　　　　　　　　　　　　　　　50
（2）转销已销的库存商品：
借：主营业务成本——服装柜　　　　　　　　　　　　　　　　　5 600
　　　　　　　　——食品柜　　　　　　　　　　　　　　　　　4 800
　　贷：库存商品——服装柜　　　　　　　　　　　　　　　　　　5 600
　　　　　　　　——食品柜　　　　　　　　　　　　　　　　　　4 800

7. 受托代销商品销售的核算

零售企业接受代销商品业务，一般根据与委托方所签订的协议，可采取视同买断或收取手续费方式进行结算。两种方式的核算过程与批发企业的核算基本相同。

（1）视同买断方式受托代销商品的核算。

【例 3.11】 华美商厦根据受托代销合同，接受立达手表厂 200 只高档手表的代销业务，该手表的协议单价 1 800 元，零售单价 2 200 元，合同规定每个月末受托方向委托方开具代销清单，据以结算货款。

① 1 月 10 日，收到 200 只手表，由钟表柜验收入库，会计处理如下：
借：受托代销商品——钟表柜　　　　　　　　　　　　　　　　440 000
　　贷：代销商品款——立达手表厂　　　　　　　　　　　　　　360 000
　　　　商品进销差价——钟表柜　　　　　　　　　　　　　　　 80 000
② 1 月 20 日，钟表柜销售 20 只，收到现金 44 000 元，会计处理如下：
a．确认收入：
借：库存现金　　　　　　　　　　　　　　　　　　　　　　　 44 000
　　贷：主营业务收入——钟表柜　　　　　　　　　　　　　　　 44 000
b．注销受托代销商品：
借：主营业务成本——钟表柜　　　　　　　　　　　　　　　　 44 000
　　贷：受托代销商品——钟表柜　　　　　　　　　　　　　　　 44 000
c．结转代销商品款：
借：代销商品款——立达手表厂　　　　　　　　　　　　　　　 36 000
　　贷：应付账款——立达手表厂　　　　　　　　　　　　　　　 36 000
③ 1 月 31 日，开出代销商品清单后，收到立达厂专用发票，开列手表 20 只，每只 1 800 元，计货款 36 000 元，增值税额 4 680 元，当即签发转账支票支付货款及税款，会计处理如下：
借：应付账款——立达手表厂　　　　　　　　　　　　　　　　 36 000
　　应交税费——应交增值税（进项税额）　　　　　　　　　　　 4 680
　　贷：银行存款　　　　　　　　　　　　　　　　　　　　　　40 680

(2) 收取代销手续费方式受托代销商品的核算。

【例 3.12】 华美商厦根据受托代销合同接受特美服装厂 100 套女时装的代销业务,合同规定该女时装的销售单价(不含税)为 600 元,增值税率为 13%,代销手续费率为 8%。

① 1 月 3 日,收到 100 套女时装,由服装柜验收入库,会计处理如下:

借:受托代销商品——服装柜　　　　　　　　　　　　　70 200
　　贷:代销商品款——特美服装厂(货款)　　　　　　　　60 000
　　　　代销商品款——特美服装厂(增值税)　　　　　　　10 200

② 1 月 15 日,销售该女时装 20 套,收到现金 14 040 元。

a. 反映商品销售:

借:库存现金　　　　　　　　　　　　　　　　　　　　14 040
　　贷:应付账款——特美服装厂　　　　　　　　　　　　　14 040

b. 注销代销商品:

借:代销商品款——特美服装厂(货款)　　　　　　　　12 000
　　代销商品款——特美服装厂(增值税)　　　　　　　 2 040
　　贷:受托代销商品——服装柜　　　　　　　　　　　　　14 040

③ 1 月 31 日,开出代销商品清单,收到特美服装厂专用发票,开列女时装 20 套,每套 600 元,计货款 12 000 元,增值税额 1 560 元,扣除代销手续费 1 123.2 元,余款签发转账支票支付特美服装厂方已售代销商品的全部款项。会计处理如下:

借:应付账款——特美服装厂　　　　　　　　　　　　　14 040
　　贷:其他业务收入　　　　　　　　　　　　　　　　　 1 123.20
　　　　银行存款　　　　　　　　　　　　　　　　　　　12 916.80

3.2.3 零售商品销售收入调整的核算

为了适应零售企业的经营特点,简化日常核算,"主营业务收入"账户在平时均是按含税收入进行核算的,所以,月份终了,应将含税的销售收入分解为不含税的销售收入,分解出的销项税额记入"应交税费——应交增值税(销项税额)"账户。

含税收入的调整及销项税的计算公式如下所示:

$$不含税销售收入 = \frac{含税销售额}{1 + 增值税率}$$

$$销项税额 = 不含税销售收入 \times 适用税率$$

$$或 = 含税收入 - 不含税销售收入$$

【例 3.13】 月终,华美商厦主营业务收入各明细账户中汇集的含税销售总额为 1 000 000 元,其中:服装柜 260 000 元、百货柜 280 000 元、食品柜 240 000 元、五金柜 220 000 元。价税分离的处理如下:

(1) 价税分离:

$$服装柜不含税销售收入 = \frac{260\ 000}{1 + 17\%} = 222\ 222.22\ 元$$

百货柜不含税销售收入 = $\dfrac{280\,000}{1+17\%}$ = 239 316.24 元

食品柜不含税销售收入 = $\dfrac{240\,000}{1+17\%}$ = 205 128.21 元

五金柜不含税销售收入 = $\dfrac{220\,000}{1+17\%}$ = 188 034.19 元

计算销项税额：
服装柜销项税额 = 222 222.22×13% = 28 888.89 元
百货柜销项税额 = 239 316.24×13% = 31 111.11 元
食品柜销项税额 = 205 128.21×13% = 26 666.67 元
五金柜销项税额 = 188 034.19×13% = 24 444.44 元

（2）账务处理：

借：主营业务收入——服装柜	28 888.89	
——百货柜	31 111.11	
——食品柜	26 666.67	
——五金柜	24 444.44	
贷：应交税费——应交增值税（销项税额）	111 111.11	

3.2.4 已销商品进销差价率及销售成本的调整

由于零售企业采取售价金额核算法对库存商品进行核算，所以，为了管理和简化核算的需要，平时按商品售价结转商品销售成本，到月末时，为了正确核算零售商品销售业务的经营成果和真实反映期末库存商品的价值，就需要通过科学的计算方法来计算和结转已销商品的进销差价，并将商品销售成本由售价调整为进价。

零售企业计算已销商品进销差价的方法有综合差价率推算法、分类（柜组）差价率推算法和实际差价计算法三种。

1. 综合差价率推算法

综合差价率推算法是按全部商品的存销比例，计算本期销售商品应分摊进销差价的一种方法。具体的计算过程是：首先将期末结转前的"商品进销差价"账户余额，除以期末全部商品价值（"库存商品"账户余额加上本期"主营业务收入"账户之和），计算出本期商品的综合差价率，然后再将本期已销商品销售收入乘以综合差价率计算出已销商品的应分摊的进销差价。其计算公式如下：

$$综合差价率 = \dfrac{月末结转前"商品进销差价"账户余额}{（期末"库存商品"账户余额 + 本期"主营业务收入"账户余额）} \times 100\%$$

本期已销商品进销差价 = 本期"主营业务收入"账户余额 × 综合差价率

> **特别提示**
>
> 企业受理"受托代销"业务时,在上述计算综合差价率公式的分母中,还应包括月末"受托代销商品"账户的余额,但是需要强调的是:仅包括"受托代销商品"账户的余额中视同买断方式的受托代销商品,不包括收取手续费方式的受托代销商品。同时如果企业存在较多的折价销售情况时,"主营业务收入"账户的余额资料就不能真实反映原售价,所以,此时用"主营业务成本"账户的发生额较为适宜。

【例3.14】 华美商厦1月末相关账户资料如下:"商品进销差价"余额为384 945元,"库存商品"账户余额为650 000元,"主营业务收入"和"主营业务成本"账户余额均为1 000 000元。根据上述资料计算本月份已销商品应分摊的进销差价,即

$$综合差价率 = \frac{384\,945}{650\,000 + 1\,000\,000} \times 100\% = 23.33\%$$

本月已销商品应分摊的进销差价=1 000 000×23.33%=233 300(元)

根据以上计算结果,会计处理如下:

借:商品进销差价 233 300
　贷:主营业务成本 233 300

月末"主营业务成本"的进价成本=1 000 000-233 300=766 700(元)

为了及时计算本月已销商品的销售毛利,还需将含税的销售收入进行价税分离,将含税收入还原为不含税的收入,即

$$不含税商品销售收入 = \frac{1\,000\,000}{1+13\%} = 884\,955.75(元)$$

销项税额=884 955.75×13%=115 044.25(元)

价税分离的会计处理如下:

借:主营业务收入 115 044.25
　贷:应交税费——应交增值税(销项税额) 115 044.25

经过上述调整后,"主营业务收入"账户的余额854 700.85元,即为本月真正实现的收入,766 700元为本月已销商品的真正成本,二者相抵后的余额88 000.85元(854 700.85-766 700)即为本月零售商品的销售毛利。

> **特别提示**
>
> 综合差价率推算法的计算与核算手续比较简便,但由于零售企业经营商品的品种繁多,各类商品间的进销差价率也不尽相同,而且各类商品占全部销售额的比重也有差异,全部商品按同一差价率进行分摊进销差价,其结果的准确性较低,所以,各类商品差价率较为均衡的零售企业适合采用该方法。

2. 分类（柜组）差价率推算法

分类（柜组）差价率推算法是按经营商品大类或各营业柜组（门市部）商品的存销比例，计算本期已销商品应分摊进销差价的一种方法。该方法要求先按商品大类或营业柜组（门市部）分别进行计算进销差价率，然后再分别计算各大类商品或柜组（门市部）已销商品应分摊的进销差价，最后汇总成企业全部已销商品进销差价。采用此方法时，要求"库存商品""主营业务收入""主营业务成本""商品进销差价"账户均要按商品大类或柜组（门市部）开设明细科目。其计算方法与综合差价率计算法相同，财会部门可编制"已销商品进销差价计算表"进行计算。

【例 3.15】 华美商厦采用分类（柜组）差价率计算法计算已销商品的进销差价。1月末各有关明细账户的资料如表3.5 所示。

表 3.5 明细账户资料　　　　　　　　　　　　　　　　　　　　　　　　　　单位：元

实物负责人	商品进销差价账户余额	库存商品账户余额	主营业务收入账户余额
服装柜	105 853	180 000	260 000
食品柜	98 600	160 000	240 000
百货柜	135 765	210 000	280 000
五金柜	44 727	100 000	220 000
合 计	384 945	650 000	1 000 000

财会部门根据上述资料编制"已销零售商品进销差价计算表"，如表3.6 所示。

表 3.6 已销零售商品进销差价计算表

2021年1月31日　　　　　　　　　　　　　　　　　　　　　　　　　　　　单位：元

实物负责人	商品进销差价账户余额	库存商品账户余额	主营业务收入账户余额	分类差价率（%）	已销商品进销差价
服装柜	105 853	180 000	260 000	24.06	65 556
食品柜	98 600	160 000	240 000	24.65	59 160
百货柜	135 765	210 000	280 000	27.71	77 588
五金柜	44 727	100 000	220 000	13.98	30 756
合 计	384 945	650 000	1 000 000	—	233 060

会计主管：　　　　　　　复核：　　　　　　　制表：

根据已销商品进销差价计算表的结果，会计处理如下：

借：商品进销差价——服装柜　　　　　　　　　　65 556
　　　　　　　　——食品柜　　　　　　　　　　59 160
　　　　　　　　——百货柜　　　　　　　　　　77 588
　　　　　　　　——五金柜　　　　　　　　　　30 756

贷：主营业务成本——服装柜	65 556
——食品柜	59 160
——百货柜	77 588
——五金柜	30 756

通过上述计算可以发现：在企业月末各账户余额一致的情况下，两种计算方法所计算出的已销商品进销差价总额相差 240 元。其主要原因在于分类计算法下，由于各类商品的进销差价率及各类商品在销售收入中所占的比重不同。

> **特别提示**
>
> 分类（柜组）差价率推算法的计算较为简便，计算的结果相对于综合差价率法较为准确，但与实际相比较仍有一定的偏差。该方法适用于经营柜组间差价率较大的企业，或者需要分柜组核算其经营成果的企业。

3. 实际进销差价计算法

分类（柜组）进销差价率计算法实际上仍是类内商品的综合差价率，而每类商品内部的各种商品间的差价率仍存在着差异，且类内各种商品的比重不同，必然会使按大类进销差价率计算的已销商品进销差价与实际的每种商品的进销差价存在着差距，从而不能真实反映每种商品的毛利。为此，零售企业年末必须运用实际差价计算法对实存商品的进销差价进行一次全面的核实与调整。

实际进销差价计算法是指根据期末盘存商品的进销差价倒挤出已销商品进销差价的一种方法。其具体计算过程如下：

（1）年终，由各实物负责人或营业柜组（门市部）通过商品盘点，编制出"库存商品盘存表"，用各种商品的实存数量，乘以含税售价和进价，分别计算出期末库存商品的含税售价金额和进价金额。

（2）用全部库存商品的含税售价总额减去其进价总额，计算出期末结存商品的进销差价及期末受托代销商品的售价金额和进价金额。

（3）计算已销商品应分摊的进销差价。

（4）结转已销商品的进销差价。

各柜组（门市部）编制的"库存商品盘存表"应一式数联，其中一联送交财会部门，经复核无误后，据以编制"零售商品盘存汇总表"。

【例 3.16】 华美商厦 2021 年 1 月 31 日服装柜"库存商品盘点表"的数据如表 3.7 所示。

表 3.7 库存商品盘存表

实物负责人:服装柜　　　　　　　　2021 年 1 月 31 日　　　　　　　　　　　　　单位:元

品名	规格	计量单位	盘存数量	含税售价金额 单价	含税售价金额 金额	进价金额 单价	进价金额 金额
男西装	略	套	50	1 200.00	60 000.00	980.00	49 000.00
女职业装			30	800.00	24 000.00	640.00	19 200.00
休闲装			25	650.00	16 250.00	460.00	11 500.00
小计				—	100 250.00	—	79 700.00
合计					180 000.00		137 692

百货柜、食品柜和五金柜的"库存商品盘存表"从略。

财会部门根据各柜组的"库存商品盘存表"编制的"零售商品盘存汇总表"如表 3.8 所示。

表 3.8 零售商品盘存汇总表

2021 年 1 月 31 日　　　　　　　　　　　　　　　　　　　　　　　　　单位:元

实物负责人	库存商品售价金额	库存商品进价金额	商品进销差价
服装柜	180 000	137 692	42 308
食品柜	160 000	123 560	36 440
百货柜	210 000	140 899	69 101
五金柜	100 000	86 668	13 332
合计	650 000	488 819	161 181

各营业柜组结转前零售商品进销差价账户余额与【例 3.15】相同,计算本期已销商品进销差价如下:

服装柜已销商品进销差价＝105 853－42 308＝63 545（元）

食品柜已销商品进销差价＝98 600－36 440＝62 160（元）

百货柜已销商品进销差价＝135 765－69 101＝66 664（元）

五金柜已销商品进销差价＝44727－13 332＝31 395（元）

根据上述计算结果,会计处理如下:

借:商品进销差价——服装柜　　　　　　　　　　　　　63 545
　　　　　　　　——食品柜　　　　　　　　　　　　　62 160
　　　　　　　　——百货柜　　　　　　　　　　　　　66 664
　　　　　　　　——五金柜　　　　　　　　　　　　　31 399
　　贷:主营业务成本——服装柜　　　　　　　　　　　63 545
　　　　　　　　　　——食品柜　　　　　　　　　　　62 160
　　　　　　　　　　——百货柜　　　　　　　　　　　66 664
　　　　　　　　　　——五金柜　　　　　　　　　　　31 395

> **特别提示**
>
> 如果经过上述计算后，应保留的进销差价大于"商品进销差价"账户余额，说明企业平时多转了进销差价，少计了销售成本，应对账务处理进行如下调整：
>
> 借：主营业务成本
>   贷：商品进销差价
>
> 实际进销差价计算法计算的结果相对于前两种方法，其结果更接近于实际，但必须在对库存商品进行全面盘点的基础上来计算商品的进销差价，计算的工作量很大，所以仅适用于年终决算用于调整年度内运用前两种方法计算并结转的已销商品进销差价的误差，需要反映其期末库存商品实际价值时采用。对于经营品种较少的企业或管理比较完善的企业也可以考虑选用。

任务三　零售商品储存的核算

3.3.1　售价金额核算的应用

商品储存的核算，包括商品的调价、削价、内部调拨、盘点缺溢及库存商品和商品进销差价明细核算等内容。售价金额核算法也称为"售价核算、实物负责制"，它既是一种商品核算方法，更是一种实物管理制度，其要求贯穿于零售企业商品核算的各环节。在零售商品的储存核算环节，应做好以下几方面的工作。

1. 建立健全实物负责制

根据零售企业经营的特点，必须要加强对库存商品的管理和控制，为此，应将经营商品的柜组或门市部划分成若干实物负责小组，各实物负责小组对其经营的全部商品承担经济责任，同时要建立健全岗位责任制，明确每个成员的职责分工，健全商品流转各环节（购进、调拨、销售、调价、升溢、损耗、盘点、交接）的内部控制制度。

2. 库存商品按售价记账

在售价金额核算法下，库存商品总分类账及其所属的明细分类账都必须按售价记账，同时售价为含税价格。

3. 按实物负责人设置明细账

为了贯彻实物负责制，零售企业的库存商品要按实物负责人设置明细分类账，以随时反映和掌握各柜组对其经营商品所承担经济责任的情况，同时，对于在仓库储存的商品及柜组（门市部）存放准备销售的贵重、大件商品和需要随时掌握数量的商品，各实物负责人必须设置数量账，做好进、销、存的记录。

4. 以"商品进销差价"作为"库存商品"的调整账户

在库存商品按售价记账的情况下,"库存商品"账户反映的是商品售价。"商品进销差价"账户反映的是商品进价与售价的差额,并在月末通过进销差价率来分摊已销商品的进销差价,为确定商品销售成本和销售毛利奠定了基础。

5. 通过商品盘点,加强对商品的控制

由于在售价金额核算法下,库存商品明细分类账户只登记售价金额,不能反映数量及进价,为保障企业财产安全及核算的需要,每月必须进行一次全面盘点,对于自然损耗的商品,应当核定损耗率并以此作为考核的依据,同时,对于发生商品调价、削价、意外事故及实物负责人调动时,也要随时进行局部或全部盘点,以分清责任和掌握库存商品价值的变动情况。

3.3.2 零售商品盘点的核算

相对于批发企业,零售企业在采用售价金额核算下,库存商品明细分类账并未按照商品进行明细核算,只是按照实物负责人设置,且在账簿中只按照售价登记金额,并未登记数量。所以,要想了解和控制各种商品的实存数量,保证账实相符,只有通过实地盘点,逐项计算出各种商品的售价金额及售价总金额,再与当天"库存商品"账户余额进行核对后,才能了解和控制各种商品的实存数量。同时,通过商品盘点,可以检查商品的保管情况,及时发现商品的管理状态和掌握各种商品的销售动态,为企业改善商品的营销及保管提供依据。

为此,零售企业每个月至少要进行一次定期的全面盘点,同时,当发生部门实物负责人调动、企业内部柜组调整、商品调价削价等情况时,也要进行不定期的全面盘点或局部盘点。零售企业要制定相关的商品盘点制度,做好商品盘点的组织工作。在盘点过程中,盘点人员应将库存商品按照品名、规格将其实存数填入"零售商品盘点表"内,计算出各实物负责人的实际库存总金额,并与库存商品的账面金额进行核对。

对于在商品盘点过程中发生的溢余或短缺,应填报"商品盘点溢余短缺报告单"并一式数联,待管理机构批复后,将其中一联送交财会部门作为账务处理的依据。报告单中的金额是以商品的售价金额来反映的,为此需要将其调整为进价金额。在未查明溢余或短缺的原因前,财会部门应将短缺或溢余商品的进价金额先转入"待处理财产损溢"账户;等原因查明后,再根据管理机构的批复分别转入各有关账户,其账务处理与批发企业的处理相同。现通过实务介绍如下:

【例 3.17】 华美商厦服装柜 1 月 28 日盘点库存商品,发现短缺 560 元,填制"商品盘点溢余短缺报告单"如表 3.9 所示。

(1) 28 日,财会部门根据商品盘点溢余短缺报告单的会计处理如下:

借:待处理财产损溢——待处理流动资产损溢　　　　426.72
　　商品进销差价——服装柜　　　　　　　　　　　133.28
　　贷:库存商品——服装柜　　　　　　　　　　　　560

表3.9　商品盘点溢余短缺报告单

实物负责人：服装柜　　　　　　　　　　　2021年1月28日　　　　　　　　　　　　单位：元

账存金额	185 960	溢余金额		溢余短缺原因	保管员刘华过失
实存金额	185 400	短缺金额	560.00		
上月本柜组差价率			23.8%		
溢余商品差价		溢余商品进价			
短缺商品差价	133.28	短缺商品进价	426.72		
处理意见	按规定由责任人赔偿 2021年1月30日			柜组意见	由责任人赔偿

（2）30日根据管理机构批复的会计处理如下：

借：其他应收款——刘华　　　　　　　　　　　　　　482.19
　　贷：待处理财产损溢——待处理流动资产损溢　　　　　426.72
　　　　应交税费—应交增值税（进项税额转出）　　　　　 55.47

3.3.3　商品内部调拨与价格调整的核算

1．商品内部调拨的核算

商品内部调拨是指在零售企业内部各实物负责人或柜组（门市部）之间的商品转移。由于是各实物负责人或柜组（门市部）之间为了调剂商品余缺所发生的商品调剂，因此，商品内部调拨不作为商品销售处理，也不进行结算。在调拨商品时，一般由调出部门填制商品内部调拨单并一式数联，调出部门在各联上签章后，连同商品一并转交调入部门。调入部门验收后签章，双方各留一联，另一联转交财会部门入账。财会部门只做"库存商品"明细科目的调整，采取分类（柜组）差价率推算法分摊已销商品进销差价的企业，要相应调整"商品进销差价"账户。

【例3.18】　华美商厦快餐部从商厦的食品柜调入点心、早餐奶及咖啡共计1 200元，商厦实行分类（柜组）差价率推算法分摊已销商品进销差价，经计算，该批商品的进销差价计300元。双方已办理相关手续，并将"内部调拨单"的附联转交财会部门。财会部门的会计处理如下：

借：库存商品——快餐部　　　　　　　　　　　　　1 200
　　贷：库存商品——食品柜　　　　　　　　　　　　1 200
借：商品进销差价——食品柜　　　　　　　　　　　　 300
　　贷：商品进销差价——快餐部　　　　　　　　　　 300

2．商品调价的核算

零售企业经营商品由于受季节性、有效期限及竞争等因素的影响，会经常性的主动对其经营的商品进行价格调整。

在调价日期的前一天营业结束后，应由企业的物价人员、财会人员会同营业柜组对调价商品进行盘点，按照实际库存由实物负责人填制"零售商品调价盘点表"并一式数联，其中一联送交财会部门，财会部门复核无误后，将调价差额全部体现在商品经营损益内。调高售价时，借记"库存商品"账户，贷记"商品进销差价"账户；调低售价时，借记"商品进销差价"账户,贷记"库存商品"账户。

【例 3.19】 华美商厦根据市场情况将部分冬装于 1 月 20 日起调整零售价格,服装柜经过盘点后,编制"零售商品调价盘点表"如表 3.10 所示。

表 3.10 零售商品调价盘点表

调价通知单号:调字第 1002 号
通知日期:2021 年 1 月 20 日
执行日期:2021 年 1 月 22 日

实物负责人:服装柜

品名	单位	盘存数量	零售价格		调价差额		调价总额	
			原售价	新售价	+	-	+	-
男羽绒服	件	200	550	500		50		10 000
女羽绒服	件	150	530	470		60		9 000
合 计								19 000

柜长: 柜核算员: 监盘人: 物价员: 复核: 制表:

财会部门根据服装柜转来的"零售商品调价盘点表"进行会计处理如下:
借:商品进销差价——服装柜　　　　　　　　　　19 000
　　贷:库存商品——服装柜　　　　　　　　　　　　　　19 000

3. 商品削价的核算

零售企业对于库存中的呆滞、冷背、残损、变质商品,为了降低更大的损失,多数零售企业一般采取削价处理,而不必像批发企业那样计提减值准备。库存商品进行削价处理时,一般由实物负责人或柜组(门市部)盘点数量后,填制"零售商品削价报告单"并一式数联,按照规定的审批权限报经有关领导批准后,方可执行,同时将审批后的报告单送交一联给财会部门,以便其进行相关的账务处理。

零售商品削价后不含增值税的新售价不低于其进价的,其账务处理与调价减值的处理相同;零售商品削价后不含增值税的新售价低于其进价的,在不计提削价准备金的情况下,除了根据削价减值金额借记"商品进销差价"账户,贷记"库存商品"账户外,其低于进价部分,直接列入当期损益(销售费用)。

【例 3.20】 华美商厦服装柜计划将款式已经陈旧的某款女装 50 套做削价处理,其原零售单价为 220 元,经批准按原售价的五折 110 元进行削价处理,该女装的进价为每套 180 元。其账务处理如下:

该女装削价后不含增值税销售额 $=\dfrac{110}{1+13\%}\times 50=4\,867.50$(元)

该女装可变现净值低于成本的差额 $=180\times 50-4\,867.50=4\,132.50$(元)

(1)根据削价减少的售价金额调整其账面价值:
借:商品进销差价——服装柜　　　　　　　　　　2 000
　　贷:库存商品——服装柜[(220-180)×50]　　　　2 000

（2）将可变现净值低于进价的损失列入当期损益：

借：销售费用　　　　　　　　　　　　　　　　　　　　　4 132.50
　　贷：库存商品　　　　　　　　　　　　　　　　　　　　　4 132.50

3.3.4 库存商品的明细分类核算

实行售价金额核算的零售企业，应按各实物负责人或柜组（门市部）设置"库存商品"明细分类账，该账户应按售价计算的总金额进行登记，用以记载和控制各实物负责人或柜组（门市部）所经管的库存商品的收、发、存状况。

采取分类（柜组）差价率推算法调整商品销售成本的企业，还必须按实物负责人或柜组（门市部）设置"商品进销差价"明细账户，由于"商品进销差价"是"库存商品"账户的抵减账户，在发生经济业务时，这两个账户往往同时发生变动，为了便于记账和随时了解二者的变动情况，实务中可以将"库存商品"与"商品进销差价"账户的明细账合并设立，设置成"库存商品和商品进销差价联合明细分类账"，其格式如表3.11所示。

表 3.11　库存商品和商品进销差价明细分类账

部门：服装柜

2021年		凭证号数	摘要	库存商品								借或贷	余额	商品进销差价		借或贷	余额
				借方				贷方						借方	贷方		
月	日			购进	调入	调价增值	溢余	销售	调出	调价减值 削价	短缺						
1	1		余额									借	136 400			贷	34 782
	1		购入	1 500											381		
	1		进货退出	1 000											256		
	1		调入		5 000										1 270		
	1		调价增值			500									500		
	1		销售					12 420									
	1		调出						3 000					762			
			调价减值							640		借	126 340	640		贷	35 275

各实物负责人或柜组（门市部）为了掌握本部门商品进、销、存的动态和销售计划的完成情况，便于向财会部门报账，一般应逐日或定期根据商品经营的各种原始凭证，编制"零售商品进销存日报表"并一式数联，其中一联留存，一联连同有关的原始凭证一并送交财会部以作为账务处理的依据。其格式如表3.12所示。

表 3.12　零售商品进销存日报表

实物负责人：　　　　　　　　年　月　日　　　　　　　　　　　　　　编号：

项　目		金　额	项　目		金　额
上日结存				销售	
今日结存	购进		今日发出	调出	
	调入			委托加工发出	
	委托加工收回			调价减值	
	调价增值			削价	
	溢余			短缺	
				损耗	
			今日结存		
本月销售计划			本月销售累计		

由于零售商品进销存日报表的内容与按实物负责人或柜组（门市部）分户设立的"库存商品"明细账的内容基本一致，为简化核算手续，对于一些小型零售企业，可以用"零售商品进销存日报表"代替明细账。在实务中，当财会部门收到各实物负责人送来的"零售商品进销存日报表"后，经审核无误，可以将该表分部门并按时间顺序装订成册，加具封面，代替"库存商品"明细账。

任务四　鲜活商品的核算

3.4.1　选择鲜活商品核算的方法

在流通市场分工中，有一些专门经营鲜活商品的零售企业，同时，在综合性的零售企业中，往往也设有专门经营蔬菜、瓜果、鱼、肉、禽、蛋等鲜活商品的柜组。鲜活商品与其他商品相比较，具有一些独有的特征：一是在经营过程中一般都要经过清选整理、分等分级、以便按质论价；二是容易损耗和腐烂变质，且损耗数量难以掌握；三是随着商品鲜活程度的变化，其价格也要随时调整，价格变化频繁；四是其交易频繁、数量零星，且往往随进随出。

鲜活商品的上述特征，使得在会计核算时难以控制其售价和数量，采用售价金额核算较为困难，所以在实务中，一般采用进价金额核算法对其进行核算。

进价金额核算的核心是"进价记账、盘存计销"，是指在核算过程中，库存商品总分类账户和明细分类账户都只反映商品的进价金额，不反映实物数量的一种核算方法。即只用进价总金额控制实物负责人或柜组（门市部）经营商品进、销、存情况。其核算中的要点可以概括成以下几方面：

（1）商品购进后，财会部门根据商品验收单及有关凭证登记总账和明细账，无论总账还是明细账，均只记进价金额，不记数量。

（2）商品销售后，按实际取得的销售收入，贷记"主营业务收入"账户，平时不结转商品的销售成本，同时，也不注销库存商品。

（3）除发生责任事故造成的商品减少需进行账务处理外，对于商品在销售过程中产生的溢余、损耗、调价等均不做账务处理。

（4）月末，通过实地盘点，查明实存数量，用以存计销的方法，倒挤出已销商品的进价成本。

> **延伸提示**
>
> 归纳出进价金额核算法与售价金额核算法的主要差别。

3.4.2 鲜活商品核算实务

1. 鲜活商品购进的核算

经营鲜活商品的零售企业，主要是向批发企业购进商品，也可以直接向生产商或农户采购，鲜活商品的采购一般都是同城采购，但随着物流业和保鲜技术的发展，鲜活商品的异地购进也越来越多。

无论采用何种商品交接方式和货款结算方式，各实物负责人或柜组（门市部）验收商品后，都要填制"收货单"并一式数联，将其中一联连同供货单位的专用发票一并送交财会部门进行账务处理。财会部门审核无误后，借记"在途物资"和"应交税费"账户，贷记"银行存款"等账户；根据"收货单"，借记"库存商品"账户，贷记"在途物资"账户，库存商品的明细账一般按经营类别划分的实物负责人设置。

【例3.21】 东华副食品商厦是一家专门经营鲜活商品的零售企业，根据其经营商品的特点，采用进价金额核算法进行核算。1月5日，从肉联厂购入鲜猪肉一批，货款18 000元，增值税2 340元，猪肉已由肉食柜验收后，将"收货单"及有关结算凭证转交财会部门，货款签发转账支票付讫。会计处理如下：

（1）根据供货单位的专用发票和转账支票存根做购进的处理：

借：在途物资——肉联厂　　　　　　　　　　　　　　　　18 000
　　应交税费——应交增值税（进项税额）　　　　　　　　 2 340
　　贷：银行存款　　　　　　　　　　　　　　　　　　　20 340

（2）根据肉食柜转来的"收货单"做入库处理：

借：库存商品——肉食柜　　　　　　　　　　　　　　　　18 000
　　贷：在途物资——肉联厂　　　　　　　　　　　　　　18 000

财会部门要按照实物负责人以进价金额登记库存商品明细分类账，对于购进过程中发生的溢余或短缺，应及时查明原因，并按规定进行账务处理。

2. 鲜活商品销售的核算

鲜活商品的销售方式多采用现金交易。当天在营业结束后，财会部门根据各柜组（门市部）交来的当日"内部缴款单"、"零售商品进销存日报表"及"银行进账单回单"进行销售的账务处理。

【例 3.22】 东华副食品商厦 1 月 5 日各柜组累计实现销售收入 56 080 元，其中：肉食柜销售 10 800 元，蔬菜柜销售 6 800 元，水果柜销售 25 980 元，水产柜销售 12 500 元。财会部门根据各柜组（门市部）交来的当日"内部缴款单"、"零售商品进销存日报表"及"银行进账单回单"进行会计处理如下：

借：银行存款　　　　　　　　　　　　　　56 080
　　贷：主营业务收入——肉食柜　　　　　10 800
　　　　　　　　　　——蔬菜柜　　　　　 6 800
　　　　　　　　　　——水果柜　　　　　25 980
　　　　　　　　　　——水产柜　　　　　12 500

特别提示

此时不做注销库存商品和结转商品销售成本的账务处理。

3. 鲜活商品储存的核算

在进价核算法下，鲜活商品在储存过程中发生损耗、调价、削价等情况，不进行账务处理，月末一次性体现在销售成本内，但发生责任事故造成的损失要及时查明原因，在分清责任的基础上，根据不同情况，分别列入"营业外支出"或"其他应收款"账户。

月末，由各实物负责人对实存商品进行盘点，将盘存商品的数量填入"商品盘存表"并以最后一次进货单价作为期末库存商品的单价，计算出各种商品的结存金额，然后采取逆算的方法倒挤出已销商品的销售成本。其计算公式如下：

本期商品　＝　期初结存　＋　本期收入　　－　本期非销售　－　期末结存
销售成本　　　商品金额　　　商品金额　　　　发出商品金额　　商品金额

在实务中，一般可通过编制"鲜活商品销售成本计算表"进行计算。

【例 3.23】 东华副食品商厦 1 月 31 日财会部门根据相关资料编制"鲜活商品销售成本计算表"如表 3.13 所示。

表 3.13　鲜活商品销售成本计算表

2021 年 1 月 31 日

项目 柜组	期初结存 商品金额	本期收入 商品金额	本期非销售发出 商品金额	期末结存 商品金额	本期销售 商品成本
肉食柜	21 450	350 876		74 500	297 826

续表

项目 柜组	期初结存商品金额	本期收入商品金额	本期非销售发出商品金额	期末结存商品金额	本期销售商品成本
蔬菜柜	570	142 543		2 980	140 133
水果柜	6 750	253 000	350	9 340	250 060
水产柜	58 650	475 800		73 890	460 560
合计	87 420	1 222 219	350	160 710	1 148 579

根据以上资料，财会部门的会计处理如下：

借：主营业务成本——肉食柜　　　　　　　　　　　297 826
　　　　　　　　——蔬菜柜　　　　　　　　　　　140 133
　　　　　　　　——水果柜　　　　　　　　　　　250 060
　　　　　　　　——水产柜　　　　　　　　　　　460 560
　　贷：库存商品——肉食柜　　　　　　　　　　　297 826
　　　　　　　　——蔬菜柜　　　　　　　　　　　140 133
　　　　　　　　——水果柜　　　　　　　　　　　250 060
　　　　　　　　——水产柜　　　　　　　　　　　460 560

　　进价金额核算法对商品流转的核算最为简便，也更适应鲜活商品流转的核算要求，但是由于其"进价记账、盘存计销"的核算原则，导致平时无法反映出商品的实际库存，易于掩盖日常经营过程中的差错事故和管理不善，将造成的商品损耗计入商品销售成本，不易发现企业在经营管理中存在的问题，因此，企业必须严格进货验收制度、商品管理制度和销售制度，加强对该类商品进、销、存的控制。

延伸提示

为了弥补进价金额核算法对鲜活商品控制方面的不足，在实务中，可以通过"进价核算、售价控制"的方法对进价金额核算进行适当的修正，其核算要点主要体现在通过按售价反映的拨货单和销货日报表对各实物负责人所经营的商品进行零售价格的控制，当应收数与实收数相差过大时，就反映出可能存在差错或舞弊，应予以重视和查明原因。

这种方法的计算工作量较大，企业应根据具体情况判断是否采用。

项目小结

零售企业经营由其经营商品的流转特点，经营规模、经营的品种多寡及品种差异，决定了应采用的核算方法。对于综合性零售企业及经营一般性商品的专业零售企业，采用售价金额核算法；对于专业性零售企业，可以采用数量进价金额核算法；对于经营大件、贵重商品的零售企业可以选择数量售价金额核算法；而对于经营鲜活商品的零售企业一般选用进价金额核算法。对于大型的综合性零售企业，也可以根据不同的业务部所经营的商品特点，同时选择几种核算方法对其商品进行核算。所以，熟练掌握商品流转的核算方法并根据零售企业的经营特点及管理要求，科学地选择恰当的核算方法就构成了零售企业会计核算的首要问题。

在综合性零售企业里，一般是以售价金额核算法为主，其他核算方法为辅。在应用售价金额核算法时，应注意以下要点：第一，建立实物负责制；第二，库存商品按售价记账；第三，设置"商品进销差价"账户；第四，要加强商品的盘点。

在零售商品购进环节，由于采用售价金额记账，所以，在会计处理上要增设"商品进销差价"账户，作为对按售价记账的"库存商品"账户的调整账户。由于库存商品是按含税售价记载的，所以，"商品进销差价"也是含税的，而非实际的进销差价。由此计算的差价率不是真实体现企业经营成果的商品经营差价率，必须待月份终了时，将进销差价按商品存销比例分摊后，才可以将商品销售成本和结存成本中的差价及税金予以抵扣，将其还原为不含税的进价成本，然后用不含税的销售收入与不含税的进价成本比较，才能计算出真正的商品经营毛利。

在零售的销售环节，日常核算时，财会部门根据各柜组（门市部）交来的当日"内部缴款单"、"零售商品进销存日报表"及"银行进账单回单"按已售商品的含税售价登记"主营业务收入"和"银行存款"账户，同时，将实物负责人经管的库存商品转入"主营业务成本"账户。所以，在零售企业加强对货币资金的控制，就成为其财务管理的重要工作。

按上述方式所进行的会计处理，零售企业平时的"主营业务收入"和"主营业务成本"账户并不能反映真实的收入和成本，更不能反映出真实的毛利，只有待月终计算并结转全月已销商品的进销差价，并通过价税分离后，才能进一步计算出已销商品的毛利。之所以这样处理，是为了适应零售企业商品流转的特点及管理要求，也是简化会计核算的需要。

到月末时，为了正确核算零售商品销售业务的经营成果和真实反映期末库存商品的价值，需要通过科学的计算方法来计算和结转已销商品的进销差价，并将商品销售成本由售价调整为进价。零售企业计算已销商品进销差价的方法有综合差价率推算法、分类（柜组）差价率推算法和实际差价计算法三种。

商品储存的核算，包括商品的调价、削价、内部调拨、盘点缺溢及库存商品和商品进销差价明细核算等内容。

零售企业每个月至少要进行一次定期的全面盘点，同时，当发生部门实物负责人调动、企业内部柜组调整、商品调价削价等情况时，也要进行不定期的全面盘点或局部盘点。建立健全商品盘点制度，是"售价金额核算"的重要保障，同时，加强库存商品及进、销、存的控制也构成该方法的主要内容之一。

对于鲜活商品的核算，一般采用进价金额核算法。进价金额核算的核心是"进价记账、盘存计销"，是指在核算过程中，库存商品总分类账户和明细分类账户都只反映商品的进价金额，不反映实物数量的一种核算方法，即只用进价总金额控制实物负责人或柜组（门市部）经营商品的进、销、存情况。

思考与练习

一、关键词

分散缴款与集中缴款、商品削价、综合差价率推算法、分类（柜组）差价率推算法、实际差价率计算法、售价金额核算法、进价金额核算法。

二、思考题

1. 试述售价金额核算的要点。
2. 在商品购进环节，采用售价金额核算与数量进价金额核算对会计科目的使用上有何区别？
3. 试述零售企业商品销售收入的收款方式及优缺点。
4. 采用售价金额核算时如何调整商品销售成本和商品销售收入。
5. 试述计算已销商品进销差价的方法及适用范围。
6. 零售企业对商品削价应怎样核算。
7. 试述鲜活商品适用的核算方法，并说明其核算要点。

三、知识与能力拓展

1. 学习《内部会计控制规范——销售与收款》。
2. 学习《内部会计控制规范——货币资金》。

四、综合实务

1. 业务一

（1）目的：掌握零售商品购进、进货退出及进货退补价的核算。

（2）资料：华美商厦1月份发生下列经济业务。

① 1日，业务部门转来美特服装公司的专用发票，开列男西装100套，每套1 200元，货款120 000元，增值税额15 600元，经审核无误，当即签发转账支票付讫。

② 3日，服装组转来收货单，列明2日购进的男西装100套已验收入库，结转其采购成本。该男西装零售单价为1 400元。

③ 6日，发现3日入库的男两用衫中有10件质量不符合要求，与美特服装公司联系后同意退货，收到其开来退货的红字专用发票，退回10件男西装，退货款项尚未收到。

④ 8日，银行转来厦门服装厂托收凭证，附来专用发票（发票联），开列男皮鞋200双，每双380元，

计货款 76 000 元，增值税额 9 880 元，运费 800 元，经审核无误，当即承付。

⑤ 9 日，大连服装厂发来女裙 100 件，附来专用发票（发货联），开列女裙货款 35 800 元，商品由服装组验收。该女裙零售单价为 400 元。

⑥ 13 日，大连服装厂开来红字专用发票，更正本月 9 日所售女裙的单价，每件应为 33 800 元，应退货款 2 000 元，应退增值税额 260 元。

⑦ 12 日，业务部门转来美达电器厂的专用发票，开列风扇 300 台，每台 212 元，计货款 63 600 元，增值税额 8 268 元，以商业汇票付讫。

⑧ 15 日，百货组转来收货单，列明 12 日购进的风扇 300 台已验收入库，结转其采购成本。该风扇零售单价为 260 元。

⑨ 18 日，美达电器厂开来更正专用发票，更正本月 12 日所售风扇的单价，每台应为 221 元，补收货款 2 700 元、增值税额 351 元。

（3）要求：编制上述业务处理的会计分录。

2．业务二

（1）目的：掌握零售商品销售的核算。

（2）资料：华美商厦为信用卡特约单位，信用卡手续费率为 4‰，1 月份发生下列经济业务。

① 8 日，各营业柜组商品销售收入的情况如表 3.14 所示，实收现金和根据签约单编制的计汇单当天已解存银行。

② 10 日，各营业柜组商品销售收入情况如表 3.15 所示。

实收现金和根据签约单编制的计汇单当天已解存银行，现金溢缺的原因待查。

表 3.14　1 月 8 日各营业柜组商品销售收入情况

项目 柜组	销售收入	实收现金	信用卡签购单
服装组	58 990.00	35 280.00	23 710.00
百货组	65 370.00	53 650.00	11 720.00
食品组	33 220.00	21 850.00	11 370.00
合　计	157 580.00	110 780.00	46 800.00

表 3.15　1 月 10 日各营业柜组商品销售收入情况

项目 柜组	销售收入	实收现金	信用卡签购单	现金溢缺
服装组	69 820.00	57 220.00	12 615.00	+15.00
百货组	53 920.00	40 830.00	13 064.00	−26.00
食品组	46 600.00	34 956.00	11 612.00	−32.00
合　计	170 340.00	133 006.00	37 291.00	−43.00

③ 10 日发生的销货溢缺款，查明百货组和食品组的短款系上述两组的收银员李华和黄丽的工作差错所致，服装组的长款原因不明。经领导批准，短款应由责任人承担，长款予以转账。

(3) 要求：编制上述业务处理的会计分录。

3. 业务三

(1) 目的：掌握受托代销商品的核算。

(2) 资料：华美商厦发生下列有关的经济业务：

① 1月3日，化妆品柜根据视同买断方式的受托代销合同，将唯美化妆品厂500盒代销的彩妆化妆品验收入库，该化妆品的协议单价为1 200元/盒，零售单价为1 500元。合同规定每个月末向委托方开具代销清单，据以结算货款。

② 1月18日，化妆品柜售彩妆化妆品50盒，收到现金75 000元，已全部解存银行，注销代销商品，并将进项税额按13%税率入账。

③ 1月31日，开出代销商品清单后，收到唯美化妆品厂专用发票，开列彩妆化妆品50盒，每盒1 200元，计货款60 000元，增值税额7 800元，当即签发转账支票付讫。

④ 2月1日，服装柜根据收取手续费方式的受托代销合同，将丽华服装厂的300套男西装验收入库。合同规定该男西装的销售单价（不含税）为1 300元，增值税率为13%，代销手续费率为7%。

⑤ 2月10日，服装柜销售60套男西装，收到现金91 260元，已全部解存银行，注销代销商品。

⑥ 2月28日，开出代销商品清单后，收到丽华服装厂专用发票，开列男羽绒服60套，每套1 300元，计货款78 000元，增值税额10 140元，扣除代销手续费5 460元，签发转账支票支付厂方已售代销商品的全部款项。

(3) 要求：编制上述业务处理的会计分录。

4. 业务四

(1) 目的：掌握商品销售成本和商品销售收入的调整。

(2) 资料：华美商厦某年末有关经济业务如下：

① 华美商厦12月末各有关明细账户的资料如表3.16所示。

表3.16　12月末有关明细账户资料

单位：元

实物负责人	结账前商品进销差价账户余额	库存商品账户余额	主营业务收入账户余额
服装柜	165 000	158 000	280 000
食品柜	108 000	169 000	250 000
百货柜	130 500	180 000	298 000
合　计	403 500	507 000	828 000

② 各柜组商品的增值税率均为13%。

③ 年末各营业柜组编制商品盘存表，分别计算出实际结存商品的购进金额，服装柜为115 000元，食品柜124 000元，百货柜126 000元。

(3) 要求：

① 根据本业务资料（1），分别用综合差价率推算法和分柜组差价率推算法调整商品销售成本。

② 根据本业务资料（1）、资料（2），调整本月份商品销售收入。

③ 根据本业务资料（1）、资料（3），用实际进销差价计算法调整商品销售成本。

④ 比较上述 3 种调整方法的结果，并分析其产生差异的原因。

5. 业务五

（1）目的：掌握商品进销存核算。

（2）资料：

① 华美商厦 1 月 31 日发生下列经济业务：

a. 业务部门转来丽华服装厂专用发票，开列女裙 200 件，每件 350 元，计货款 70 000 元，增值税额 9 100 元，经审核无误，签发转账支票付讫。

b. 服装柜转来收货单，今日购进的 200 件女裙已全部验收入库，该女裙零售单价为 480 元。

c. 业务部门转来顺达食品厂开来专用发票，开列儿童奶粉 800 罐，每听 380 元，计货款 304 000 元，增值税额 39 520 元，款项以银行承兑汇票付讫。

d. 食品柜转来收货单，今日购进的 800 罐儿童奶粉已全部验收入库，该儿童奶粉零售单价 1 000 元。

e. 当日服装柜的销售收入为 128 500 元，食品柜销售收入为 108 150 元，全部为现金，并已解存银行。

f. 根据市场情况及商厦的营销策略，将下列商品调整零售价：男 T 恤原零售单价为 600 元，调整为 480 元，服装柜盘点后，库存男 T 恤 60 件；盒装巧克力原零售单价为 88 元，调整为 80 元，食品柜盘点后，库存 100 盒。

g. 食品柜即将到期的 1 升装牛奶 500 盒，零售单价为 8.6 元，经批准削价为 5 元，该牛奶的进价为 6.5 元，估计销售费用为 0.10 元，增值税税率为 13%，予以转账。

h. 服装柜送来商品盘点短缺报告单，列明短缺商品 360 元，上月该柜组的差价率为 22.88%，原因待查。

i. 食品柜送来商品盘点溢余报告单，列明溢余商品 98 元，上月该柜组的差价率为 25.60%，原因待查。

j. 本企业经营商品的增值税率均为 13%，调整本月份各营业柜组的商品销售收入。

② 华美商厦 2 月份发生下列有关的经济业务：

a. 3 日，查明上月 31 日服装柜盘点短缺的商品系工作中的差错，经领导批准，予以转账。

b. 3 日，查明上月 31 日食品柜盘点溢余的商品系自然升溢，经领导批准，予以转账。

c. 10 日，销售削价的 1 升装牛奶 500 盒，每盒 5 元，收入现金 2 500 元，存入银行，并结转其销售成本。

③ 华美商厦 1 月 31 日的有关资料如下：

库存商品账户的结存额：服装柜为 138 806 元，食品柜为 162 368 元。本月销售累计销售额：服装柜为 186 760 元，食品柜为 206 000 元。

④ 华美商厦 1 月份的商品销售计划如下：

百货组为 156 000 元，食品柜为 160 000 元。

（3）要求：

① 根据本业务资料①、资料②编制上述业务的会计分录。

② 根据本业务资料①、资料②、资料③、资料④编制商品进销存日报表。

项目四

进出口业务核算

> **任务导入**
>
> 1. 了解进出口业务的种类及资金运动规律
> 2. 掌握进出口业务的流程
> 3. 掌握自营进出口商品的成本构成
> 4. 掌握自营进出口商品销售收入的确认原则
> 5. 掌握代理进口商品销售收入的确认原则
> 6. 对外币业务进行会计处理
> 7. 审核进出口单据
> 8. 计算进出口业务的税金及会计处理
> 9. 对各项进出口业务进行会计处理

伴随着我国经济体制改革的不断深化，我国的外贸体制改革也不断完善，我国的进出口贸易企业也呈现出多元化的趋势，除了传统的属于流通领域的外贸企业外，各种所有制和各行业的企业经申请核准后均可从事进出口业务，经营批发业务和零售业务的商品流通企业也会发生进出口业务，所以，在了解进出口商品流转的业务特点、核算特点和国际贸易术语的基础上，掌握外币管理与核算的技能及国际贸易结算的方式和核算方法，是开展进出口业务核算的关键。商品流通企业涉及的进出口业务主要有自营进出口业务、代理进出口业务和易货贸易三种类型。对于商品流通企业而言，与生产企业比较，对于出口前的国内成本和退税业务存在着差异，同时，要科学地开展进出口业务的核算，必须适当地掌握相关的税收法律知识。

任务一 进出口业务核算特点

4.1.1 进出口商品流转的特点

进出口业务是指一个国家或地区与其他国家进行对外贸易时发生的商品和劳务交换活动。随着我国市场经济的不断发展，除了外贸企业开展进出口业务外，很多商品流通企业为了扩大经营的需要，也直接开展进出口业务。对外贸易中的进出口业务与国内商品流通相比较，虽然资金的运转都是经过货币资金到商品资金，然后通过销售再转化为货币资金的过程，但有其不同的商品流转特点：

（1）商品流通通过国内和国外两个市场。
（2）涉及国内和国外两种价格。
（3）需要用本国货币和国外货币进行结算。
（4）资金的周转增加了结汇和售汇两个环节。

由于进出口业务涉及使用本国货币与外币两种以上的货币，所以其货币资金运动形态表现为"外币—人民币"或"人民币—外币"的转换过程。即在出口经营活动中，企业要将出口商品销售所得外汇，按照国家规定在银行结汇；而在进口经营活动中，又要用人民币向银行购买外汇以支付货款。进出口企业在其资金循环过程中所特有的本币与外币之间的不断转换的过程，就形成了进出口企业资金运动的特殊性。进出口业务资金周转过程如图4.1、图4.2所示。

图 4.1　出口业务资金周转

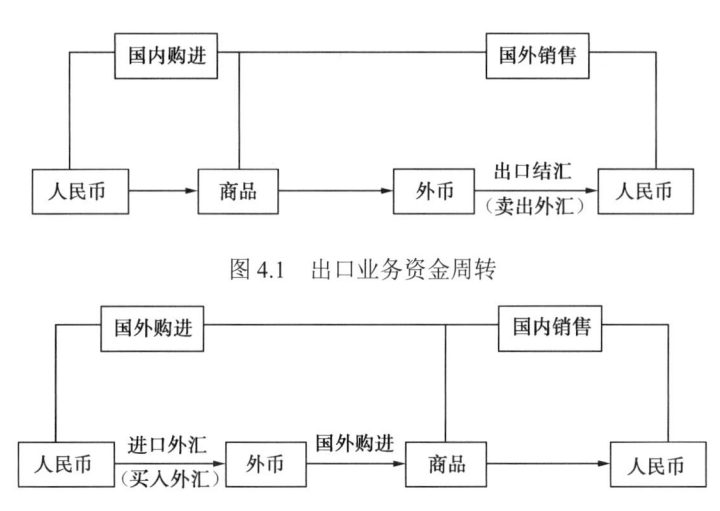

图 4.2　进口业务资金周转

4.1.2　进出口业务核算的特点

由于进出口业务资金周转的特殊性，使其在会计核算上也形成了不同于国内商品流通核算的特点，主要表现在以下几方面：

（1）采用复币记账。无论是出口业务还是进口业务，均是按外币计价，而企业在国内均应以人民币作为记账本外币，因此，对于进出口业务所涉及的外币业务账户应按复币格式设计，并在记账时除填制外币数额外，同时应按一定的汇率折算为人民币，同时核算外币和人民币。

（2）需要对汇兑损益进行核算。由于外币与人民币的汇率经常处于变动状态，因而经常会出现汇兑损益问题。对汇兑损益的核算，形成了进出口业务核算的基本要求。

（3）结算方式有别于国内商品流通。由于企业进出口业务所形成的国际贸易结算，结算方式通常可分为记账结算和现汇结算两种类型。

（4）需要核算关税和出口退税。对于出口业务，国家为了使出口商品能够在国际市场上公平地参与竞争，通常会对有出口业务的企业采取退税的政策；与此类似，对于进口商品也会采取征收关税的政策。

任务二　外币的管理与核算

4.2.1　外汇与外汇管理

1．外汇的基本概念

商品流通企业开展进出口等国际贸易经营活动时，要使用外汇或取得外汇进行国际贸易结算。外汇是国际汇兑的简称，是指以外国货币表示的可用以国际结算的支付手段和资产，它有动态和静态两个范畴：

（1）动态概念，是指把一国货币兑换成另外一个国家的货币，借以清偿国际间债权、债务关系的一种专门性的经营活动，是国际间汇兑的简称。

（2）静态概念，指以外国货币表示的可用于国际间结算的支付手段。这种支付手段包括以外币表示的信用工具和有价证券。

外汇通常包括四项内容：① 外国货币，它包括纸币和铸币；② 外币支付凭证，它包括票据、银行存款凭证和邮政储蓄凭证；③ 外币有价证券，它包括政府债券、公司债券、股票、息票等；④ 其他外汇资产。

外汇必须同时具备三个条件：以外币表示的国外资产；在国外能得到偿付的货币债权；可以兑换成其他支付手段的外币资产。

2．外汇的分类

外汇可以按不同的标准分类，主要有以下两种。

（1）按外汇能否自由兑换，可分为自由外汇和记账外汇两种。

① 自由外汇。自由外汇是指不需要经过外汇管理当局批准，在国际金融市场上可以随时自由兑换成其他国家的货币，或可以随时自由买卖并可以对任何国家自由支付的货币。目前国际上属于自由外汇的货币有 50 多种，使用最广泛的有美元、日元、欧元、英镑、瑞士法郎和港元等。

② 记账外汇。记账外汇也称协定外汇或清算外汇，是指不经货币发行国批准，不能自由兑换成其他国家货币或对第三国进行支付，只能在两国政府间签订的支付协定项目中所使用的外汇。

（2）按外汇的来源，可分为贸易外汇和非贸易外汇。

① 贸易外汇。贸易外汇是指进出口贸易所收付的外汇，包括货款及其从属费用。

② 非贸易外汇。非贸易外汇是指除进出口贸易以外所收付的外汇。

3. 外汇汇率

外汇汇率简称汇率，又称汇价、牌价、兑换率，是指一国货币折算为另一国货币的比率，也就是用某一国货币表示的另一国货币的价格，简单说就是两种货币之间的比价。

（1）外汇汇率的标价方法。根据选用本国货币还是外国货币作为标准来表示外汇汇率的方法不同，外汇汇率的标价方法分为以下两种：

① 直接标价法，又称应付标价法，是指以一定单位的外国货币作为标准来折算本国货币的标价方法。目前世界上绝大多数国家都实行直接标价法。我国国家外汇管理局公布的外汇牌价也采用这种方法，例如，1 美元≈6.4859 元人民币。

② 间接标价法，又称应收标价法，是指将本国货币单位固定不变，用若干单位的外国货币来标出本国货币的单位价格，间接地显示出外国货币价值的标价方法。目前仅有美国、英国、澳大利亚和新西兰等少数国家采用间接标价法，例如，1 美元≈0.7314 英镑。

（2）外汇汇率的分类。根据汇率的不同作用，外汇汇率主要有以下几种分类方法。

① 按银行买卖外汇的汇率分为买入汇率、卖出汇率和中间汇率。

买入汇率，又称买入价，是指银行向客户买入外汇时所使用的汇率。

卖出汇率，又称卖出价，是指银行向客户卖出外汇时所使用的汇率。

中间汇率，又称中间价，是指银行买入汇率与卖出汇率之间的平均汇率。

② 按汇率发生的时间分为即期汇率和历史汇率。

即期汇率是指企业发生外币业务时的市场汇率，即中国人民银行当日公布的外币汇率。

历史汇率是指企业以前的外币业务发生时所使用的汇率。

③ 按企业记账所依据的汇率分为记账汇率和账面汇率。

记账汇率，是指企业对发生的外币业务进行会计核算时所采用的汇率。

账面汇率，是指企业以前发生的外币业务登记入账时所采用的汇率，账面汇率也就是历史汇率。

4. 外汇的管理

国家通过外汇管理来维持本国的国际收支平衡，稳定本国货币汇率，保护国内市场，促进本国对外经济的发展。我国的外汇管理机关是国务院外汇管理部门及其分支机构。

（1）开设外汇账户的程序。随着我国改革开放及对外汇账户管理改革的不断深化，目前，只要企业有需求，即可申请开立外汇账户。单位开立外汇账户必须向外汇管理机关提交开立外汇账户申请报告。设立外汇账户的具体程序如下：

① 撰写设立外汇账户的申请报告。

② 准备必需的有关材料。企事业单位应持有工商行政管理部门颁发的营业执照；社会团体持有民政部门颁发的社团登记证；其他单位持有国家授权机关批准成立的有效批件。外商投资企业持有外汇管理部门核发的《外商投资企业外汇登记证》；向境外借款、发行外币债券的单位持有外汇管理部门核发的《外债登记证》或者《外汇（转）贷款登记证》。

③ 持上述材料向外汇管理部门领取《外汇账户使用证》，并按规定认真填写外汇账户的用途、账户的币种、收支范围、使用期限及相应的结汇方式等。

④ 经外汇管理部门对《外汇账户使用证》审核无误并盖章后，发给使用单位，外汇账户即生效。

外汇账户设立后，要严格按《外汇账户使用证》注明的用途、币种、收支范围、使用期限及结汇方式收支外汇；要正确核算外汇，建立严格的内部外汇收支管理制度，定期与外汇开户银行进行核对，并自觉接受外汇管理部门的监督检查；企业不得出租、出借或者串用外汇账户，不得利用外汇账户非法代其他单位或个人收付、保存或者转让外汇；除外商投资企业的境外投资者和驻华机构以外，其他单位的外汇账户按规定关闭时，其外汇余额必须全部结汇。

（2）外汇账户体系。外汇账户主要包括以下几类账户：

① 购、付汇账户。购、付汇账户是指核算外汇存款、应付外汇账款、应收外汇账款的账户等。

② 外汇借款账户。外汇借款账户是指核算短期外汇借款、长期外汇借款的账户等。

③ 损益账户。损益账户是指核算汇兑损益的账户等。

4.2.2 结汇的管理与核算

1. 结汇的管理

目前，我国实行外汇收入结汇制。结汇制是指境内单位的各类外汇收入，应当及时调回境内，如没有外汇账户的，必须按银行挂牌汇率（买入价）全部结售给外汇指定银行；如有外汇账户的，应存入外汇账户，存入后的外汇存款账户余额超出限额的部分必须按规定结售给外汇账户开户银行。

2. 结汇的核算

当企业收到外汇收入时，应按银行结汇水单记录的外币金额，当日银行外汇买入价及结汇人民币金额，进行账务处理。

【例4.1】 粤达商贸公司2021年的有关业务如下：

（1）1月8日，出口服装一批，发票金额为100 000美元，记账外汇为1∶6.05。会计处理如下：

借：应收外汇账款　　　　　　　　　　　　　605 000
　　贷：自营出口销售收入　　　　　　　　　　　605 000

（2）1月20日，银行收妥款项，送来现汇收账通知，当日美元外汇买入价为1∶6.06。会计处理如下：

① 对结汇差价实行逐笔结转的企业：

借：银行存款　　　　　　　　　　　　　　　606 000
　　贷：应收外汇账款　　　　　　　　　　　　　605 000
　　　　汇兑损益　　　　　　　　　　　　　　　 1 000

② 对结汇差价实行集中结转的企业：
借：银行存款　　　　　　　　　　　　　　　605 000
　　贷：应收外汇账款　　　　　　　　　　　　605 000
月末，按应收外汇账款的期末的余额结转汇兑损益：
借：应收外汇账款　　　　　　　　　　　　　　1 000
　　贷：汇兑损益　　　　　　　　　　　　　　　1 000

4.2.3　购汇的管理与核算

我国外汇体制改革后，企业的外汇收入在实行结汇制的同时，取消经常项目正常对外用汇的计划审批。企业的进口用汇，可用人民币到银行购买，办理对外支付，这就是银行的售汇制。售汇制是指外汇银行受理企业提供国家认可的进口用汇有效凭证，用人民币办理购买及对外支付外汇的制度。

1．购汇的条件

商品流通企业需要购汇时，应具备两个条件：一是必须具备按规定可以进行购汇的事项；二是必须提供与支付方式相适应的有效商业单据和有效凭证，即必须提供贸易合同、正本提单、支票、费用收据、进口许可证、进口登记表等与支付方式相适应的有效商业单据和凭证。如果采取信用证结算方式，还需提供开证申请书；如果采取进口托收结算方式，需提供有关付款通知单；如果采取进口汇款结算方式，还需提供汇款申请书。

2．购汇程序

购汇的程序如下：
（1）将购汇所需足够人民币资金存放到企业开设的指定银行账户中。
（2）填写"购买外汇申请书"，并将购汇所需的有效商业单据和凭证一并送交外汇指定银行。单证和凭证包括贸易合同、正本提单、费用收据、进口许可证、进口登记表、特定商品进口登记证明等文件。除提供上述文件外，如属进口开证项下购汇，还需提供开证申请书；如属进口托收项下购汇，还需提供有关付款通知单；如属汇款项下购汇，还需提供汇款申请书和人民币支票。
（3）售汇银行对企业提供的资料核对无误后，即办理售汇，并将"购买外汇申请书"的其中一联退还购汇企业，以完成购汇。

3．购汇的核算

为了全面核算和监督商品流通企业购进外汇的情况，没有外汇存款科目的企业应设置外汇存款账户，已有外汇存款账户（用于核算经外汇管理部门批准设立外汇账户企业的现汇）的企业则应在该账户下，设置购入外汇专户，并实行复币记账。

【例4.2】　粤达商贸公司收到银行返回的《购买外汇申请书》及银行回单计80 000美元，当日银行的外汇卖出价为1∶6.05，另并支付手续费1 000元。

（1）买入外汇时的会计处理如下：
借：外汇存款（或购入外汇专户）　　　　　　　　　　　　484 000
　　贷：银行存款　　　　　　　　　　　　　　　　　　　484 000
（2）支付手续费时的会计处理如下：
借：财务费用　　　　　　　　　　　　　　　　　　　　　1 000
　　贷：银行存款　　　　　　　　　　　　　　　　　　　1 000

4.2.4　付汇的管理与核算

1．付汇的管理

商品流通企业进口商品，需要以外币支付货款及劳务供应时，可以凭有效商业单据和凭证直接从其外汇账户中支付，也可以提供有效商业单据和凭证，向银行购入外汇后再予以支付。

商品流通企业向境外采购商品支付进货款，无论用外汇账户的现汇支付，还是购汇支付，都必须向外汇管理机关办理付汇核销手续。企业对外支付外汇时，有外汇账户，且支付用途符合外汇账户规定使用范围的，应首先使用其外汇账户余额。对于购汇支付和从外汇账户支付的，需在有关结算方式或合同规定的日期办理，不得提前。对外付汇后，应及时对账外外汇备查簿做出调整，以便掌握外汇的结存情况。

2．付汇的核算

【例4.3】　粤达商贸公司从意大利购进女装一批，发票金额为60 000美元，以外汇存款账户款项支付。外汇账户的记账汇率和当日市场汇率均为6.06元。其会计处理如下：
借：在途物资　　　　　　　　　　　　　　　　　　　　　363 600
　　贷：银行存款——外币存款　　　　　　　　　　　　　363 600

4.2.5　汇兑损益的核算

1．汇兑损益的形成

外汇兑换业务产生的损失和收益简称汇兑损益。具体而言是指企业在持有外币货币性资产和发生外币货币性负债期间，由于外币汇率变动而引起的外币货币性资产或负债的价值发生变动而产生的损益，以及企业兑换不同货币，由于实际兑换的汇率与记账汇率或账面汇率不同而产生的差额。汇兑损益直接影响到企业的收益和损失，是反映企业外汇风险的一个指标，在外汇市场汇率经常波动的情况下，企业外币业务所产生的汇兑损益方向与变动幅度难以预测，所以应在把握汇兑损益构成的同时，加强其核算和管理。

根据产生的情况不同，汇兑损益由以下几个部分组成。

（1）交易汇兑损益。这是指企业在以外币计价的购销业务中，因收回或偿还外币债权债务而产生的汇兑损益。

（2）兑换汇兑损益（外币折算差额）。这是指企业发生兑换业务时产生的汇兑损益。

（3）调整外币汇兑损益。在现行汇率制度下，企业在期末应将外币货币资金、外币债权债务以及外币性长、短期投资等账户按期末市场汇率进行调整，因调整而产生的汇兑损益称为调整外币汇兑损益。

（4）外币折算汇兑损益。在会计期末，为了编制合并财务报表，或重新表述会计记录和财务报表金额，而将一种外币计量单位表示的金额转化为记账本位币计量单位表示的金额，在折算过程中产生的汇兑损益，即折算外币汇兑损益。

2. 汇兑损益的核算原则

企业发生的汇兑损益可根据下列不同情况进行处理：

（1）商品流通企业在筹建期间发生的汇兑损益，应在"管理费用"账户核算。

（2）商品流通企业在日常经营过程中，因购进、销售商品和接受、提供劳务而发生的汇兑损益，应在"财务费用——汇兑损益"账户核算。

（3）商品流通企业为购建固定资产而发生的汇兑损益，在固定资产达到预定可使用状态前发生的，应属于固定资产的购建成本；在固定资产达到预定可使用状态后发生的，应在"财务费用——汇兑损益"账户核算。

（4）商品流通企业为购置无形资产而发生的汇兑损益，应列入无形资产的购置成本。

（5）商品流通企业为支付股利发生的汇兑损益，应在"财务费用——汇兑损益"账户下核算。

3. 汇兑损益的核算

在实务中，按汇兑损益计算和结转的时间不同，有逐笔结转法和集中结转法两种处理方式。

（1）逐笔结转法。逐笔结转法是指企业每结汇一次，就计算并结转一次汇兑损益的方法。采用逐笔结转法，平时发生的外币业务通常按当日汇率的中间价或买入价、卖出价折算，如与原账面汇率不同时，就立即计算并结转该笔业务的汇兑损益，到期末再将所有的外币账户的期末原记账本位币金额，按当日公布的市场汇率中间价折算的金额作为该外币账户的记账本位币金额，该余额与外币账户原记账本位币之间的差额作为汇兑损益予以转销。

逐笔结转法能够分别反映各笔结汇业务发生的汇兑损益和期末因汇率变动而发生的汇兑损益，但核算的工作量较大。这种方法适用于外币业务不多，但每笔业务交易金额较大的企业。

（2）集中结转法。集中结转法是指企业平时结汇时，按当日的市场汇率核销相关的外币账户，将汇兑损益集中在期末结转的方法。

采用集中结转法，企业平时结汇时，根据具体情况，按当日市场汇率的中间价或买入价、卖出价核销相关的外币账户，不计算结转汇兑损益，到期末再将所有的外币账户的期末原记账本位币金额，按当日公布的市场汇率的中间价计算的金额作为该外币账户的记账本位币余额，该余额与外币账户原记账本位币之间的差额作为汇兑损益，予以集中一次转销。

集中结转法能够集中一次结转汇兑损益，简化了核算工作量，但平时不能反映各笔结汇业务的汇兑损益。该方法适用于外汇业务多，且每笔业务交易金额不大的企业。

为了不引起混乱,企业只能选择上述方法的一种,作为汇兑损益的核算方法,一旦选用,年内不得变更。

对于上述两种方法的运用,已经在【例 4.1】中介绍过,此处不再赘述。

任务三 国际贸易术语

4.3.1 国际贸易术语的概念

国际贸易术语又称国际贸易价格条件,是进出口商品价格的一个重要组成部分,是用一个简短的概念和英语三个字母缩写,来说明国际贸易商品价格的构成和交易双方各自承担的费用、义务、责任及风险。

由于国际贸易术语确定了商品交易双方的责任,对进出口商品的运输、保险等各种手续由谁办理,费用由谁负担都做出了具体的规定,因而明确了交易双方承担责任的大小,并表现出不同的价格水平;规定了风险的负担责任,为可能的意外损失的处理提供了依据;确定了商品所有权转移的界限,从而明确了双方的责任,避免了交易中的摩擦。在国际贸易中,国际贸易术语得到了广泛的运用。

4.3.2 国际贸易术语比较

1. 常用国际贸易术语

国际贸易术语有一个国际惯例,这就是由国际商会制定的、经过多次修订而不断完善的《国际贸易术语解释通则》,它已成为当今国际公认的、具有权威性的国际贸易术语解释通则。国际贸易术语种类较多,在国际上常用的有以下 13 种:

(1) 工厂交货(EXW);
(2) 货交承运人(FCA);
(3) 起运港船边交货(FAS);
(4) 起运港船上交货(FOB);
(5) 成本加保险费、运费(CIF);
(6) 成本加运费(CFR);
(7) 运费付至目的地(CPT);
(8) 运费、保险费付至目的地(CIP);
(9) 边境交货(DAF);
(10) 目的港船上交货(DES);
(11) 目的港码头交货关税已付(DEQ);
(12) 目的地交货关税未付(DDU);
(13) 目的地交货关税已付(DDP)。

在我国的对外贸易中,最常用的国际贸易术语有 FOB、CIF 和 CFR 三种,原因在于一是这三种贸易术语历史悠久，最为各国所熟悉；二是这三种贸易术语都是以货物在装运港装上船或越过船舷为风险划分界限，从而满足了贸易双方都不愿承担在对方国家内所发生风险的心理；三是这三种术语规定了贸易双方都不必到对方国家办理货物交接，所以，对于双方都很方便；四是这三种贸易术语都是规定通过海上运输，降低了运输费用。

（1）起运港船上交货价格（Free on Board，FOB）。起运港船上交货价格简称离岸价格（FOB），它是指由卖方负责在合同规定的日期或期限内，在指定的起运港将商品装上买方指定的船只，并向买方发出装船通知，卖方负责装船前的一切费用和风险，货物越过船舷后的费用和风险全部由买方承担的价格条件。这一术语使用时，通常应同时明确起运港的名称，如广州港的船上交货价格即为 FOB Guangzhou。

（2）成本加运费价格（Cost and Freight，CFR）。成本加运费价格简称到岸价格（CFR），它是指由卖方负责租船订舱，在合同规定的期限内将商品装上运往指定目的港的船只，支付运费，负担装船前的一切费用和风险，而买方负担保险费的价格条件。这一术语使用时通常应同时明确到达的目的港，如到达大连的成本加运费价格即为 CFR Dalian。

（3）成本加保险费、运费价格（Cost Insurance and Freight，CIF）。成本加保险费、运费价格简称到岸价格（CIF），它是指由卖方负责租船订舱，在合同规定期限内将商品装上运往指定目的港的船上，支付保险费和运费，负担装船前的一切费用和风险的价格条件。这一术语使用时，也应同时明确到达的目的港，如到达天津的成本加保险费、运费价格即为 CIF Tianjin。

2. 国际贸易术语比较

现将主要的三种国际贸易术语的关键事项进行比较，如表 4.1 所示。

表 4.1　三种国际贸易术语的比较

贸易术语	交货点	风险	责任				费用	
^	^	^	办理运费	办理保险	负责出口清单	负责进口清单	支付运费	支付保险
FOB Free On Board	转运港船舷	在指定转运港越过船舷时	买方	买方	卖方	买方	买方	卖方
CFR Cost and Freight	转运港船舷	在指定转运港越过船舷时	卖方	买方	卖方	买方	卖方	买方
CIF Cost Insurance and Freight	转运港船舷	在指定转运港越过船舷时	卖方	卖方	卖方	买方	卖方	卖方

任务四　国际贸易结算

国际贸易结算是指两个不同国家的当事人之间对于贸易活动所发生的国际货币收支和国际债权债务的了结和清算。

国际贸易结算可分为记账结算和现汇结算两种类型。

记账结算是指贸易双方按照两国政府间签订的支付协定中的有关条款，双方结算都通过两国银行间开立的清算账户记账办理，平时结算不必动用现汇办理支付，到协定年度终了，只对账户的差额进行清算。

现汇结算是指以两国贸易部门签订的贸易合同为依据，办理进出口业务时，双方均以现汇逐笔结清。

现汇结算主要采用信用证、汇付和托收三种结算方式，如图4.3所示。

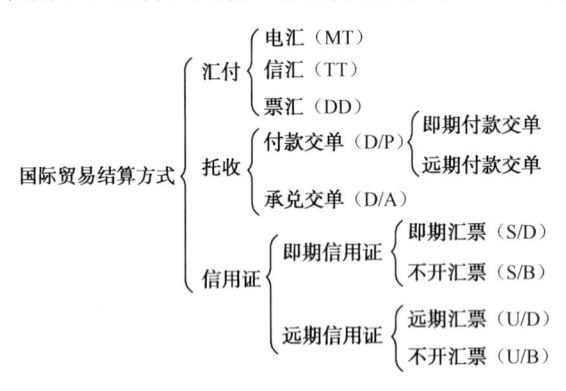

```
                          ┌ 电汇（MT）
                   汇付 ──┤ 信汇（TT）
                          └ 票汇（DD）
                          ┌ 付款交单（D/P）──┬ 即期付款交单
国际贸易结算方式 ──┤ 托收 ──┤                  └ 远期付款交单
                          └ 承兑交单（D/A）
                          ┌ 即期信用证 ──┬ 即期汇票（S/D）
                   信用证 ┤              └ 不开汇票（S/B）
                          └ 远期信用证 ──┬ 远期汇票（U/D）
                                         └ 不开汇票（U/B）
```

图 4.3　国际贸易现汇结算方式

4.4.1　信用证结算方式

信用证（L/C）是指由开证行根据开证申请人（进口商）的要求，向受益人（出口商）开立一定金额，并在一定期限内凭规定的单据承诺付款的凭证。

1. 信用证结算方式的当事人

信用证结算方式的当事人包括：
（1）开证申请人：是指向银行申请开立信用证的单位，即进口商。
（2）开证行：是指接受开证申请人开立并签发信用证的银行。
（3）通知行：是指收到开证行的信用证，负责核实其真实性，并通知受益人的银行。
（4）受益人：是指信用证的权利拥有者，即出口商。
（5）议付行：是指应受益人的请求，买入或贴现信用证项下票据及单据的银行。
（6）付款行：是指由开证行指定的在单据相符时付款给受益人的银行。

2. 信用证的基本内容

信用证包括以下基本内容：
（1）开证行名称、地址和开证日期；
（2）信用证的性质及号码；
（3）开证申请人名称；
（4）受益人名称、通知行名称和地址；
（5）信用证的最高金额和采用的货币；

(6) 开证的依据;

(7) 信用证的有效期限和到期地点,有效期限是指银行承担信用证付款的期限,如果出口商交单的时间超过了规定的有效期限,银行可因信用证逾期而解除其付款责任,到期地点是指在哪个国家及地区到期;

(8) 汇票和单据条款,受益人(出口商)应凭汇票取款,信用证应列明汇票的付款人,汇票是即期还是远期,以及汇票应附的单据,单据的份数以及单据所列商品的名称、品质、数量、单价、金额、包装等;

(9) 商品装运条款,包括装运港、目的港、装运期限、运输方式、能否分批装运和转运等;

(10) 保证责任条款,是开证行确定履行付款责任的依据。

3. 信用证的分类

(1) 按是否规定附有货运单据,可分为光票信用证和跟单信用证。

① 光票信用证:是指出口商可在商品装运并取得提单或发票、垫款清单以后就开出汇票请求银行议付信用证。对于出口商来说,光票信用证实际上具有预先取得货款的作用。

② 跟单信用证:是指附有货运单据的汇票或仅凭货运单据付款的信用证。采取跟单信用证结算时,银行以自己的信用担保进口商在支付货款时一定能够得到代表商品,也担保出口商在运出商品、交出货运单据后就一定能收到货款。采取跟单信用证结算为购销双方的利益提供了一定程度的安全保障,因此跟单信用证在国际贸易结算中被广泛采用。

(2) 按开证行承担的责任分为可撤销信用证和不可撤销信用证。

① 可撤销信用证,是指开证行对所开信用证不必征得收益人同意,在议付行议付之前,可随时撤销或修改的信用证。由于这种信用证对出口商风险较大,因此很少被采用。

② 不可撤销信用证,是指开证行对所开出的信用证,未征得收益人的同意,不得单方面撤销或修改所规定的各项条款的信用证。由于这种信用证对出口商有保障,因此在国际贸易中被广泛地采用。

按照国际惯例,信用证如未注明"可撤销"字样,即视为不可撤销信用证。

(3) 按对汇票支付的期限分为即期信用证和远期信用证。

① 即期信用证,是指开证行或付款行在收到符合信用证条款规定的汇票和单据后,立即履行付款义务的信用证,即期信用证有利于迅速安全地收汇,在国际贸易结算中使用得较多。

② 远期信用证,是指开证行或付款行收到符合信用证条款规定的汇票和单据后,不立即履行付款义务,待汇票到期时才能支付票款的信用证。对于出口商来说,采用远期信用证时,要先垫付款项和承担汇票有效期内汇率变动的风险,所以收汇的安全程度低于即期信用证。

4. 信用证结算方式的基本程序

信用证结算方式的基本程序如图 4.4 所示。

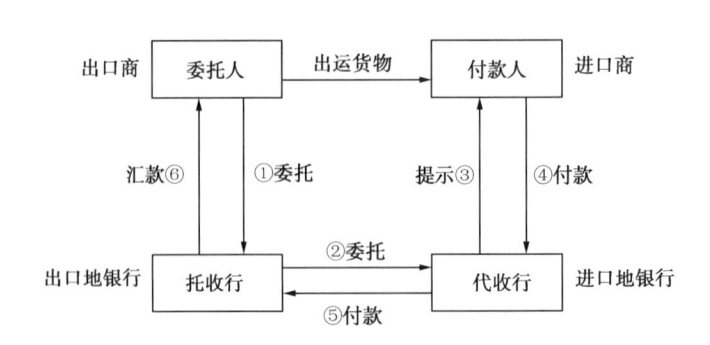

```
出口商    委托人  ──出运货物──→  付款人    进口商
           ↑                      │
      汇款⑥ │①委托        提示③ │ ④付款
           │                      ↓
出口地银行  托收行  ──②委托──→   代收行    进口地银行
                   ←──⑤付款──
```

图 4.4 信用证结算方式的基本程序

5．信用证结算方式的特点

信用证结算方式具有以下特点：

（1）开证行负第一付款责任。信用证是一种银行信用，开证行以自身的信用做出付款的承诺，对受益人承担第一付款责任，是首先付款人。

（2）信用证是一项独立文件。信用证的开立虽然是以贸易合同为依据的，但是它与贸易合同是两种不同性质的文件，银行只对信用负责，不受贸易合同的约束，也不对贸易合同负任何责任。

（3）信用证结算业务以单据为依据。根据购进惯例，信用证的当事人只对信用证负责，受益人提交的单据只有符合信用证条款的规定，开证行才能凭以付款，以维护开证申请人和受益人各方的权益。

6．信用证结算方式的核算

（1）进口商的核算。当进口商进口商品采用信用证结算时，向银行申请开证后，银行根据进口商的信用等级，确定其交存保证金的比率，进口商按确定的比率向银行存入保证金时，借记"其他货币资金"账户，贷记"银行存款"账户，支付的开证手续费列入"财务费用"账户。进口商付款赎取单证时，借记"在途物资"账户，贷记"其他货币资金"和"银行存款"账户。

【例 4.4】 粤达商贸公司向意大利 DGVI 服装贸易公司进口女装一批。

① 1月8日，向银行申请开立信用证 70 000 美元，按开证金额的 25% 支付保证金 17 500 美元，当日美元汇率中间价为 6.05 元。会计处理如下：

借：其他货币资金——信用证保证金存款（US$17 500×6.05）　　105 875
　　贷：银行存款——外币存款（US$17 500×6.05）　　　　　　　　　105 875

② 1月8日，用银行存款支付银行开证手续费 800 元，会计处理如下：

借：财务费用——手续费　　　　　　　　　　　　　　800
　　贷：银行存款　　　　　　　　　　　　　　　　　　　800

③ 1月15日，收到银行转来进口女装的发票、提单等单据，计金额 70 000 美元，当日美元汇率中间价为 6.05 元，扣除已支付的 25%保证金外，当即付清全部款项。会计处理如下：

借：在途物资 423 500
　　贷：其他货币资金——信用证保证金存款（US$17500×6.05） 105 875
　　　　银行存款——外币存款（US$52 500×6.05） 317 625

（2）出口商的核算。出口商在商品发运后，签发汇票，连同全部单据及结用证送交银行办理议付手续时，借记"应收外汇账款"账户，贷记"主营业务收入"账户；向银行支付的议付手续费列入"财务费用"账户。当收到银行转来的收汇通知时，借记"银行存款"账户，贷记"应收外汇账款"账户。

【例 4.5】　粤达商贸公司向美国某公司出口牛仔裤一批。

① 1月9日，向美国某公司发运牛仔裤一批，计金额45 000美元，当日美元汇率中间价为6.05元，送交银行办理议付手续。会计处理如下：

借：应收外汇账款（US$45 000×6.05） 272 250
　　贷：主营业务收入——自营出口销售收入 272 250

② 1月9日，支付银行议付手续费680元，会计处理如下：

借：财务费用——手续费 680
　　贷：银行存款 680

③ 1月15日，收到银行转来收汇通知，金额为45 000美元，当日美元汇率中间价为6.05元。会计处理如下：

借：银行存款——外币存款（US$45 000×6.05） 272 250
　　贷：应收外汇账款 272 250

4.4.2　汇付结算方式

汇付是指汇款人（进口商）主动将款项交给汇出行，由汇出行委托收款人所在地的汇入行将款项转交收款人（出口商）的结算方式。

1. 汇付结算方式的当事人

汇付结算的当事人包括：
（1）汇款人，即付款方，也就是进口商。
（2）汇出行，是指受汇款人委托将款项付给收款人的银行。
（3）汇入行，是指受汇出行的委托将款项付给收款人的银行。
（4）收款人，即受益人，也就是出口商。

2. 汇付结算方式的种类

汇付结算方式按采用通知的方式不同可分为以下三类：
（1）电汇，是指汇出行应汇款人的要求以电讯方式委托汇入行向收款人付款的结算方式。该方式的特点是速度快，但费用高。
（2）信汇，是指汇出行应汇款人的要求以信函方式委托汇入行向收款人付款的结算方式。该方式的特点是速度较慢，但费用较低。
（3）票汇，是指汇款人向汇出行购买银行汇票寄给收款人，由收款人据以向汇票上指定的银行收取款项的结算方式。票汇是以银行即期汇票作为结算工具的。

3. 汇付结算方式的基本程序

（1）电汇、信汇结算方式的基本程序。

① 进口商交付款项委托汇款。进口商（汇款人）根据合同或经济事项将汇款交付汇出行，并填写电汇或信汇申请书，委托汇款行汇出款项。

② 汇出行接受委托。汇出行接受汇款委托，将电汇或信汇申请书回执退给汇款人。

③ 汇出行通知汇入行付款。汇出行通过电讯工具或邮寄信汇委托书，委托汇入行解付汇款。

④ 汇入行通知收款人收取汇款。汇入行收到电讯通知或信汇委托书，经审核无误后，将汇款通知单交付收款人。

⑤ 出口商收取汇款。出口商（收款人）持盖章后的汇款通知单向汇入行收取汇款。电汇、信汇结算方式的基本程序如图 4.5 所示。

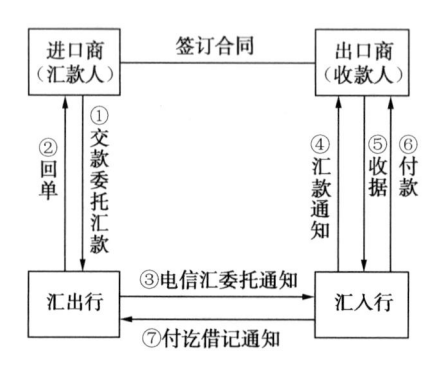

图 4.5　电汇、信汇结算方式基本程序图

（2）票汇结算方式的基本程序。

① 交付款项购买银行汇票。进口商（汇款人）根据合同或经济事项向汇出行交付款项，购买银行汇票。

② 交付银行汇票。经汇出行审核无误后，交付汇款人银行汇票。

③ 邮寄银行汇票。汇款人将银行汇票邮寄给收款人（出口商）。

④ 邮寄汇付通知书。汇出行将汇付通知书邮寄给汇入行通知其付款。

⑤ 凭银行汇票取款。收款人凭银行汇票向汇入行收取汇款。

⑥ 汇入行解付汇款。经汇入行审核无误后，解付汇款。

票汇结算方式的基本程序如图 4.6 所示。

4. 汇付结算方式的特点及适用性

汇付结算方式完全是建立在商业信用基础上的结算方式。交易双方根据合同或经济事项预付货款或货到付款，预付货款进口商有收不到商品的风险；而货到付款则出口商有收不到货款的风险。

由于汇付结算方式的风险较大,这种结算方式只有在进出口双方高度信任的基础上才适用。此外,结算货款尾差、支付佣金、归还垫款、索赔理赔、出售少量样品等也可以采用。

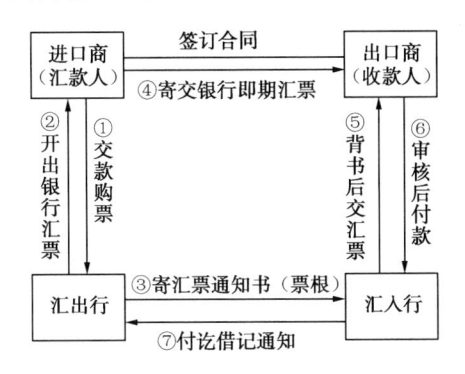

图 4.6　票汇结算方式的基本程序图

5. 汇付结算方式的核算

(1) 进口商的核算。进口商采取预付货款方式进口商品,在预付货款时,借记"预付外汇账款"账户,贷记"银行存款"账户。在收到商品提单和发票等单证时,借记"在途物资"账户,贷记"预付外汇账款"账户。

【例 4.6】　粤达商贸公司向 DGVI 服装贸易公司进口男装一批。

① 1 月 8 日,根据合同规定预先汇付 DGVI 服装贸易公司货款 60 000 美元,当日美元汇率中间价为 6.05 元。会计处理如下:

　　借:预付外汇账款(US$60 000×6.05)　　　　　　　　　　363 000
　　　贷:银行存款——外币存款(US$60 000×6.05)　　　　　　363 000

② 1 月 26 日,收到 DGVI 服装贸易公司发来商品的发票、提单等单据,计金额 60 000 美元,当日美元汇率中间价为 6.06 元。会计处理如下:

　　借:在途物资(US$60 000 ×6.06)　　　　　　　　　　　363 600
　　　贷:预付外汇账款(US$60 000 ×6.05)　　　　　　　　　363 000
　　　　　汇兑损益　　　　　　　　　　　　　　　　　　　　　600

(2) 出口商的核算。如果出口商要求进口商采取预付货款方式出口商品,在收到货款时,借记"银行存款"账户,贷记"预收外汇账款"账户。然后在销售发运商品时,再借记"预收外汇账款"账户,贷记"主营业务收入"账户。

【例 4.7】　粤达商贸公司向美国某公司出口服装一批。

① 1 月 6 日,根据合同规定预收该公司订购的服装款 85 000 美元,存入银行,当日美元汇率中间价为 6.05 元。会计处理如下:

　　借:银行存款——外币存款(US$85000×6.05)　　　　　　514 250
　　　贷:预收外汇账款(US$85 000×6.05)　　　　　　　　　514 250

② 1 月 12 日,销售发运给美国公司服装一批,金额 85 000 美元,当日美元汇率中间价为 6.05 元。会计处理如下:

借：预收外汇账款（US$85 000×6.05）　　　　　　　　　　514 250
　　　　贷：主营业务收入——自营出口销售收入　　　　　　　　　514 250
　　当进口商要求采取货到付款方式时，出口商必须先发运商品，寄出商品提单和发票；此时应借记"应收外汇账款"账户，贷记"主营业务收入"账户；当收到货款时，再借记"银行存款"账户，贷记"应收外汇账款"账户。

4.4.3　托收结算方式

　　托收是指由委托人（出口商）开立汇票或者连同货运单据，委托托收行通过其在付款人所在地的分行或代理行向债务人（进口商）收取款项的结算方式。

1. 托收结算方式的当事人

　　托收结算方式的当事人包括：
　　（1）委托人，是指开立汇票或连同单据委托银行向付款人办理托收的单位，也就是出口商。
　　（2）托收行，是指接受委托人的委托，再转托付款人所在地银行办理托收的银行。
　　（3）代收行，是指接受托收行的委托，参与处理托收代向付款人收款的银行。
　　（4）付款人，又称受票人，是指根据托收指示被提示单据并被要求付款或承兑汇票的单位，也就是进口商。

2. 托收结算方式的种类

　　按照托收汇票是否附有商业货运单据，可分为光票托收和跟单托收两种。
　　（1）光票托收，是指委托人仅开立汇票，而不随附任何商业货运单据，委托银行收取款项的托收方式。虽附有发票、垫款清单等单据，但不是整套货运单据的，也属于光票托收。通常适用于收取货款尾数、代垫费用、佣金、样品费、索赔款等小额款项的业务。
　　（2）跟单托收，是指委托人开立跟单汇票，连同整套货运单据一并交给银行并委托银行收取款项的托收方式。跟单托收根据交单的条件不同，又可分为付款交单和承兑交单两种。
　　付款交单（D/P）是指代收行必须在付款人付清票款后，才将货运单据交给付款人的一种交单条件。付款交单按其支付的时间不同，还可分为即期付款交单和远期付款交单两种。即期付款交单是指代收行将提示汇票给付款人，付款人见票后立即付款赎单的交单条件；远期付款交单是指代收行将提示汇票给付款人要求承兑，付款人承兑汇票后，待汇票到期日付清票款，赎取货运单据的交单条件。
　　承兑交单（D/A）是指代收行待付款人承兑汇票后，就将货运单据交给付款人，于汇票到期日由付款人履行付款义务的一种交单条件。

3. 托收结算方式的基本程序

　　托收结算方式的基本程序如图4.7所示。

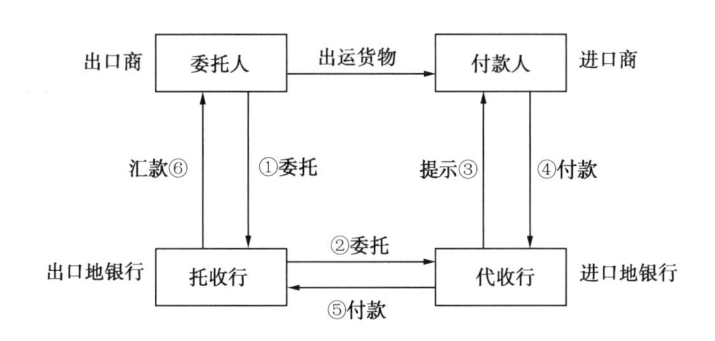

```
出口商  委托人 ──出运货物──→ 付款人  进口商
         ↑↓①委托          提示③ ④付款
         汇款⑥                    ↑↓
出口地银行 托收行 ←──②委托── 代收行  进口地银行
                ──⑤付款──→
```

图 4.7　托收结算方式的基本程序

4．托收结算方式的特点

托收结算方式手续较为简单，银行费用较低，出口商必须先将商品装运上船后，才能向银行办理托收，对进口商比较有保障。托收是建立在商业信用基础之上的，如果进口商由于某种原因，不按合同履行付款义务，出口商将蒙受损失，所以对出口商而言存在一定的风险。

5．托收结算方式的核算

（1）进口商的核算。

① 跟单托收付款交单。进口商收到银行转来的跟单托收付款交单结算凭证，在支付款项赎取全套货运单据时，借记"在途物资"账户，贷记"银行存款"账户。

【例 4.8】 粤达商贸公司从香港进口服装一批，收到银行转来的跟单托收付款交单凭证及全套货运单据，计货款 56 000 港币，予以支付，当日港币汇率中间价为 0.78 元。会计处理如下：

借：在途物资　　　　　　　　　　　　　　　　　　　　　　43 680
　　贷：银行存款——外币存款（HK$56 000×0.78）　　　　　　43 680

② 跟单托收承兑交单。当进口商收到银行转来的跟单托收承兑交单结算凭证，予以承兑，取得了全套货运单据时，借记"在途物资"账户，贷记"应付票据——外汇票据"账户。在付清货款时，再借记"应付票据——外汇票据"账户，贷记"银行存款"账户。

【例4.9】 1 月 10 日，粤达商贸公司从英国进口服装一批，收到银行转来的跟单托收承兑交单凭证及全套货运单据，计货款 60 000 英镑，予以支付，当日英镑汇率中间价为 10.03 元；1 月 22 日付清货款，当日英镑汇率中间价为 10.05 元。会计处理如下：

1 月 10 日
借：在途物资　　　　　　　　　　　　　　　　　　　　　　601 800
　　贷：应付票据——外汇票据（£60 000×10.03）　　　　　　601 800
1 月 22 日
借：应付票据——外汇票据　　　　　　　　　　　　　　　　601 800
　　汇兑损益　　　　　　　　　　　　　　　　　　　　　　1 200

　　　　贷：银行存款——外币存款（£60 000×10.05）　　　　　　603 000
　（2）出口商的核算。出口商按合同要求装运商品上船，在向银行办妥托收手续后，借记"应收外汇账款"账户，贷记"主营业务收入"账户；待收到货款时，再借记"银行存款"账户，贷记"应收外汇账款"账户。

【例4.10】　粤达商贸公司向加拿大某公司出口女装一批。

① 1月9日，根据合同规定将服装装运上船，并向银行办妥跟单托收手续，货款68 000加拿大元，当日加拿大元汇率中间价为5.5元。会计处理如下：

　　借：应收外汇账款（CAN$68 000×5.5）　　　　　　　　　374 000
　　　贷：主营业务收入——自营出口销售收入　　　　　　　　　374 000

② 1月18日，收到银行转来加拿大公司支付68 000加拿大元的收账通知，当日加拿大元汇率中间价为5.55元。会计处理如下：

　　借：银行存款——外币存款（CAN$68 000×5.55）　　　　377 400
　　　贷：应收外汇账款　　　　　　　　　　　　　　　　　　　374 000
　　　　　汇兑损益　　　　　　　　　　　　　　　　　　　　　　3 400

任务五　出口贸易业务核算

4.5.1　出口贸易业务分析

　　随着世界经济一体化和我国对外开放的不断发展，我国的出口贸易业务获得了长足的发展，除了专营对外贸易的外贸企业外，一般商品流通企业为了经营的需要，也开展了组织工农业产品在国际市场上销售并取得外汇收入的业务。商品出口收汇是我国外汇收入的主要来源，出口贸易是进口贸易的基础，没有出口，没有足够的外汇储备，进口也就不会有充实的物资和资金保证。出口贸易在增加国际外汇储备，增强国际收支能力，提高中国的国际经济地位方面具有不可替代的作用。

1. 出口贸易业务的种类

　　商品流通企业在从事对外贸易业务时，其出口贸易业务按其经营的性质不同，可分为自营出口业务、代理出口业务等。

　（1）自营出口业务。自营出口业务是指出口企业自己经营出口贸易，并自负出口贸易盈亏的业务。企业在取得出口销售收入、享受出口退税的同时，要承担出口商品的进价成本以及与出口贸易业务有关的一切国内外费用、佣金支出，并且还要对索赔、理赔、罚款等事项加以处理。

　（2）代理出口业务。代理出口业务是指出口企业代理国内委托方办理对外洽谈、签约、托运、交单和结汇等全过程的出口贸易业务，或者仅代理对外销售、交单和结汇的出口贸易业务。在代理出口贸易活动中，代理企业仅收取一定比例的手续费。

2. 自营出口销售的主要业务流程

自营出口销售的业务程序包括出口前的市场调研、出口前的磋商、签订出口贸易合同和履行合同四个环节。

（1）出口前的市场调研。出口前的市场调研应侧重了解进口商所在国的自然条件、进出口贸易的规模、外贸政策、贸易管制状况、关税措施、贸易惯例、商品检验要求、运输条件、市场的供求关系及价格和进口商的资信情况等内容。

（2）出口前的磋商。在确定出口贸易对象后应进行磋商，一笔交易的磋商过程通常分为询盘、发盘、还盘与反还盘、接受四个环节。

① 询盘，又称询价，是指交易一方要购买或出售某种商品，而向另一方发出探询买卖该种商品有关交易条件的一种表示。其内容包括商品的品种、规格、性能、价格条件、交货日期和付款条件等。

② 发盘，又称报价，是指发盘人向受盘人提出一定的交易条件，并愿意按照这些条件成交订约的表示。

③ 还盘与反还盘，还盘又称还价，是指受盘人对发盘内容提出不同意见，或要求修改这些条件的表示；反还盘是指发盘人对还盘人再提出新的意见。一笔交易往往要经过多次还盘和反还盘的过程才能成立。

④ 接受，是指受盘人在发盘的有效期内无条件地同意发盘中所提出的交易条件，愿意订立贸易合同的一种表示。

（3）签订出口贸易合同。出口企业与进口商在磋商成功的基础上签订贸易合同。贸易合同是指贸易双方通过磋商就某一项具体业务确定各方权利和义务，并取得意见一致的书面协议。贸易合同通常由出口商填制，经双方核对无误并签字后，各执正本 1 份，作为执行合同的依据。

（4）履行出口合同。外贸企业履行出口贸易合同可分为以下五个环节。

① 组织出口货源。出口企业应根据贸易合同或信用证的规定准备好出口商品。需要由商检局检验的商品，则应申请检验，以取得由商检局发放的商检证书。

② 催证、审证及通知派船或租船。出口企业如未按时收到信用证，应及时催证，并对收到的信用证进行审查，如发现存在问题，应及时通知对方修改。审查或修改无误后，根据合同规定通知对方派船接运或租船托运。

③ 办理托运手续。出口企业接到进口商派船通知后，应持全套出口单据办理托运手续，并向海关申报出口。海关放行后，出口商品才能装船出运。

④ 交单收汇。出口企业办妥出口商品装运手续，取得正本提单或运单后，应立即持全套出口单证交银行审单收汇，同时应向进口商发出装船通知。

⑤ 索赔与理赔。如进口商未按合同规定履约，从而造成经济损失的，出口企业应向进口商提出索赔；反之，如进口商验收商品时，发现有违反合同规定而提出索赔的，应根据其提供的合法证明，按照合同的条款，认真处理。如属供货单位责任的，应与供货单位联系，及时予以解决；如不属供货单位责任范围，或不符合合同规定的索赔，应依理拒绝理赔。

4.5.2 自营出口的核算

1. 自营出口销售的计价

根据出口销售时采取的不同交货方式，出口销售的商品计价有离岸价格、到岸价格和成本加运费价格等多种进价方式。

（1）离岸价格（FOB），又称船上交货价。在 FOB 条件下，卖方只负责在规定的港口和期限内，把货物装上买方指定的船只，并向买方发出装船通知，卖方负责装船前的一切风险和费用，如商检费、出口税和国内运费。买方负责装船后的一切费用和风险，如国外运费、保险费等。

（2）到岸价格（CIF），又称抵岸价。在 CIF 条件下，一般是由卖方负责租船订舱，在规定的交货期限内将商品装船运至约定的目的港，负责办理保险及出口手续，向买方提供有关单证，负担装上船为止的一切费用包括将货物运达目的港的运费、运输途中的保险费，缴纳出口关税，并承担货物装上船为止的风险。买方负责货物到达目的港以后的进口及收货手续，按照卖方提供的单证，支付货款，缴纳进口关税，并承担货物装上船以后的风险。

（3）成本加运费价格（CFR），又称离岸加运费价。通常应写明目的港名称，构成完整的价格条件。在 CFR 条件下，卖方负责租船订舱，将货物装上船，支付国外运费，负担装船前的一切费用和风险，并向买方发出装船通知。买方则自行投保，支付国外保险费，支付保险费时，有关风险、责任的划分与到岸价相同。

2. 自营出口销售收入实现的确认

对于销售收入实现的确认，应当以权责发生制为基础，按照《企业会计准则》中规定的销售收入实现条件作为确认的基础。

一般情况下，只要商品所有权凭证转移或实物交付后，即可认为商品所有权上的主要风险与报酬也随之转移，销售收入已经实现。在自营出口销售业务中，只要出口方将货物按合同规定交接第一承运人移交买方，并取得装运单据，就算完成了交货义务，商品所有权发生转移，即可确认销售实现。具体而言，出口方只要将货物装运并取得正本装运提单，向银行办理完交单，即视为销售实现；财会部门只要接到陆运的承运货物收据或铁路联运运单、海运的出口装船提单、空运运单及向银行交单的回单等出口销售凭证，即可确认销售收入实现。

3. 自营出口销售核算涉及的主要单证

与国内销售核算所涉及的单证相比较，出口销售核算所涉及的单证较多，在与国外进口商结算货款时，如果提交的单证与信用证不符，国外进口商有权拒绝付款，因此出口企业的结汇单据必须填制完整、正确、及时、简明和整洁。现将出口核算时涉及的主要单证简介如下：

（1）发票。

① 销售发票，是全套单证的核心，常被称为中心单证。在国际结算中销售发票具有以下作用：一是卖方向买方发送货物的凭证，是重要的履约证明文件；二是买卖双方收付货款和

记账的凭证;三是买卖双方办理报关、纳税的凭证;四是卖方填制其他单证的依据。填制销售发票时必须注意发票上的收货人、货物名称、规格、数量、单价、包装等内容,必须与信用证的开证人和信用的各项要求完全相符,以防国外银行拒付货款或拖延付款。特别是发票的总值不能超过信用证规定的最高金额,因为开证行可以拒绝接受超过信用证所许金额的发票。

除销售发票外,出口销售还涉及海关发票和领事发票。

② 海关发票,是由进口国海关当局规定的进口报关必须提供的特定格式的发票。它具有如下作用:一是进口报关时作为估价完税的依据;二是核定原产地,为征收差别待遇关税提供依据;三是确定是否属于倾销,作为征收反倾销税的依据。由于各国的海关发票都有自己专用的格式,因此填写时要注意国别不同的差异性,同时有关项目必须与销售发票保持一致,特别是 CIF 条件成立的价格应与 FOB 价格、运费、保险费三者之和相一致。

③ 领事发票,是由进口国驻出口国领事认证或出具的发票。有些国家规定,凡输入货物,出口人必须向该国海关提供经该国领事签证的发票,在这种情况下,领事发票就是进口许可证。

(2) 提单。提单是承运人或其代理人签发的证明托运的货物已经收到,或装上指定运输工具,约定将该项货物运往目的地,交给提单持有人的物权凭证。提单一般签发正副本两份,以防递交过程中丢失,但只要其中一份已提货,另一份即失效。提单是一张很重要的单据,国外来证往往要求提供清洁提单。所谓清洁,是指提单上没有"破""×件损坏""雨淋"等不良批注。如果提供不清洁提单,银行不予受理。

(3) 保险单。保险单是保险人签发给被保险人,承诺在发生承保责任范围内的损失时承担赔偿责任的权利凭证。保险单的被保险人是信用证上的受益人。保险单的签发日期应早于提单日期或者二者在同一天,但不能迟于提单日期。保险的险别、金额要与来证的规定相符,保险单上的有关内容应与提单一致。保险单上的金额一般为发票金额的 110%,最低保险金额为货物 CIF 总值。

(4) 产地证书。产地证书是证明货物原产地或制造地的证明文件,它具有如下作用:一是进口国根据产地证书确定对进口货物应征收的税率;二是进口国以产地证书证明货物的来源,控制或分配进口额,或作为给予优惠关税待遇的凭证;三是证明是进口商指定生产地生产的商品。不用海关发票或领事发票的国家,要求提供产地证明,有的国家限制从某国进口货物,也要求其填写产地证明。

(5) 包装单和重量单。包装单是指一切记载或描述商品包装情况的单据,其种类较多,常见的有装箱单、包装说明、详细装箱单等。重量单是出口商向进口商提供的证明装货重量与合同相符的证明书。

(6) 商品检验证书。检验证书是以书面形式说明货物符合合同、进口国或出口国政府规定标准的证明文件,一般由商品检验局出具。各种检验证书的申请人、货名、件数、标记和检验结果应符合信用证规定,并与发票和其他单据一致。

(7) 汇票。汇票是信用证规定填写的,汇票的受款人应填写托收行或议付行。汇票开具一式两份,其中一份付讫,另一份即自动失效。汇票的详细内容在前面已经做了介绍,不再赘述。

4. 自营出口销售核算的账户设置

自营出口销售核算主要涉及以下账户：

（1）"待运和发出商品"账户。该账户是资产类账户，用以核算企业已经出库待运，尚未确认销售的商品数额。企业发出商品运往码头、车站、机场准备装船、装车、装机时，记入该账户借方；确认发运商品的销售收入，结转自营出口销售成本及商品出仓后退关甩货时，记入该账户的贷方；其余额表示尚未确认销售的待运和发出商品的结存额。

（2）"应收外汇账款"账户。该账户是资产类账户，用以核算企业因出口销售商品等应向外商收取的外汇账款。商品销售时，记入该账户借方，收回款项时，记入该账户贷方，其余额表示未收回的外汇账款数额。

（3）"自营出口销售收入"账户。该账户是损益类账户，用以核算企业自营出口的商品销售收入。企业取得自营出口销售收入时，记入该账户贷方；发生自营出口销售的国外运费、保险费用、佣金、销货退回、出口理赔以及期末转入本年利润账户时，记入该账户借方。

（4）"自营出口销售成本"账户。该账户是损益类账户，用以核算企业自营出口的销售成本。企业结转自营出口销售成本以及支付的增值税中不予返税的部分转入时，记入该账户借方；转入应退消费税、冲减销货退回成本以及期末转入本年利润账户时，记入该账户贷方。

5. 商品托运及出口销售收入的核算

商品流通企业出口销售通常采用信用证结算，业务部门根据贸易合同和信用证的规定，开具出库单并一式数联，由储运部门据以向运输单位办理托运，然后将出库单（记账联和转账联）转给财会部门，财会部门根据出库单的记账联进行账务处理时，借记"待运和发出商品"账户，贷记"库存商品"账户。

业务部门将出口商品装船，并取得全套货运单据时，持出口发票正本向银行交单办理收汇手续，取得银行回单，财会部门根据业务部门转来的发票副本及银行回单，作借记"应收外汇账款"账户，贷记"自营出口销售收入"账户的账务处理；然后将储运部门转来的出库单所列商品的品名、规格、数量与发票副本核对相符后，进行结转商品销售成本时，借记"自营出口销售成本"账户，贷记"待运和发出商品"账户；收到货款时，再借记"银行存款"账户，贷记"应收外汇账款"账户。

【例 4.11】 粤达商贸公司根据出口贸易合同，销售给英国 M.D 公司女装 1 000 套，采用信用证结算。

（1）1 月 3 日，收到业务部门转来的出库单，列明出库女装 1 000 套，每套成本 800 元。会计处理如下：

  借：待运和发出商品——女装   800 000
    贷：库存商品——库存出口商品   800 000

（2）1 月 9 日，收到业务部门转来销售女装的发票副本和银行回单，发票开列女装 1 000 套，每套单价 CIF 价格 120.24 英镑，货款共计 120 240 英镑，当日英镑汇率的中间价为 10.03 元。会计处理如下：

  借：应收外汇账款——英国 M.D 公司（£10.03×120 240） 1 206 007.20

贷：自营出口销售收入——货款　　　　　　　　　　　　　　1 206 007.20

（3）1月9日，根据出库单结转出口女装的销售成本，会计处理如下：

　　借：自营出口销售成本　　　　　　　　　　　　　　800 000
　　　贷：待运和发出商品　　　　　　　　　　　　　　　　　　800 000

（4）1月13日，收到银行收汇通知，120 240英镑已收汇。银行扣除100英镑手续费后将其余部分已存入外汇存款账户，当日英镑汇率的中间价为10.02元。会计处理如下：

　　借：银行存款——外币存款（£10.02×120 140）　　　　1 203 802.80
　　　　财务费用——手续费（£10.02×100）　　　　　　　　　1002
　　　　汇兑损益　　　　　　　　　　　　　　　　　　　　1 202.40
　　　贷：应收外汇账款　　　　　　　　　　　　　　　　　1 206 007.20

6．支付国内费用的核算

商品流通企业在商品出口贸易过程中，发生的商品自所在地发运至边境、口岸的各项运杂费、装船费等费用，均应列入"销售费用"账户。

【例4.12】 粤达商贸公司签发转账支票支付运送1 000套女装到南沙港的运杂费1 200元，装船费980元。会计处理如下：

　　借：销售费用——运杂费　　　　　　　　　　　　　　1 200
　　　　　　　——装卸费　　　　　　　　　　　　　　　　980
　　　贷：银行存款　　　　　　　　　　　　　　　　　　　2 180

7．支付国外费用的核算

出口业务需要支付的国外费用主要有运费、保险费和国外佣金三项。

（1）支付国外运费和保险费用的核算。国外运费是指国际贸易价格条件所规定的，由出口商支付并负担的，从装运港到目的港的运输费用。出口商收到运输单位送来的运费凭证，应核对出口发票号码、计费重量、运输等级、运费金额等内容，审核无误后，据以支付运费。支付运费时，财会部门根据有关凭证，借记"自营出口销售收入"账户，贷记"银行存款"账户。

保险费用是指出口企业为转移出口商品在运输中的风险，向保险公司投保而支付的费用。其计算公式如下：

$$应付保险费用 = CIF 价格 \times 110\% \times 保险费率$$

财会部门应认真审核保险公司提供的保险费用结算清单及有关计算凭据后予以支付，并进行账务处理，借记"自营出口销售收入"账户，贷记"银行存款"账户。

特别提示

出口企业承担的国外运费的多少取决于所采用的国际贸易价格条件。如前所述，在FOB价格条件下，出口企业既不承担国外运费，也不承担保险费；在CFR价格条件下，出口企业只承担国外运费，不承担保险费；在CIF价格条件下，出口企业承担国外运费和保险费。

【例 4.13】 1月6日，粤达商贸公司收到银行转来的外运公司托运女装的发票，金额 6 000 美元，经业务部门确认承付，当日美元汇率为 6.05 元。会计处理如下：

　　借：自营出口销售收入——运费（US$6 000×6.05）　　　　　36 300
　　　　贷：银行存款——外币存款　　　　　　　　　　　　　　36 300

【例 4.14】 1月6日，粤达商贸公司按照销售女装发票金额 120 240 英镑的 110%向保险公司投保，保费率为 1.5‰，根据保险公司开来的账单为 180.36 美元，当日美元汇率为 6.05 元。会计处理如下：

　　借：自营出口销售收入——保险费（US$180.36×6.05）　　　1 091.18
　　　　贷：银行存款——外币存款　　　　　　　　　　　　　　1 091.18

（2）支付国外佣金的核算。佣金是指根据价格条件或合同规定应支付给中间商的推销报酬。根据支付方式不同，佣金又可分为明佣、暗佣和累计佣金三种。

① 明佣，又称发票内佣金，是指在贸易价格条件中规定的佣金。采取明佣支付方式，出口企业在销售发票上不仅列明销售金额，而且还列明佣金率、佣金，以及扣除佣金后的销售净额。出口企业在向银行办理交单收汇时，财会部门应根据银行回单和销售发票中的销售净额，借记"应收外汇账款"账户，根据佣金金额借记"自营出口销售收入"账户，根据销售金额贷记"自营出口销售收入"账户。

② 暗佣，又称发票外佣金，是指在贸易价格条件中未做规定，而在出口合同中规定的佣金。采取暗佣支付方式，出口企业在销售发票上只列明销售金额。出口企业在向银行办理交单收汇时，财会部门应根据支票中列明的销售金额收取货款，同时根据银行回单和销售发票借记"应收外汇账款"账户，贷记"自营出口销售收入"账户；根据出口合同中列明的佣金金额，借记"自营出口销售收入"账户，贷记"应付外汇账款"账户；收到货款并汇付佣金时，借记"应付外汇账款"账户，贷记"银行存款"账户。

③ 累计佣金，是指与中间商、包销代理商订立协议，在一定时期内按照其累计销售额乘以佣金率，计算出应付给的佣金。也可采用累进佣金率，销售金额越高，佣金率越高。支付佣金时计入"销售费用"账户。

【例 4.15】 粤达商贸公司1月9日收到业务部门转来的销售发票和银行回单，发票列明销售女装 1 000 套，进口商为英国的 M.D 公司。每套女装单价 CIF 价格 120.24 英镑，货款共计 120 240 英镑，当日英镑汇率的中间价为 10.03 元。以明佣方式支付佣金，佣金率为 2%，佣金额为 2404.80 英镑，扣除佣金后的销售净额为 117 835.20 英镑。会计处理如下：

　　借：应收外汇账款——英国 M.D 公司（£10.03×117 835.20）　1 181 887.10
　　　　自营出口销售收入——佣金（£10.03×2 404.80）　　　　　24 120.14
　　　　贷：自营出口销售收入——货款　　　　　　　　　　　　　1 206 007.20

【例 4.16】 假设粤达商贸公司在【例 4.15】中采用暗佣方式支付佣金，采取暗佣支付方式。

（1）1月9日，将应付客户的暗佣入账，佣金率为2%，佣金额为 2 404.80 英镑。当日英镑汇率中间价为 10.03 元。会计处理如下：

　　借：自营出口销售收入——佣金　　　　　　　　　　　　　　24120.14

贷：应付外汇账款　　　　　　　　　　　　　　　　　　　　　　　　24 120.14

（2）1月13日收到货款，将出口女装的佣金支付给英国某公司，当日英镑汇率中间价为10.02元。会计处理如下：

　　借：应付外汇账款　　　　　　　　　　　　　　　　　　　　　　　　24 120.14
　　　贷：银行存款　　　　　　　　　　　　　　　　　　　　　　　　　　24 096.10
　　　　　汇兑损益　　　　　　　　　　　　　　　　　　　　　　　　　　　　24.04

8．预估国外费用的核算

当商品流通企业进行出口贸易时，其销售收入的确认时间往往与支付国外运费、保险费和佣金的时间不一致，为了正确核算盈亏及当年出口商品的出口成本，在季度结算或年度决算时，对于已经做出口销售处理，而尚未支付的国外费用应分别预估入账，具体处理时，按预估费用金额借记"自营出口销售收入"账户，贷记"应付外汇账款"账户；待下期实际支付时，再借记"应付外汇账款"账户，贷记"银行存款"账户。

季度预估后，次季实际支付国外费用时，可通过借记"应付外汇账款"账户，贷记"自营出口销售收入"账户先冲转原分录；若年度预估，次年实际支付国外费用时，无须冲转原分录，其与原预估数发生的差额，应通过"以前年度损益调整"账户进行处理。

【例4.17】　粤达商贸公司日前销售给美国F.D公司服装一批，已入账。

（1）3月30日，预估服装的国外运费8 000美元，保险费3 000美元，当日美元汇率中间价为6.03元。会计处理如下：

　　借：自营出口销售收入——运费（US$6.03×8 000）　　　　　　　　　　48 240
　　　　　　　　　　　　——保险费用（US$6.03×3 000）　　　　　　　　18 090
　　　贷：应付外汇账款——预估国外费用　　　　　　　　　　　　　　　　66 330

（2）4月1日，冲销上月所做的预估分录：

　　借：应付外汇账款——预估国外费用　　　　　　　　　　　　　　　　　66 330
　　　贷：自营出口销售收入——运费（US$6.03×8 000）　　　　　　　　　48 240
　　　　　　　　　　　　——保险费用（US$×3 000）　　　　　　　　　　18 090

（3）4月15日，签发转账支票支付运输公司国外运费7 000美元，支付保险公司保险费2 500美元，当日美元汇率的中间价为6.03元。会计处理如下：

　　借：自营出口销售收入——运费（US$7 000×6.03）　　　　　　　　　　42 210
　　　　　　　　　　　　——保险费（US$2 500×6.03）　　　　　　　　　15 075
　　　贷：银行存款——外币存款　　　　　　　　　　　　　　　　　　　　57 285

9．销货退回的核算

出口商品销售后，因故遭到国外退货时，业务部门应及时分别与储运部门和财会部门联系，确定退回商品货款和费用的处理意见。

财会部门根据出口商品的提单及原发票复印件等凭证冲转出口销售收入，届时应区别情况进行核算。

如果是支付明佣方式的销货退回，应根据销售金额借记"自营出口销售收入——货款"

账户,根据佣金金额贷记"自营出口销售收入——佣金"账户,同时根据销售净额贷记"应收外汇账款"账户。

如果是支付暗佣方式的销货退回,则应根据销售金额借记"自营出口销售收入——货款"账户,贷记"应收外汇账款"账户;并根据佣金金额借记"应付外汇账款"账户,贷记"自营出口销售收入——佣金"账户。

出口企业在冲销出口销售收入的同时,还应冲转出口销售成本。届时按其成本金额借记"发出商品——国外退货"账户,贷记"自营出口销售成本"账户。待销售退回商品验收入库时,根据收货单再借记"库存商品——出口库存商品"账户,贷记"发出商品——国外退货"账户。

销货退回商品出口时支付的国外运费、保险费以及国内支付的运杂费和装卸费等也应予以冲转。届时应根据支付的国内外费用总额,借记"待处理财产损溢"账户,根据支付的国外费用,贷记"自营出口销售收入"账户,根据支付的国内费用借记"销售费用"账户。

支付销售退回商品运回企业时发生的国内外运费时,借记"待处理财产损溢"账户,贷记"银行存款"账户。

待查明原因后,如果属于供货单位的责任,并决定由其负责赔偿时,应从"待处理财产损溢"账户转入"其他应收款"账户;如属于出口企业自身责任,应转入"营业外支出"账户。

【例 4.18】 粤达商贸公司出口美国 L.D 公司女式挎包一批,销售金额 48 000 美元 CIF 价格,明佣 1 500 美元,该批挎包的进价成本为 287 500 元,已支付国内运杂费 950 元,装卸费 400 元,国外运费 1 250 美元,保险费 130 美元,记账美元汇率为 6.05 元。因挎包的质量与合同不符,商品已被退回。

(1) 1 月 10 日,收到出口退回商品提单和原发票复印件,当日美元汇率的中间价为 6.05 元,冲转商品销售收入。会计处理如下:

借:自营出口销售收入——货款(US$48 000×6.05) 290 400
　　贷:自营出口销售收入——佣金(US$1 500×6.05) 9 075
　　　　应收外汇账款——L.D 公司(US$46 500×6.05) 281 325

(2) 同时冲转出口销售成本,会计处理如下:

借:发出商品——国外退货 287 500
　　贷:自营出口销售成本 287 500

(3) 冲转商品出口时发生的国内外费用,会计处理如下:

借:待处理财产损溢——待处理流动资产损溢 9 699
　　贷:自营出口销售收入——运费(US$1 250×6.05) 7 562.50
　　　　　　　　　　　　　——保险费(US$130×6.05) 786.50
　　　　销售费用——运杂费 950
　　　　　　　　——装卸费 400

(4) 1 月 12 日,汇付退回挎包的国外运费 1 300 美元,保险费 130 美元,当日美元汇率的中间价为 6.05 元。会计处理如下:

借:待处理财产损溢——待处理流动资产损溢 8 651.50

贷：银行存款——外币存款（US$6.05×1 430）　　　　　　　　　　8 651.50

（5）1月13日，签发转账支票支付退回商品的国内运费及装卸费1 350元。会计处理如下：

借：待处理财产损溢——待处理流动资产损溢　　　　　　　　　　1 350
　　贷：银行存款　　　　　　　　　　　　　　　　　　　　　　　1 350

（6）1月13日，收到储运部门转来的收货单，退回商品已验收入库。会计处理如下：

借：库存商品——库存出口商品　　　　　　　　　　　　　　　　287 500
　　贷：发出商品　　　　　　　　　　　　　　　　　　　　　　　287 500

（7）1月16日，查明退货系供货单位华泰箱包厂的责任，与其联系后，国内外费用决定由其负责赔偿。会计处理如下：

借：其他应收款——华泰箱包厂　　　　　　　　　　　　　　　　19 700.50
　　贷：待处理财产损溢——待处理流动资产损溢　　　　　　　　　19 700.50

10．索赔和理赔的核算

商品流通企业在出口销售时，若发生因国外进口商违约而不履行合同，致使企业造成损失时，企业的业务部门应在合同规定的期限内向外商提出索赔。外商确认赔偿时，应借记"应收外汇账款"账户，贷记"营业外收入"账户。

在出口销售时，因出口企业违约，如商品有质量问题、逾期出运、包装不善或发货错误及数量短缺等原因造成损失时，在合同规定的期限内，国外客商可以提供必要的证明，并向出口企业提出索赔。出口企业在确认理赔时，应借记"待处理财产损溢"账户，贷记"应付外汇账款"账户。待查明原因后，应区别情况进行处理。

如果查明出口商品出现索赔是因商品质量问题，且是由供货商原因造成时，应要求供货商赔偿，供货商同意赔偿时，借记"其他应收款"账户，贷记"待处理财产损溢"账户。

如果出口商品包装不善或未能按期交货是因为出口企业自身原因造成的，经批准后，借记"营业外支出"账户，贷记"待处理财产损溢"账户。

【例4.19】 粤达商贸公司出口给美国L.D公司的女装因包装破损污染而导致退货，双方已经钱货两清。L.D公司提出赔偿要求，根据对方提供的有关证件，经查证确认后，公司同意对外理赔20 000美元。当日美元汇率的中间价为6.05元。会计处理如下：

借：待处理财产损溢——待处理流动资产损溢　　　　　　　　　　121 000
　　贷：应付外汇账款——美国L.D公司（US$20 000×6.05）　　　　121 000

出口商品退回的账务处理见【例4.18】。

经查明出口女装的包装破损是企业自身原因造成的，经批准作为企业损失处理，会计处理如下：

借：营业外支出　　　　　　　　　　　　　　　　　　　　　　　121 000
　　贷：待处理财产损溢——待处理流动资产损溢　　　　　　　　　121 000

4.5.3　代理出口销售业务的核算

1. 代理出口销售业务分析

虽然我国从 2004 年起放宽了进出口经营权的申办条件，开始采取出口备案登记制，但仍有一些企业不具备经营出口业务的条件，所以，这些企业就需要通过委托其他具备出口业务资质的企业代为办理出口销售。当具备出口业务资质的商品流通企业开展对外代理出口销售业务时，就需要按照要求进行核算。

（1）代理出口销售的核算原则。企业代理出口销售与自营出口销售的核算有根本区别，具体表现在：

① 代理企业不提供货物资金，不承担任何国内外直接费用。

② 代理企业不承担出口销售的盈亏。

③ 代理企业只按代理出口销售发票或合同规定收取一定比例的代理手续费。

④ 国内的直接费用应由委托方负责，代理企业的间接费用应向委托方收取一定比例的手续费进行补偿。费用的结算既可垫付后向委托方托收，也可由委托方先预付后再行清算。

⑤ 国外费用由委托方预拨或由代理方垫付后在结算代理收入时扣收。

⑥ 代理企业出口外汇收入和收取手续费及代垫费用，最后一次向委托方结算。

⑦ 代理出口销售的出口退税，首先由受托方到主管退税机关开具代理出口货物证明，交委托方，然后由委托方向所在地税务部门办理。

⑧ 受托代理出口销售收取的手续费，按税法规定缴纳营业税和城市维护建设税。

（2）代理出口销售外汇货款的结算方式。代理出口销售企业向委托企业清算销售货款的方式有异地收（结）汇法和全额收（结）汇法两种方式。

异地收（结）汇法是指受托出口企业在办理代理出口销售交单结汇时在有关单证中写明银行收到外汇贷款后分别向受托企业和委托单位分割收（结）汇的方式。采用该方式时，银行收到的外汇如含有佣金，在扣除应付佣金后，将代垫的国内外直接费用和代理手续费向受托企业办理收（结）汇，将余额直接划拨委托单位。

全额收（结）汇法是指银行在收到代理出口销售外汇时按全额转入受托企业存款账户的一种结算方式。采取该方式时，受托企业收汇后，扣除垫付的国内外直接费用和应收取的代理手续费，将外汇余额通过银行转付委托单位。

2. 代理出口销售的账户设置

"受托代销商品"账户是资产类账户，用以核算企业接受其他单位委托代理出口的商品。企业收到其他单位代理出口商品时，记入该账户借方，代理出口商品销售后，结转其成本时，记入该账户贷方，余额表示受托代理出口商品的结存额。

"代销商品款"账户是负债类账户，用以核算企业接受代理出口商品的货款。企业收到代理出口商品，记入该账户贷方，代理出口商品销售时，记入该账户借方，余额表示尚未销售的代理出口商品的数额。

3. 代理出口销售业务的核算

（1）代理出口商品收发的核算。

【例 4.20】 粤达商贸公司受理特美服装厂代理出口服装业务。

① 1 月 8 日，收到特美服装厂的代理出口牛仔服 1 000 套的业务单，同时，该批牛仔服已运到公司，每套 200 元，已接收。会计处理如下：

借：受托代销商品——牛仔服　　　　　　　　　　　　　　　　　　200 000
　　贷：代销商品款——特美服装厂　　　　　　　　　　　　　　　　200 000

② 1 月 10 日，代理商品出库，准备装运出口，会计处理如下：

借：发出商品——牛仔服　　　　　　　　　　　　　　　　　　　　200 000
　　贷：受托代销商品——特美服装厂　　　　　　　　　　　　　　　200 000

（2）代理出口商品销售收入的核算。

【例 4.21】 接【例 4.20】粤达商贸公司业务如下：

① 1 月 13 日，将代理出口的牛仔服销售给美国 L.D 公司，业务部门转来代理销售牛仔服的发票副本和银行回单，该批牛仔服每套 CIF 价格 60 美元，货款共计 60 000 美元，佣金 1 500 美元，当日美元汇率的中间价为 6.05 元。会计处理如下：

借：应收外汇账款——美国 L.D 公司（US$58 500×6.05）　　　　　353 925
　　贷：应付账款——特美服装厂　　　　　　　　　　　　　　　　　353 925

② 1 月 13 日，同时结转代理出口牛仔服成本，会计处理如下：

借：代销商品款——特美服装厂　　　　　　　　　　　　　　　　　200 000
　　贷：待运和发出商品——牛仔服　　　　　　　　　　　　　　　　200 000

（3）支付国内外直接费用的核算。

【例 4.22】 接【例 4.21】粤达商贸公司的业务如下：

① 1 月 14 日，签发转账支票支付出口牛仔服到港运费 800 元，会计处理如下：

借：应付账款——特美服装厂　　　　　　　　　　　　　　　　　　　　800
　　贷：银行存款　　　　　　　　　　　　　　　　　　　　　　　　　　800

② 1 月 15 日，签发转账支票，支付国外运费、保险费用共计 1 000 美元，当日美元汇率中间价为 6.05 元。会计处理如下：

借：应付账款——特美服装厂　　　　　　　　　　　　　　　　　　　6 050
　　贷：银行存款　　　　　　　　　　　　　　　　　　　　　　　　　6 050

（4）代理出口销售收汇的核算。

【例 4.23】 粤达商贸公司的业务如下：

粤达商贸公司采取异地结汇法，代理出口销售的手续费率为 2%。1 月 18 日，收到银行转来的分割收结汇的通知，金额为 2 310 美元。其中代理业务代垫国内运费为 800 元，代垫国外运费及保险费用 1 000 美元，代理手续费 1 200 美元，款项全部存入外币存款户。当日美元汇率为 6.05 元。会计处理如下：

借：银行存款——外币存款（US$2 310×6.05）　　　　　　　　　　13 975.50
　　贷：应收外汇账款——美国 L.D 公司　　　　　　　　　　　　　13 975.50

① 结算手续费：
借：应付账款——特美服装厂　　　　　　　　　　　　　　　7 260
　　贷：其他业务收入（US$1 200×6.05）　　　　　　　　　　7 260
② 根据银行转来分结汇通知，划拨特美服装厂收汇余额：
借：应付账款——特美服装厂（US$56 190×6.05）　　　　　　339 949
　　贷：应收外汇账款——美国L.D公司　　　　　　　　　　339 949
③ 1月31日，粤达公司按代理出口销售手续费收入的5%计提营业税：
借：其他业务成本（US$1200×6.05×5%）　　　　　　　　　　363
　　贷：应交税费——应交营业税　　　　　　　　　　　　　363

> **特别提示**
>
> 1. 采取异地结汇法，在分割收汇时，应将代垫的国内运费按照当日外汇汇率折算为结算外币，以便统一结汇。
> 2. 对于代理出口销售业务所得的手续费收入，应缴纳营业税。
> 3. 对于代理出口销售业务，也可以采取全额结汇法。

4.5.4　商品流通企业出口免、退税的核算

根据税法规定，进出口业务涉及的税种主要有增值税、消费税和关税。在出口活动中，国家对企业出口的商品给予免、退税，是当前各国普遍实行的鼓励企业扩大出口的一项政策措施，为国际贸易中的一项税收惯例。

1. 出口免、退税的政策分析

国家对企业出口商品给予免、退税的优惠政策，是出口商品零税率规定的具体实施方式。税率为零是指出口商品整体税负为零，不仅在出口环节不必纳税，而且还应该退还以前纳税环节已纳的税款。具体而言，出口商品免、退税是对企业报关出口商品免征或退还在国内各生产环节和流通环节按税法规定缴纳的增值税和消费税，但其他税不予免、退税。

出口退税是国际上通行的税收和贸易惯例，也是世界贸易组织允许的促进出口措施。出口退税之所以被普遍接受而不被视为补贴，其依据如下：

第一，根据税收法律的规定，作为间接税的增值税、消费税和关税均属于转嫁税，虽是对生产和流通企业征收，但实际上最终还是由消费者负担。按照间接税的属地性原则，各国消费者只负担本国的间接税，没有负担其他国家间接税的义务，因此，对于进口国而言，进口商品在进口国消费，其间接税应由进口国的最终消费者负担，进口国要对进口商品依据本国税法征收间接税。对于出口国而言，由于出口商品在国外消费，应将出口商品在国内环节所缴纳的间接税予以退还，所以，出口国对出口商品实行退税的做法，就避免了双重课税，符合税收的公平和原则和中性原则。

第二，从发展国际贸易的角度来看，不同国家的商品在国际市场上要实现公平竞争，必

须以税负公平为基础，但由于各国税制的不同，必然造成同一商品的含税成本相差较大，只有实行出口退税，才能使出口商品以不含税价格进入国际市场，公平地参与竞争。

第三，在宏观经济中，国家通过对出口退税政策的不断调整，可以作为实现本国外贸进出口的相对协调、优化经济结构、促进经济发展等相机抉择的政策手段。由于出口退税是目前为数不多的一种符合国际惯例的调节手段，面对国际竞争激烈化和加入 WTO 后我国宏观经济政策自由空间相对缩小，在一定范围内出口退税可以成为一种相机抉择政策的手段。

我国出口退税制度总共经历了五个时期：早期发展时期（1949—1957 年）；停滞时期（1957—1978 年）；初步恢复时期（1978—1983 年）；形成时期（1983—1994 年）；建立与调整时期（1994 年至今）。随着对外开放的逐步发展，自 1984 年开始实行出口退税制度至今，我国已经初步建立了出口退税的法律制度体系，力图以法律的形式规范出口退税的实施。根据《增值税暂行条例》和《消费税暂行条例》的规定，对出口商品实行增值税零税率并免征消费税，由此开始对出口商品的增值税、消费税实行比较规范的出口退税办法。同时，根据我国不同时期的进出口贸易状况及国家宏观经济态势，我国的出口退税政策也不断进行适时的调整。

2．出口免、退税的管理

我国对于出口免、退税实行出口企业的备案登记制度。凡从事货物进出口或者技术进出口的对外经营者，应向商务部或商务部委托的机构办理备案登记（不需要备案登记的除外）。对外经营者未按规定办理备案登记的，海关不予办理进出口的报关验放手续。对外经营者备案登记的程序如下：

（1）领取对外贸易经营者备案登记表。

（2）对外贸易经营者应按登记表要求认真填写所有事项并确保所填写内容完整、准确、真实，由企业法定代表人或个体工商负责人签字、盖章。

（3）向备案登记机关提交备案登记材料，具体包括：登记表；营业执照复印件；组织机构代码证书复印件；若为外商投资企业还应提交外商投资企业批准证书复印件；依法办理工商登记的个体工商户，需提交合法公证机构公证的财产公证证明；依法办理工商登记的外国（地区）企业，需提交由合法公证机构出具的资金信用证明。

备案登记机关在收到上述材料之日起 5 日内办理备案登记手续，在登记表上加盖备案登记印章。对外经营者应凭加盖备案登记印章的登记表在 30 日内到当地海关、检验检疫、外汇管理、税务等部门办理开展对外业务所需的有关手续。逾期未办理的，登记表自动失效。

登记表上的任何登记事项发生变更时，对外经营者应在 30 日内办理登记表的变更手续，逾期未办理变更手续的，其登记表自动失效。

对外经营者已在工商管理部门办理注销手续或被吊销营业执照的，自营业执照注销或被吊销之日起，登记表自动失效。

3．出口商品免、退税的范围

如前所述，出口商品免退税政策作为国家宏观经济政策的一部分，为了实现调整经济结构、进出口贸易的平衡等目标，其出口商品的免、退税范围会根据宏观经济政策的需要而适时做出调整。目前，我国税法规定，出口免、退税政策只适用于以下商品：

（1）贸易性的出口商品。对于非贸易的出口货物（如捐赠品、不做销售的展品、样品以及个人在国内购买自带离境的商品等），不能办理出口退税。

（2）生产企业承接国外修理修配业务，以及利用国际金融组织或外国政府贷款采用国际招标方式，国内企业中标或外国企业中标后分包给国内企业销售的商品，可以比照出口商品，实行免、抵、退税管理办法，但是出口原油、柴油以及援外出口货物等不能享受出口优惠政策。天然牛黄、麝香、铜及铜基合金、白银等禁止出口。

（3）出口企业从小规模纳税人购进并持普通发票的货物，不论内销、外销，均不得做扣除或退税，但对出口抽纱、工艺品、香料油、山货、草柳竹藤制品、渔网渔具、松香、生漆、鬃尾、山羊板皮、纸制品等货物，考虑其占我国出口比重较大及其生产、采购的特殊因素，特准予扣除进项税额或退税。

（4）出口的机械手表（含机芯）、化妆品、乳胶制品和其他橡胶制品、黄金首饰、珠宝玉石、水貂皮、鱼翅、鲍鱼、海参、鱼唇、干贝、燕窝等商品，除国家指定的出口企业可以退税外，其他企业不能享受出口退税。

4．出口商品免、退税的方式

出口商品免税，是指商品出口时免缴增值税、消费税；出口商品退税，是指退还在商品出口前已经缴纳的增值税、消费税。出口免、退税的商品必须是属于增值税、消费税纳税范围的商品，必须已经报关离境，并且在会计上已做出口销售核算。根据我国现行政策，出口商品免、退税采取以下三种方式：

（1）既免税，又退税。既免税、又退税，是指原来征过的税给予退税，原来未征过的税给予免税。主要适用于下列两种情况：

① 出口销售企业。境内外贸企业、生产企业，其自营出口和代理出口的商品，除另有规定外，可以在商品报关出口并在会计上做销售实现后，凭有关凭证退还或免征增值税和消费税。

② 特准退、免税。对于下列企业，不论有无出口经营权，均可在货物出口后，退还或免征增值税和消费税：第一，对外承包工程公司运出境外用于对外承包项目的商品；第二，对外承接修理修配业务的企业用于对外修理修配的商品；第三，外轮供应公司、远洋运输供应公司销售给外轮、远洋货轮而收取外汇的货物；利用国际金融组织或外国政府贷款，采取国际招标方式由国内企业中标销售的机电产品、建筑材料；第四，企业在国内采购并运往境外作为在国外投资的货物。

（2）免税，但不退税。下列出口商品免缴增值税、消费税，但不办理退税：第一，来料加工复出口的商品，原材料进口免税，加工产品的商品出口不退税；第二，避孕药品和用具、古旧图书，内销、出口均免税；第三，出口卷烟，有出口卷烟权的企业出口国家出口卷烟计划内的卷烟，在生产环节免缴增值税、消费税，出口环节不办理退税，非计划内出口的卷烟要照章纳税，出口一律不退税；第四，军品以及军队系统企业出口军需工厂生产或军需部门调拨的商品免税；第五，国家规定免税的商品出口，不办理退税。

（3）既不退税，也不免税。除经批准属于进料加工复出口贸易外，下列出口商品既不退税也不免税：第一，原油；第二，援外出口商品；第三，国家禁止出口的商品，包括天然牛黄、麝香、铜及铜基合金、白银等。

不退税是指不退还出口商品从购进原材料到产成品销售各个环节已缴纳的增值税和在生产环节缴纳的消费税；不免税是指不免征出口环节的增值税和消费税。

出口企业从小规模纳税人购进并持增值税普通发票的货物，不论内销、外销，均不得做扣除或退税，但对出口抽纱、工艺品、香料油、山货、草柳竹藤制品、渔网渔具、松香、生漆、鬃尾、山羊板皮、纸制品等货物，考虑其占我国出口比重较大及其生产、采购的特殊因素，特准予扣除进项税额或退税。出口的机械手表（含机芯）、化妆品、乳胶制品和其他橡胶制品、黄金首饰、珠宝玉石、水貂皮、鱼翅、鲍鱼、海参、鱼唇、干贝、燕窝等商品，除国家指定的出口企业可以退税外，其他企业不能享受出口退税。

5．出口商品免、退税方法

出口商品免、退税的只有增值税和消费税。由于纳税性质不同和会计处理不同，其具体的免、退税方法也不相同。

（1）先征后退法。先征后退法是出口退税的一种主要计算法。广义的"先征后退"是指出口商品在生产环节按规定缴纳增值税、消费税，商品出口后由出口企业向其主管出口退税的税务机关申请办理出口商品退税；狭义的"先征后退"仅指对生产企业自营出口或委托外贸企业代理出口自产商品实行的一种出口退税办法，即有进出口经营权的生产企业自营出口或委托外贸企业代理出口的自产商品，一律先按出口商品离岸价及增值税法定税率计算征税，然后按出口商品离岸价及规定的退税率计算退税。

（2）免、抵、退法。免、抵、退法应用于生产企业，具体操作是对生产企业出口销售环节的增值税减免，进项税额准予在内销商品的应纳税额中抵扣，不足抵扣的部分给予退税。免税是指生产企业出口的自产商品免征本企业出口销售环节增值税；抵税是指生产企业出口自产商品所耗用的原材料、零部件、燃料、动力等所含应予退还的进项税额，抵顶内销商品的应纳税款；退税是指生产企业出口的自产商品在当月内应抵顶的进项税额大于应纳税额时，对未抵顶完的部分给予退税。

（3）免税采购法。免税采购法作为一种新的出口货物退（免）税办法，正逐渐被一些国家所采用。免税采购是指出口供货企业销售给出口企业用于出口的商品或用于生产出口商品的原材料（含国产和进口的原材料）不需向税务机关或海关缴纳增值税，出口企业以不含税价格购进再出口也不实行退税。

目前，我国对不同的出口企业（或商品）实行不同的出口货物退（免）税办法：对外贸企业收购商品出口实行"先征后退"即现行的免、抵、退的办法；对生产企业自营出口或委托外贸企业代理出口的自产商品实行"免、抵、退"的办法；对卷烟出口试行"免税采购"的办法。

6．商品流通企业出口免、退税的核算

根据税法规定，流通企业出口销售商品时，不但免交出口环节的增值税，而且可以退回在购进环节已缴纳的部分或全部增值税。

（1）商品流通企业出口增值税退税额的计算。商品流通企业出口在计算增值税退税额时，

根据出口类型和出口成本计算方法的不同,有以下几种方法供选择应用:

① 出口商品单独保管并按批次结转成本的企业。商品流通企业将出口货物单独设立库存账和销售账记载的,应依据购进货物增值税专用发票所列明的进项税额和适用税率计算应退税额,相关计算公式如下:

应退税额＝出口货物的购进金额×退税率

或＝出口货物的进项税额－出口货物不予退税的税额

出口货物的购进金额＝出口货物数量×出口货物购进单价或加权平均购进单价

出口货物不予退税的税额＝出口货物的购进金额×(增值税法定税率－适用的退税率)

② 出口商品与内销商品兼营的企业。由于内外兼营企业商品混合保管,进项增值税不便分清,应先对内销货物计算销项税额并扣除当期进项税额后,再依下列公式计算出口货物的应退税额:

当销项金额×税率≥未抵扣完的进项税额时:

应退税款＝未抵扣完的进项税额

当销项金额×税率≤未抵扣完的进项税额时:

应退税额＝销项金额×税率

结转下期抵扣进项税额＝当期未抵扣完的进项税额－应退税额

③ 从小规模纳税人购进的商品。商品流通企业凡从小规模纳税人购进特准退税的出口商品用于出口时,其应退税额计算公式如下:

$$应退税额 = \frac{普通发票所列含税金额 \times 退税率}{(1+增值税税率)}$$

若从小规模纳税人处购进商品时取得的是税务机关代开的专用发票,则可直接以专用发票上注明的金额乘以退税率计算应退税额。

(2) 商品流通企业出口免、退税的核算。企业按照规定退税率计算应收出口退税款时,借记"应收出口退税",贷记"应交税费——应交增值税(出口退税)";收到出口退税款时,借记"银行存款",贷记"应收出口退税"。按照出口商品购进时取得的增值税专用发票上记载的进项税额或应分摊的进项税额与按照国家规定的退税率计算的应退税额的差额,借记"自营出口销售成本",贷记"应交税费——应交增值税(进项税额转出)"。

① 出口商品单独保管,按批次结转成本的核算。

【例4.24】 粤达商贸公司出口服装一批,该批商品购进总价为 500 000 元,增值税进项税额为 65 000 元。1月30日,按照13%退税率向税务机关申报该批商品的出口退税。会计处理如下:

借:应收出口退税　　　　　　　　　　　　　　　　　　65 000
　　贷:应交税费——应交增值税(出口退税)　　　　　　　　65 000

收到出口退税款时:

借:银行存款　　　　　　　　　　　　　　　　　　　　65 000
　　贷:应收出口退税　　　　　　　　　　　　　　　　　　65 000

② 从小规模纳税人购进的商品办理出口退税。

【例 4.25】 粤达商贸公司从某小规模纳税人购进箱包一批，总进价 200 000 元，并全部出口。会计处理如下：

$$应退税额＝[200 000÷(1+3\%)]×3\%＝5 825.24（元）$$

借：应收出口退税　　　　　　　　　　　　　　　　　　　　5 825.24
　　贷：应交税费——应交增值税（出口退税）　　　　　　　　　5 825.24

假设上述商品在购进时，取得了当地税务机关代开的增值税专用发票，列明可抵扣进价为 174 000 元，进项税额为 26 000 元，出口退税率为 8%。其应退税额的计算如下：

$$应退税额＝26 000－174 000×8\%＝12 080（元）$$

任务六　进口贸易业务核算

4.6.1　进口贸易业务分析

1. 进口贸易的分类

随着世界经济一体化的不断深化，各国间需要通过进口满足自然条件和生产力发展水平的差异所造成的某类商品或技术的不足，因此，进口贸易的核算成为会计的重要内容。

根据不同的分类标准划分，进口贸易有多种类别，与商品流通企业涉及的贸易方式主要有以下几种：

（1）自营进口业务。自营进口业务是指商品流通企业自己经营进口并自负盈亏的业务。

（2）代理进口业务。代理进口业务是指商品流通企业受国内其他企业委托代理进口商品的业务，在代理进口业务中，受托企业仅收取一定比例的手续费。

（3）易货贸易。易货贸易是指贸易双方订立易货贸易合同或协议，规定用一种或几种等值出口商品交换另一种或几种商品的业务。易货贸易是一种将出口和进口直接结合起来的非货币交易，在易货贸易方式下，易货出口是手段，易货进口才是目的。

2. 进口贸易业务的程序

进口贸易的业务程序有进口贸易前的准备工作、签订进口贸易合同、履行贸易合同以及对内销售和结算四个环节。

（1）进口贸易前的准备工作。从商品流通企业的经营角度考查，组织进口主要是为了满足国内市场的需求，所以，企业应根据国内市场需求情况和国际市场上商品的价格等情况来确定进口贸易业务，即应本着"以销定进"的原则确定是否开展进口业务；在确定开展进口业务前必须与国内客户签订供货合同，明确进口商品的名称、规格、质量、价格、交货日期、结算方式等内容，做到以销定进；同时，对于国家规定必须申请许可证的进口商品，必须按规定申请领取许可证。

（2）签订进口贸易合同。进口企业在与国内客户协商签订供货合同的同时，应与国外出口商通过询盘、发盘、还盘与反还盘和接受等环节进行磋商，在磋商成功的基础上与国外出口商签订进口贸易合同。

（3）履行进口贸易合同。进口企业进口贸易合同的履行包括以下五个环节。

① 开立信用证。进口企业根据进口贸易合同上规定的日期，向其所在地的外汇银行申请开立信用证，信用证的内容必须与进口贸易合同的条款相一致。

② 督促对方及时发货和办理必要的手续。进口企业开立信用证后，在合同规定交货期前，应督促国外出口商及时备货并发货。对于以FOB价格成交的合同，应由进口企业负责办理租船订舱工作，并及时将船名、船期等通知出口商；对于以FOB价格或CFR价格成交的合同，进口企业还应办理货运保险。

③ 审核单据和付款赎单。进口企业收到银行转来的国外出口商的全套结算单据后，应对照信用证，核对单据的种类、份数和内容。只有在"单证相符、单单相符"的情况下，才能凭全套结算单据向开证行办理进口付款赎单手续，如发现单证不符，应及时通知开证行全部拒付或部分拒付。

④ 海关报关和货物接运。进口商品到达港口后，应及时办理海关报关和商品接运工作，并计算交纳税款和港口费用。

⑤ 商品检验和索赔。进口企业应及时请商检部门对进口商品进行检验，如发现商品数量、品种、质量、包装等与合同或信用证不符，应立即请商品检验部门出具商品检验证明书，以便据以在合同规定的索赔期限内，根据造成损失的原因和程度向出口商、运输公司或保险公司提出索赔。

（4）对内销售与结算。进口企业收到运输公司船舶到港通知及全套单据后，应根据合同向国内客户开出发票，办理结算。

3．进口核算凭证的填制与审核

在进口业务的各环节，均要填制或取得相应的凭证。为了加强对进口业务的控制，对于由企业自行填制的凭证必须按照规定及时填制，对于自行填制或取得的外来凭证，应由有关人员认真审核。

（1）进口信用证。在国际贸易中，主要是采取信用证结算方式。进口企业进口商品往往是凭单付款的，为此，签订合同后，财会部门应按合同规定的时间填写信用证开征申请书，向银行申请开立信用证。信用证的内容应包括进口商品的名称、质量、规格、数量、价格条件、交货期、装运港及到港名称等，信用证中的内容要与合同的相关条款保持一致。

（2）进口单据。银行转来的全套单据包括发票、提货单和保险单等。发票是交易双方收付款的依据，也是交易双方记账的原始凭证，还是进口商在进口地报关交税的计算依据。审核发票时，首先要保证发票的内容与进口贸易合同及信用证的条款内容相一致；其次，发票有关项目的内容必须与其他有关的单据核对相符；再次，发票上的总金额不得超过信用证规定的最大限额。提货单是承运单位签发的承运商品收据，它是出口商发货的证明，也是进口商提货的依据。提单必须是已装船提单，也就是商品装入船舱后签发的提单。如果是收讫备运提单，就应进一步审核是否有承运单位加注的"已装船"字样，否则不能轻易接受；

对于已装船提单,应进一步核对提单上所列商品的毛重、净重与发票及重量单上所列的内容是否相符,有关唛头、装运港、目的港、运费支付情况与进口贸易合同及信用证的规定双方相符等。

(3) 商品验收凭证。财会部门在核算进口商品的经济业务前,应对验收凭证所列进口商品的数量、规格、质量等进行核对,查对是否与合同、发票相符。

4.6.2 自营进口业务的核算

1. 自营进口商品购进的核算

(1) 自营进口商品采购成本的构成。自营进口商品的采购成本主要包括国外进价和进口税金两部分。

① 国外进价。在我国,进口商品的进价一律以到岸价格(CIF)为基础。若以离岸价(FOB)或离岸价加运费价格(CFR)成交的进口商品,其支付的国外运费和保险费用均应作为国外进价入账。企业收到的可以直接认定为进口商品的进口佣金,应冲减进口商品的国外进价,对于难以按商品直接认定的佣金,如累计佣金,则应冲减销售费用。

② 进口税金。指进口商品在进口环节交纳的应计入进口商品成本的各种税金,主要包括海关对进口商品代征的进口关税、消费税等。进口商品在国内销售环节交纳的各种税,不构成进口商品的采购成本。进口商品的应纳增值税(进项税)虽由海关代征,但不计入进口商品采购成本。进口商品抵达中国口岸以后的费用,如港务费、过港费、卸船费等,一律计入销售费用,不计入商品的采购成本。

(2) 自营进口商品购进的核算。当进口企业收到银行转来国外全套结算单据时,应将其与信用证及合同条款核对相符后,在付款赎单时,借记"在途物资"账户,贷记"银行存款"账户;当支付国外运费和保险费时,应借记"在途物资"账户,贷记"银行存款"账户;进口商品运抵我国口岸,向海关申报进口关税费税和增值税时,根据进口关税和消费税的合计数,借记"在途物资"账户,贷记"应交税费"账户;收到出口商付来佣金时,借记"银行存款"账户,贷记"在途物资"账户;当进口商品采购完毕,验收入库,结转其采购成本时,借记"库存商品"账户,贷记"在途物资"账户;支付进口商品的关税、消费税和增值税时,应借记"应交税费"账户,贷记"银行存款"账户。

【例 4.26】 粤达商贸公司根据进口贸易合同从意大利公司进口女士彩妆类化妆品 3 000 套,采用信用证结算。

① 1 月 7 日,接到银行转来国外全套结算单据,开列化妆品 3 000 套,每套 50 欧元 FOB 价格,计货款 150 000 欧元,审核无误后,购汇予以支付,当日欧元汇率卖出价为 8.27 元。会计处理如下:

  借:在途物资——意大利公司(￡150 000×8.27)   1 240 500
   贷:银行存款——外币存款   1 240 500

② 1 月 8 日,购汇支付进口化妆品国外运费 1 000 欧元,保险费 100 欧元,当日欧元卖出价为 8.27 元。会计处理如下:

  借:在途物资——意大利公司(￡1 120×8.27)   9 262.40

贷：银行存款——外币存款　　　　　　　　　　　　　　　　　9 262.40

　　③ 1月12日，意大利化妆品运达我国口岸，向海关申报化妆品应交进口关税税额124 050元，应交消费税额372 150元，应交增值税额161 265元。会计处理如下：

　　借：在途物资——意大利公司　　　　　　　　　　　　　　　　496 200
　　　　贷：应交税费——应交进口关税　　　　　　　　　　　　　　124 050
　　　　　　　　　　——应交消费税　　　　　　　　　　　　　　　372 150

　　④ 1月18日，意大利公司付来佣金1 800欧元，当日欧元汇率买入价为8.27元，收到银行转来结汇水单。会计处理如下：

　　借：银行存款——外币存款　　　　　　　　　　　　　　　　　14 886
　　　　贷：在途物资——意大利公司　　　　　　　　　　　　　　　14 886

　　⑤ 1月19日，进口化妆品验收入库，结转其采购成本。会计处理如下：

　　借：库存商品——库存进口商品　　　　　　　　　　　　　　　1 731076.40
　　　　贷：在途物资——意大利公司　　　　　　　　　　　　　　　1 731076.40

　　⑥ 1月28日，用银行存款支付进口彩妆化妆品的进口关税额、消费税额和增值税额。会计处理如下：

　　借：应交税费——应交进口关税　　　　　　　　　　　　　　　124 050
　　　　　　　　　——应交消费税　　　　　　　　　　　　　　　372 150
　　　　　　　　　——应交增值税（进项税额）　　　　　　　　　161 265
　　　　贷：银行存款　　　　　　　　　　　　　　　　　　　　　　657 465

2. 自营进口商品销售收入的核算

（1）自营进口商品销售收入的确认。商品流通企业自营进口商品在国内销售时，应以开出进口结算凭证向国内客户办理货款结算的时间作为商品销售收入确认的时间，进口商品的结算时间有单到结算、货到结算和出库结算三种结算方式。上述三种结算方式的销售收入确认时间不相同，在实务中，具体选择哪种结算方式，应由进口企业与客户协商后确定的合同为准。

单到结算是指不论进口商品是否已到达中国港口，进口企业只要收到国外出口商通过银行转来的全套结算单据，经审核符合合同规定，即可向国内用户办理货款结算。以此为条件，作为销售收入的实现。

货到结算是指进口企业收到外运公司通知，进口商品已到达中国港口后才向国内客户办理货款结算。以此为条件，作为销售收入的实现。

出库结算是指进口企业的进口商品到货后已验收入库，销售时办理出库手续并依据出库凭证、提货凭证和运输凭证等向国内用户办理货款结算。以此为条件，作为销售收入的实现。

商品流通企业向国内用户办理结算采用哪种方式，由进口企业与国内用户协商确定，并列入销售协议中。

（2）自营进口商品销售的核算。

【例4.27】 粤达商贸公司从美国M.D公司进口高档手表一批，采用信用证结算，采取单到结算方式销售给华美商厦。

① 1月9日，接到银行转来的国外全套结算单据，采用CIF价格，货款30 000美元，佣

金 800 美元，审核无误，支付货款，当日美元汇率为 6.05 元。会计处理如下：

借：在途物资（US$29 200×6.05） 176 660
　　贷：银行存款——外币存款 176 660

② 1 月 13 日，接到销售部门转来的增值税专用发票，注明销售给华美商厦的手表货款 200 000 元，增值税额 49 300 元，收到华美商厦签发的转账支票。会计处理如下：

借：银行存款 339 300
　　贷：自营进口销售收入 200 000
　　　　应交税费——应交增值税（销项税额） 34 000

③ 1 月 18 日，商品运抵中国口岸，向海关申报进口关税税额 63 685.20 元，应纳增值税税额 36 088.28 元。会计处理如下：

借：在途物资 17 666
　　贷：应交税费——应交关税 17 666

④ 1 月 20 日，向美国采购高档手表业务结束，结转其销售成本。会计处理如下：

借：自营进口销售成本 194 326
　　贷：在途物资 194 326

⑤ 1 月 28 日，支付进口商品的进口关税和增值税。会计处理如下：

借：应交税费——应交关税 17 666
　　应交税费——应交增值税（进项税额） 34 000
　　贷：银行存款 51 666

特别提示

1. 企业自营进口商品采取单到结算方式销售时，在银行转来国外全套结算单据时，就可以向国内客户办理货款结算，此时，进口商品采购的核算与销售的核算几乎同时进行。但进口商品采购成本的归集有一个过程，只有在商品采购归集完毕后才能结转商品销售成本。由于商品没有入库就已经销售了，因此可以将归集的商品采购成本直接从"在途物资"账户转入"自营进口销售成本"账户。

2. 自营进口商品采取货到结算方式销售时，具体核算方法与自营进口商品单到结算的核算方法相同。

3. 自营进口商品销售采取出库结算方式销售时，必须待进口商品验收入库后，再做相关销售的业务处理。

4. "自营进口销售收入""自营进口销售成本"分别是"主营业务收入"和"主营业务成本"的明细账户，商品流通企业如果进口业务较多，可以根据业务核算的需要，将其上升为一级账户。

---

3. 自营进口商品采取单到结算方式销货退回的核算

当进口商品销售采取单到结算方式销售时，由于在接到银行转来国外全套结算单据后，商品购进的核算与商品销售的核算同步进行，但如果商品运达我国港口后发现进口商品质量与合同规定严重不符，进口企业就要根据商检部门出具的商品检验证明书，按照合同规定与国外出口商联系，将商品退回给出口商，收回货款及进口费用或退货费用，然后向国内客户办理退货手续。

【例 4.28】 【例 4.27】中，粤达商贸公司购进的高档手表运到时，商检局出具的商品检验证明书证明该批手表为不合格产品，经与出口商联系，同意做退货处理。

（1）2 月 3 日，购汇垫付退还美国公司高档手表国外运费 800 美元，保险费 120 美元，当日美元卖出价为 6.05 元。会计处理如下：

借：应收外汇账款——美国公司（US$920×6.05）　　　5 566
　　贷：银行存款——外币存款　　　　　　　　　　　　5 566

（2）2 月 3 日，将该批高档手表做进货退出处理，并向税务部门申请退还已支付的税款。会计处理如下：

借：应收外汇账款——美国公司（US$29 200×6.05）　176 660
　　应交税费——应交进口关税　　　　　　　　　　　17 666
　　贷：自营进口销售成本　　　　　　　　　　　　　194 326

（3）2 月 13 日，同时做销货返回处理，开出红字专用发票，应退华美商厦货款 280 000 元，增值税额 36 400 元。会计处理如下：

借：银行存款　　　　　　　　　　　　　　　　　　234 000
　　贷：自营进口销售收入　　　　　　　　　　　　　200 000
　　　　应交税费——应交增值税（销项税额）　　　　 36 400

（4）2 月 20 日，收到美国公司退回的货款及代垫费用 30 920 美元，当日美元汇率买入价为 6.05 元，收到银行转来结汇水单。会计处理如下：

借：银行存款——外币存款　　　　　　　　　　　　187 066
　　贷：应收外汇账款——美国公司（US$30 920×6.05）187 066

（5）2 月 28 日，收到税务机关退还高档手表的进口关税 17 666 元和增值税 26 000 元，会计处理如下：

借：银行存款　　　　　　　　　　　　　　　　　　 43 666
　　贷：应缴税费——应交进口关税　　　　　　　　　 17 666
　　　　　　　　——应交增值税（进项税额）　　　　 26 000

> **特别提示**
>
> 自营进口商品销售采取入库结算方式销售时，由于进口商品是入库以后再销售给国内客户的，所以，当国内客户因商品质量等原因退货时，与国内销售退货的处理相同。

4.6.3 代理进口业务的核算

代理进口业务是具有进出口经营权的商品流通企业受国内客户委托办理进口业务的经营活动。

1. 代理进口业务的核算原则

代理进口业务的核算原则如下：

（1）受托企业经营代理业务，应遵循不垫付进口商品资金的原则，必须由委托方预付代理进口商品的资金，代理方在收妥预付资金后，方可与国外出口商签订进口合同。

（2）受托企业在办理代理进口业务时，以本企业名义对外签订进口合同。

（3）代理进口业务发生的国外运费、保险费等一切直接费用，均由委托方负担。

（4）代理进口商品支付的关税、增值税、消费税等税款，由委托方承担或由受托方垫付后再向委托方收回。

（5）受托进口商品对委托方的结算采取单到结算方式，以实际进口成本按 CIF 价格核算。

（6）代理手续费按 CIF 价格与合同规定的比例收取。

（7）代理进口商品销售实现的盈亏由委托方负责。

2. 代理进口业务的核算

商品流通企业代理进口业务通常要求委托单位预付货款，在收到委托单位的预付货款时，借记"银行存款"账户，贷记"预收账款"账户或"预收外汇账款"账户；在银行转来国外全套结算单据时，将其与信用证或合同条款核对无误后，通过银行向国外出口商承付款项时，借记"预收账款"账户，贷记"银行存款"账户；同时代理企业业务部门根据代理进口商品金额 CIF 价格的一定比例开具收取代理手续费的发票，财会部门根据业务部门转来的发票（记账联）确认代理进口业务销售收入的实现，据以借记"预收账款"账户，贷记"其他业务收入"账户。

【例 4.29】 粤达商贸公司接受华美商厦的委托，从美国进口彩妆化妆品一批。

（1）华美商厦将进口化妆品所需要资金通过银行提前支付给粤达商贸公司，共计 2 500 000 元。会计处理如下：

借：银行存款　　　　　　　　　　　　　　　　　2 500 000
　　贷：预收账款——华美商厦　　　　　　　　　　　　2 500 000

（2）粤达商贸公司从美国 F.L 公司购进代理进口的彩妆化妆品，以 FOB 价格成交，采用信用证结算。粤达商贸公司购汇支付国外运费 1 500 美元，保险费 220 美元，当日美元汇率卖出价为 6.05 元。会计处理如下：

借：预收账款——华美商厦　　　　　　　　　　　　10 406
　　贷：银行存款——外币存款（US$1 720×6.05）　　　10 406

（3）粤达商贸公司收到银行转来美国 F.L 公司全套结算单据，开列彩妆化妆品 300 箱，每箱 550 美元 FOB 价格，计货款 165 000 美元，佣金 2 000 美元。审核无误，扣除佣金后支付货款，当日美元汇率卖出价为 6.05 元。会计处理如下：

借：预收账款——华美商厦（US$163 000×6.05）　　　　　　986 150
　　贷：银行存款——外币存款　　　　　　　　　　　　　　986 150

（4）粤达商贸公司在付款的同时，按规定进口彩妆化妆品货款 CIF 价格的 2.6%向华美商厦收取代理手续费 4 334.72 美元，当日美元汇率中间价为 6.05 元。会计处理如下：

借：预收账款——华美商厦（US$4 334.72×6.05）　　　　26 225.06
　　贷：其他业务收入　　　　　　　　　　　　　　　　　　26 225.06

（5）美国 F.L 公司的彩妆化妆品运达我国口岸，向海关申报应交进口关税 98 615 元、消费税 295 845 元、增值税 128 199.50 元。

借：预收账款——华美商厦　　　　　　　　　　　　　　522 659.50
　　贷：应交税费——应交进口关税　　　　　　　　　　　98 615
　　　　　　　　——应交消费税　　　　　　　　　　　295 845
　　　　　　　　——应交增值税（进项税额）　　　　　128 199.50

（6）按代理进口彩妆化妆品手续费收入 26 225.06 元的 5%计提应交营业税。会计处理如下：

借：营业税金及附加　　　　　　　　　　　　　　　　　1 311.25
　　贷：应交税费——应交营业税　　　　　　　　　　　　1311.25

（7）支付代理进口彩妆化妆品的进口关税、消费税和增值税：

借：应交税费——应交进口关税　　　　　　　　　　　　98 615
　　　　　　——应交消费税　　　　　　　　　　　　295 845
　　　　　　——应交增值税（进项税额）　　　　　　128 199.50
　　贷：银行存款　　　　　　　　　　　　　　　　　　522 6595.50

（8）退回多收的华美商厦预付款 954 529.44 元：

借：预收账款——华美商厦　　　　　　　　　　　　　　954 529.44
　　贷：银行存款　　　　　　　　　　　　　　　　　　954 529.44

特别提示

由于本例中，代理进口企业与国外出口商签订协议是 FOB 价格，而计算手续费一般是按照 CIF 价格，所以，本例中计算手续费时应按照 FOB 价格的进口商品货款再加上国外运费和保险费。

4.6.4　易货贸易业务的核算

1. 易货贸易的特点

易货贸易是由贸易双方订立易货贸易合同或协议，规定在一定期限内用一种或几种出口商品交换另一种或几种进口商品的一种贸易方式。

易货贸易的实质是双方当事人以等值货物互换，不涉及货币结算，只由交易双方在一个合同里规定，不涉及第三者，属于国际贸易中一种特殊的交易方式。

在易货贸易方式中，交易双方签订易货合同，各自出口的货物都按约定的货币计价并通过信用证结算，但先进口一方开出的信用证以对方开出约定的等值或基本等值的信用证作为生效条件，也可规定第一张信用证项下的货款只能由银行保管，用来开立第二张信用证。因此，在易货贸易中，交易双方一般通过对开信用证方式进行。

对开信用证易货和边境直接易货，本质都是以易货出口为手段，以易货进口为目的，是一种非货币交易。出口只是进口的前提条件。

2. 易货贸易的结算方式

易货贸易由贸易双方事先在合同中规定进行计价和结算的货币币种，货款可采取逐笔平衡或分别结算，一般采取对开信用证或记账的方式进行结算。

对开信用证结算方式是指贸易双方各自开立以对方为受益人、金额相等或基本上相等的信用证，并在信用证内规定在收到对方开立的金额相等或基本上相等的信用证时才能生效的结算方式。

记账结算方式是指贸易双方银行互设清算账户记账，双方出口货物在发运后将全套结算单据送交本国银行，由双方银行记账，同时贸易双方也应相应设立外汇结算专户记账，互相冲抵，并在规定的期限内进行平衡结算的结算方式。采用这种结算方式如出现差额时，由逆差方以现汇或货物补差。

3. 易货贸易的核算原则

从易货贸易的特点可知，易货贸易是一项单独核算、非货币性的、自相平衡的交易行为，所以在核算时要遵循以下原则：

（1）易货贸易进出口应作为一个整体进行核算，可将一项易货贸易分割成易货贸易出口销售和易货贸易进口销售两部分单独核算。

（2）易货出口货物的成本、税费构成易货进口货物的入账价值。

（3）在易货贸易中的出口商品同样享受出口退税政策，要做出口退税的处理。

4. 易货贸易的核算

由于易货贸易不可能同时完成出口与进口两项交易过程，因此，易货贸易的核算程序较长，具体步骤一般为先出口、后进口。在出口方面，为了归集出口商品的成本，应设置"在途物资——易货贸易"账户，商品验收入库和发运待装，向银行办理交单结汇，支付国内外直接费用，向税务机关申请退税等核算与自营出口销售基本相同，但其销售收入和销售成本是在"主营其他业务收入"和"主营其他业务成本"或"自营进口销售收入"和"自营进口销售成本"账户中设专户核算。

【例4.30】 粤达商贸公司代理服装的进出口业务。

粤达商贸公司与美国F.L公司签订易货贸易合同，合同规定粤达商贸公司出口牛仔服，货款48 000美元；同时进口彩妆化妆品，货款40 000美元。采取对开信用证结算方式。

（1）出口环节的会计处理如下：

① 粤达商贸公司向特美服装厂购进牛仔服，货款300 000元，增值税额39 000元。签发

转账支票支付货款。
  借：在途物资——特美服装厂   300 000
    应交税费——应交增值税（进项税额）   39 000
   贷：银行存款   339 000
 ② 购进的牛仔服已验收入库。
  借：库存商品——牛仔服   300 000
   贷：在途物资——特美服装厂   300 000
 ③ 将牛仔服出库装船。
  借：待运和发出商品——牛仔服   300 000
   贷：库存商品——牛仔服   300 000
 ④ 收到业务部门转来易货贸易销售牛仔服的发票副本和银行回单，货款 48 000 美元 CIF 价格，当日美元汇率为 6.05 元。
  借：应收外汇账款（US$48 000×6.05）   290 400
   贷：自营其他销售收入   290 400
 ⑤ 同时结转易货贸易销售牛仔服的成本。
  借：自营其他销售成本   300 000
   贷：待运和发出商品——牛仔服   300 000
 ⑥ 支付易货贸易国外运费和保险费 1 200 美元，当日美元汇率为 6.05 元。
  借：自营其他销售收入   （US$1 200×6.05）   7 260
   贷：银行存款——外币存款   7 260
 ⑦ 向税务机关申报返税，增值税退税率为 13%。
  借：应收出口退税   39 000
   贷：应交税费——应交增值税（出口退税）   39 000
 ⑧ 收到银行转来结汇水单，48 000 美元收妥结汇，银行扣除 60 美元收汇手续费，当日美元汇率为 6.05 元。
  借：银行存款——外币存款   290 400
    财务费用   363
   贷：应收外汇账款   290 763
（2）进口环节的会计处理如下：
 ① 接到银行转来的美国 F.L 公司全套结算单据，彩妆化妆品的货款为 48 000 美元 CIF 价格，经审核无误，予以支付，当日美元汇率为 6.05 元。
  借：在途物资——美国 F.L 公司   290 400
   贷：银行存款——外币存款   290 400
 ② 彩妆化妆品运达中国口岸，申报应纳进口关税额 29 040 元，应纳增值税额 49 368 元。
  借：在途物资   29 040
   贷：应交税费——应交关税   29 040
 ③ 彩妆化妆品全部销售给华美商厦，业务部门转来增值税专用发票，列明货款 600 000 元，增值税额 78 000 元，货款通过银行已收。

借：银行存款		678 000
贷：自营其他销售收入		600 000
应交税费——应交增值税（销项税额）		78 000

④ 结转销售彩妆化妆品的销售成本。

借：自营其他销售成本		319 440
贷：在途物资		319 440

项目小结

　　商品流通企业的进出口业务核算有其区别于国内商品流通核算的特点，作为国际贸易范畴的进出口业务，必须按照国际贸易的规则开展相关业务，并按照外汇管理的要求使用外汇和进行相关的核算。对于进出口业务，有不同于国内商品流通的结算方式，各种结算方式有着各自的结算程序和账务处理方法。

　　商品出口收汇是我国外汇收入的主要来源。出口贸易是进口贸易的基础，没有出口，没有足够的外汇储备，进口也就不会有充实的物资和资金保证。商品流通企业从事对外贸易业务时，出口贸易业务按其经营的性质不同，可分为自营出口业务、代理出口业务等。自营出口和代理出口的业务性质、特点和核算原则都有差别，尤其对于收入的确认及核算上更为不同。出口业务与国内商品流通的不同点在于出口业务还涉及出口退税和免税业务，所以，掌握国家关于出口退税及免税的相关法规就成为出口业务核算的基础。

　　商品流通企业涉及的进口业务主要有自营进口、代理进口和易货贸易三种方式。上述三种业务的性质、特点和核算原则都有差别，自营进口商品的采购成本主要包括国外进价和进口税金两部分。商品流通企业自营进口商品在国内销售时，应以开出进口结算凭证向国内客户办理货款结算的时间作为商品销售收入确认的时间，进口商品的结算时间有单到结算、货到结算和出库结算三种结算方式，这三种结算方式的销售收入确认时间不相同。

　　易货贸易的实质是双方当事人以等值货物互换，不涉及货币结算，只由交易双方在一个合同里规定，不涉及第三者，属于国际贸易中一种特殊的交易方式，本质是以易货出口为手段，以易货进口为目的，是一种非货币交易。出口只是进口的前提条件。易货贸易由贸易双方事先在合同中规定进行计价和结算的货币币种，货款可采取逐笔平衡或分别结算，一般采取对开信用证或记账的方式进行结算。

　　进出口业务涉及的单证不同于国内商品流通，应作为重点加以掌握。

思考与练习

一、关键词

　　外汇、外汇汇率、买入汇率、卖出汇率和中间汇率、记账汇率和账面汇率、汇兑损益、国际贸易术语、跟单信用证、易货贸易。

二、思考题

1. 简述进出口商品的特点及进出口业务核算的特点。
2. 简述外汇汇率的标价方法，并用实例说明。
3. 简述汇兑损益的形成及核算原则。
4. 比较三种主要国际贸易术语的交货点、风险、责任及费用承担的差别。
5. 简述信用证结算方式的基本程序。
6. 简述自营出口销售的主要业务程序。
7. 简述自营出口销售核算涉及的主要单证。
8. 简述代理出口销售的核算原则。
9. 简述自营进口商品销售的结算方式。
10. 简述代理进口业务的核算原则。
11. 简述易货贸易的结算方式及核算原则。

三、知识与能力拓展

1. 学习《企业会计准则第 19 号——外币折算》。
2. 学习《中华人民共和国进出口关税条例》。
3. 学习《中华人民共和国消费税暂行条例》。

四、综合实务

1. 业务一

（1）目的：掌握外币业务的核算。

（2）资料：粤达商贸公司 2021 年 1 月的有关经济业务如下：

① 5 日，销售给美国凯利公司服装一批，发票金额为 69 000 美元，当日美元汇率的中间价为 6.05 元。

② 10 日，从日本东芝公司进口电器一批，发票金额为 85 000 美元，以外汇存款账户款项支付。外汇账户的记账汇率和当日市场汇率均为 6.05 元。

③ 13 日，银行收妥美国凯利公司款项 69 000 美元，送来收汇通知，当日美元汇率的中间价为 6.04 元。

④ 15 日，销售给美国雅达公司小电器一批，发票金额 55 000 美元，当日美元汇率的中间价为 6.05 元。

⑤ 20 日，从韩国 LG 公司进口电器元件一批，发票金额 90 000 美元，外汇账户金额不足，向银行购汇 30 000 美元。当日汇率卖出价为 6.05 元，购汇后付清全部款项。外汇账户原有金额的记账汇率和市场汇率均为 6.06 元。

⑥ 26 日，银行送来收汇通知，收妥美国雅达公司款项 69 000 美元，当日美元汇率的中间价为 6.05 元。

⑦ 30 日，将 26 000 美元向银行办理结汇手续，当日美元汇率买入价为 6.06 元。

（3）要求：编制上述业务的会计分录。

2. 业务二

（1）目的：汇兑损益的核算。

（2）资料：1 月 1 日，粤达商贸公司外币账户余额如表 4.2 所示。

表4.2　1月1日粤达商贸公司外币账户余额

账户名称	外币余额	账面汇率	人民币金额
银行存款——外币存款	US$65 000	6.05	393 250
应收外币账款	US$58 000	6.05	350 900
应付外币账款	US$43 000	6.05	260 150

1月份接着发生下列有关的经济业务：

① 1日，支付上月结欠芬兰诺基亚公司外汇账款54 000美元，当日美元汇率的中间价为6.05元。

② 3日，销售给德国公司电器一批，发票金额为52 000美元，当日美元汇率的中间价为6.05元。

③ 8日，从德国公司进口电热水器一批，发票金额为89 000美元，款项尚未支付，当日美元汇率的中间价为6.04元。

④ 10日向银行购汇55 000美元，以备支付以前欠德国公司货款，当日美元汇率卖出价为6.06元，中间价为6.04元。

⑤ 12日，支付以前欠公司货款89 000美元，当日美元汇率的中间价为6.05元。

⑥ 15日，银行送来收汇通知，收妥上月美国凯利公司结欠款项58 000美元，当日美元汇率中间价为6.04元。

⑦ 20日，将50 000美元向银行办理结汇手续，当日美元汇率买入价为6.04元。

⑧ 31日，美元汇率的中间价为6.04元，调整各外币账户的期末余额。

（3）要求：外币账户按当日汇率折算，分别用逐笔结转法和集中结转法对上述业务进行会计处理。

3．业务三

（1）目的：掌握信用证、汇付及托收结算方式的核算。

（2）资料：粤达商贸公司2021年1月的部分有关经济业务如下：

① 3日，因从德国公司进口电器，向银行申请开立信用证68 000美元，按开证金额的30%支付保证金20 400美元，当日美元汇率的中间价为6.05元。

② 3日，用银行存款支付银行开证手续费750元。

③ 5日，销售给美国公司服装一批，已经发运，总计90 000美元，当日美元汇率的中间价为6.05元，送交银行办理议付手续。

④ 5日，用银行存款支付银行议付手续费680元。

⑤ 10日，收到银行转来收汇通知，系美国公司货款，金额为90 000美元，当日美元汇率的中间价为6.05元。

⑥ 15日，收到银行转来德国公司电器的发票、提单等单据，总计金额68 000美元。扣除已支付的30%的保证金外，付清全部款项，当日美元汇率的中间价为6.05元。

⑦ 15日，根据合同规定预先汇付法国公司货款67 000欧元，当日欧元汇率的中间价为8.28元。

⑧ 16日，根据合同规定预先收到日本公司寄来商品提单和发票等单据，总计金额62 000美元，当日美元汇率中间价为6.05元。

⑨ 17日，汇付日本公司货款62 000美元，当日美元汇率中间价为6.05元。

⑩ 18日，收到法国公司发来商品的发票等单据，总计金额67 000欧元，当日欧元汇率的中间价为8.28元。

⑪ 18 日，根据合同规定销售给美国公司服装一批，货款 80 000 美元，当日美元汇率中间价为 6.05 元，货已装运上船，并向银行办妥跟单托收手续。

⑫ 19 日，从意大利公司进口服装一批，收到银行转来的跟单托收承兑交单结算凭证，总计货款 40 000 美元。予以承兑后，取得全套货运单据。当日美元汇率中间价为 6.05 元。

⑬ 22 日，收到银行转来美国支付 80 000 美元的收账通知，当日美元汇率的中间价为 6.05 元。

（3）要求：编制上述业务的会计分录。

4．业务四

（1）目的：掌握自营出口销售的核算。

（2）资料：粤达商贸公司 2021 年 1 月份销售给美国凯达公司女装一批，采用信用证结算，相关出口资料如下：

① 2 日，收到储运部门转来出库单（记账联），列明出库女装 3 500 件，每件 500 元，予以转账。

② 3 日，签发转账支票支付练达物流公司将女装运送南沙港的运杂费 1 000 元，并用转账支票支付南沙港装船费 980 元。

③ 5 日，收到外轮运输公司发票 1 张，金额为 1 500 美元，系 3 500 件女装的运费，当即从外币账户汇付对方。当日美元汇率的中间价为 6.05 元。

④ 6 日，按女装销售发票金额 287 000 美元的 110%向保险公司投保，保险费率为 2‰，签发转账支票从外币账户支付。

⑤ 6 日，收到业务部门转来销售女装的发票副本和银行回单。发票列明女装 3 500 件，每件 CIF 价格 82 美元，共计货款 287 000 美元。当日美元汇率的中间价为 6.05 元。同时根据出库单（转账联）结转出库女装的销售成本。

⑥ 10 日，根据出口女装 3%的佣金率，将应付客户暗佣入账。

⑦ 15 日，收到银行转来收汇通知，银行扣除 120 美元手续费后将其余部分已存入外币存款账户，当日美元汇率的中间价为 6.05 元。

⑧ 30 日，将应付的暗佣汇付美国凯达公司，当日美元汇率的中间价为 6.05 元。

⑨ 30 日，女装购进时增值税税率为 13%，已付增值税额 297 500 元。向税务部门申报的增值税出口退税率为 13%。

（3）要求：编制上述业务的会计分录。

5．业务五

（1）目的：掌握自营出口销售退回及理赔等业务的核算。

（2）资料：粤达商贸公司 1 月份发生下列有关的出口经济业务：

① 2 日，收到储运部门转来出库单（记账联），列明出库电视 500 台，每台 4 500 元，予以转账。

② 6 日，收到储运部门转来退关商品入库单，列明 2 日出库电视 500 台，每台 4 500 元，因规格不符，已退回验收入库。

③ 8 日，上月出口澳大利亚服装公司女牛仔裤 3 000 件，每件 CIF 价格 40 美元，共计货款 120 000 美元，明佣 2 400 美元，美元记账汇率为 6.05 元。该批女牛仔裤的进价成本为 600 000 元，因质量不符要求，商品被退回，收到出口退回商品提单及原发票复印件。当日美元汇率的中间价为 6.05 元，冲转商品销售收入和商

品销售成本。

④ 10日，该批女牛仔裤出口时已支付国内运杂费800元，装卸费400元，国外运费1 100美元，保险费240美元。美元记账汇率为6.05元，予以冲转。

⑤ 13日，汇付退回女时装的国外运费1 100美元，保险费240美元，当日美元汇率的中间价为6.05元。

⑥ 15日，签发转账支票支付退回女牛仔裤的国内运杂费及装卸费1 200元。

⑦ 16日，收到储运部门转来的收货单，退回的女牛仔裤已验收入库。

⑧ 20日，查明退货系供货单位惠尔服装厂的责任，与其联系后，决定国内外费用由其负责赔偿。

⑨ 21日，上月出口俄罗斯服装公司男西装2 000套，每套CIF价格200美元，货款400 000美元，明佣8 000美元，美元记账汇率为6.05元，款已收妥入账。现俄罗斯服装公司收到的男西装因包装破损，60套男西装受污损，索赔1 280美元。经审核无误后，同意理赔，当日美元汇率的中间价为6.05元。

⑩ 24日，经查明男西装因包装不善而破损，确系本单位责任，经批准后作为企业损失处理。

（3）要求：编制上述业务的会计分录。

6．业务六

（1）目的：掌握代理出口销售业务的核算。

（2）资料：粤达商贸公司受理美达玩具厂代理出口业务，代理手续费率为3%，采取异地收（结）汇法。1月份发生下列有关的经济业务：

① 3日，收到储运部门转来代理业务入库单，列明玩具300箱，每箱3 000元。

② 5日，收到业务部门转来代理销售玩具给美国公司的发票副本和银行回单。发票列明玩具300箱，每箱CIF价格1 000美元，共计货款30 000美元，明佣1 200美元，当日美元汇率的中间价为6.05元，并结转代理出口玩具成本。

③ 7日，签发转账支票2张，分别支付立顺运输公司将玩具运送南沙港的运杂费800元及南沙港装船费600元。

④ 9日，签发转账支票2张，分别支付外轮运输公司的国外运费600美元，保险费66美元，当日美元汇率的中间价为6.05元。

⑤ 20日，收到银行转来分割收汇的收账通知，金额为1 759美元，款项全部存入外币存款账户，当日美元汇率的中间价为6.05元。

⑥ 23日，将代理业务3%的手续费收入900美元入账。

⑦ 25日，收到银行转来分割结汇通知，划拨美达玩具厂收汇余额。

⑧ 31日，按代理出口销售手续费收入的3%计提营业税。

（3）要求：编制上述业务的会计分录。

7．业务七

（1）目的：掌握自营进口商品购进和销售的核算。

（2）资料：

① 粤达商贸公司从瑞士公司进口高档手表一批，采用信用证结算，其商品销售采取出库结算方式，1月份发生下列有关的经济业务：

a. 2日，收到银行转来瑞士公司全套结算单据，开列高档手表500只，每只FOB价格1 200美元，共计货款 600 000 美元，经审核无误，购汇予以支付。当日美元汇率卖出价为 6.05 元。

b. 4 日，购汇支付进口高档手表国外运费 800 美元，保险费 1 320 美元，当日美元汇率卖出价为 6.05 元。

c. 10 日，手表运到我国口岸向海关申报应纳进口关税（税率 10%）、消费税额（税率 30%）、增值税（税率 13%）。

d. 12 日，瑞士公司汇来佣金 1 200 美元，当日美元汇率买入价 6.05 元，予以结汇。

e. 18 日，瑞士公司运来的 500 只高档手表已验收入库，结转其采购成本。

f. 20 日，以银行存款支付进口高档手表的进口关税、消费税和增值税。

g. 22 日，销售给华美商厦本月 18 日入库的瑞士高档手表 100 只，每只 2 000 元，计货款 200 000 元，增值税额 34 000 元。收到转账支票，存入银行。

h. 31 日，结转 100 只瑞士高档手表的销售成本。

② 粤达商贸公司从法国公司进口彩妆化妆品，采用信用证结算方式，商品销售采取单到结算方式，1 月份发生下列有关的经济业务：

a. 3 日，接到银行转来法国公司全套结算单据，开列彩妆化妆品 1 000 套，每套 CIF 价格 60 欧元，共计货款 60 000 欧元，佣金 1 800 欧元。经审核无误，扣除佣金后，购汇付款。当日欧元汇率卖出价为 8.28 元。

b. 5 日，该批彩妆化妆品售给华美商厦，接到业务部门转来增值税专用发票，开列彩妆化妆品 1 000 套，每套 2 500 元，共计货款 2 500 000 元，增值税额 425 000 元。收到华美商厦签发的转账支票，存入银行。

c. 10 日，彩妆化妆品运达我国口岸，向海关申报彩妆化妆品应交进口关税的税率为 10%，应交消费税率 30%，应纳增值税税率 13%。

d. 12 日，彩妆化妆品已采购完毕，结转其销售成本。

e. 31 日，以银行存款支付彩妆化妆品的进口关税额、消费税额和增值税额。

（3）要求：编制上述业务的会计分录。

8. 业务八

（1）目的：掌握销货退回的核算。

（2）资料：参考本章业务七的资料②，粤达商贸公司 2 月份接着又发生下列有关的经济业务：

① 3 日，收到华美商厦送来商检局出具的商品检验证明书，证明上月 10 日到货的法国公司发来的 1 000 套彩妆化妆品为不合格产品，经与法国公司联系后同意做退货处理，垫付退还法国公司的国外运费 800 欧元，保险费 132 欧元，当日欧元汇率卖出价为 8.28 元。

② 5 日，将 1 000 套彩妆化妆品做退货退出处理，并向税务部门申请退还已交的进口关税额和消费税额。

③ 7 日，开出红字专用发票，1 000 套彩妆化妆品做销货退回处理，应退华美商厦货款 2 500 000 元，增值税额 325 000 元。

④ 17 日，收到法国公司退回的货款及代垫费用 59 132 欧元，当日欧元汇率买入价为 8.28 元，收到银行转来的结汇水单。

⑤ 22 日，签发转账支票支付华美商厦的退货退税款 2 825 000 元。

⑥ 28 日，收到税务机关退还已交的彩妆化妆品进口关税额、消费税额和增值税额。

（3）要求：编制上述业务的会计分录。

9．业务九

（1）目的：掌握索赔理赔的核算。

（2）资料：粤达商贸公司自营进口商品采取单到结算方式，从日本公司进口电冰箱，采用信用证结算方式。1月份发生下列有关的经济业务：

① 3日，接到银行转来日本公司全套结算单据，开列电冰箱500台，每台CIF价格300美元，共计货款150 000美元，佣金4 500美元。经审核无误，扣除佣金后购汇付款。当日美元汇率卖出价为6.05元。

② 5日，该批电冰箱售给华美商厦，接到业务部门转来增值税专用发票，开列电冰箱500台，每台3 000元，货款1 500 000元，增值税额195 000元，收到转账支票，存入银行。

③ 7日，电冰箱运达我国口岸，向海关申报应交进口关税、应交增值税（税率5%、增值税17%）。

④ 15日，电冰箱采购完毕，结转其销售成本。

⑤ 20日，以银行存款支付电冰箱的进口关税额和增值税额。

⑥ 22日，收到华美商厦转来商检部门出具的商品检验证明书，证明日本公司的电冰箱存在质量问题，现向外商提出索赔，经协商后外商同意赔偿150 000美元，当日美元汇率卖出价为6.05元。

⑦ 23日，开出红字专用发票，退还华美商厦货款及增值税额。

⑧ 24日，向税务机关申请日本公司退还该批电冰箱已交的进口关税额及增值税额。

⑨ 25日，收到日本公司付来赔偿款150 000美元，当日美元汇率买入价为6.05元，予以结汇。

⑩ 27日，收到税务机关退还因电冰箱质量问题外商退款已交纳的进口关税及增值税。

⑪ 开出转账支票退还华美商厦的货款及增值税额。

（3）要求：编制上述业务的会计分录。

10．业务十

（1）目的：掌握代理进口业务的核算。

（2）资料：粤达商贸公司受理华美商厦代理进口电热水器业务。1月份发生下列有关经济业务：

① 3日，收到华美商厦预付代理进口电热水器款项900 000元，存入银行。

② 7日，购汇支付德国公司电热水器的国外运费1 500美元，保险费145美元，当日美元汇率卖出价为6.05元。

③ 10日，收到银行转来德国公司全套结算单据，开列电热水器300台，每台FOB价格220美元，共计货款66 000美元，佣金1 980美元，经审核无误，扣除佣金后购汇支付货款，当日美元卖出价为6.05元。

④ 12日，按代理进口电热水器货款CIF价格的3%向华美商厦结算代理手续费，当日美元汇率中间价为6.05元。

⑤ 20日，德国电热水器运达我国口岸，向海关申报电热水器应交进口关税、增值税（税率5%）。

⑥ 30日，按代理进口电热水器手续费收入的5%计提应交营业税。

⑦ 30日，以银行存款支付代理进口电热水器的进口关税额和增值税额。

⑧ 30日，签发转账支票，将代理业务的余款退还华美商厦。

⑨ 30日，按代理出口销售手续费收入的5%计提营业税。

（3）要求：编制上述业务的会计分录。

11. 自营进口商品采取单到结算的核算

（1）资料：北京某外贸公司向美国某公司进口设备一批，采用信用证结算方式，9月份发生下列有关的经济业务：

① 5日，接到银行转来美国公司全套结算单据，货款60 000美元，审核无误，支付货款。当日美元汇率为6.05元。

② 10日，这批设备销售给北京东方工厂，接到业务部门转来的增值税专用发票，货款950 000元，增值税税额123 500元，收到北京东方工厂为支付货款而签发的转账支票。

③ 12日，设备运达中国口岸，向海关申报设备应纳进口关税（税率10%）和应纳增值税。

④ 12日，设备已采购完毕，结转其销售成本。

⑤ 31日，以银行存款支付设备的进口关税和增值税税额。

（2）要求：根据上述资料编制会计处理。

12. 代理进口业务的核算

（1）资料：某外贸公司受理北京东方工厂代理进口衣料一批。11月份发生下列有关经济业务：

① 2日，收到北京东方工厂预付代理进口衣料款项166 000元，存入银行。

② 9日，购汇支付美国某公司衣料的国外运费1 000美元，保险费用500美元。当日美元汇率为6.05元。

③ 12日，收到银行转来美国公司全套结算单据，货款CIF价格20 000美元，经审核无误后，购汇支付货款。当日美元汇率为6.05元。

④ 12日，向北京东方工厂收取代理手续费400美元。当日美元汇率为6.05元。

⑤ 20日，衣料运到中国口岸，外贸公司代缴进口关税（税率5%）和进口增值税。

⑥ 25日，支付代理进口衣料的进口关税和增值税。

⑦ 31日，按代理进口衣料手续费收入的5%计提应交营业税。

（2）要求：根据上述资料进行会计处理。

项目五 联营与连锁经营商品流通的核算

任务导入

1. 了解联营商品经营方式的特点
2. 了解连锁经营方式的特点
3. 掌握各种联营及连锁经营方式的业务流程
4. 对"引厂进店"经营方式下的业务进行核算
5. 对连锁经营方式下的业务进行核算

随着我国市场经济的不断发展与完善,"引厂进店"的经营模式被各大商场普遍采用。这种新的经营模式对加快商场资金周转速度、减少资金占用、提高资金使用效率具有现实的经济意义,同时,也缩短了商品流通的路径,提高了商品的流转速度。

当我们走在稍具规模的城市公路上,肯德基、麦当劳、上海联华、国美、苏宁的牌匾,会扑入我们的眼帘。我国连锁经营始于 20 世纪 80 年代末期,进入 21 世纪后,代表连锁业发展趋势的"连锁百强",其零售额仍以年均超过 50% 的速度增长,远远超越了社会零售总额年均 9.4% 的增速,"连锁百强"在零售额中的比重不断提高。全国性的连锁集团正在孕育中,地区性特征越来越淡化。从已有的统计资料看,连锁经营在商品流通中的地位不断提高,发展潜力很大。

上述新兴的商品流通企业业态的出现和发展,对传统的商品流通业务的会计核算提出了新的要求和挑战,因此,及时探索联营与连锁经营的会计核算规律,总结其会计核算的方法体系及规范,是会计适应社会经济发展的本质要求。

任务一 联营商品流通的核算

在现行市场经济环境下,由于商品供应极大丰富,使得商品流通企业之间的竞争十分激烈。许多企业从加快自身资金周转速度、减少资金占用、提高资金使用效率的角度出发,不断创新经营方式,从而出现了以"引厂进店"为代表的联合经营模式,由此产生的联营商品的管理与核算问题,成为现代商品流通企业会计的新课题。

5.1.1 联营方式下的商品经营特点

1. 联营方式的产生

流通渠道是指商品从生产领域到达消费领域所经过的通道，包括商品流通的途径、环节、形式等。但商品不会自己从生产领域走到消费领域，需要借助于商品所有者为实现自身经济利益而进行的商品经营活动。这种经营活动既可以是一个经营者的活动，也可以是数个经营者相互衔接的经营活动，即通过一次至多次买卖，才能使商品具有使用价值最终进入消费领域。从更深一层的意义上讲，商品流通渠道实际上是由一个从事商品交换活动，共同推动商品面向消费者运动的商品所有者组合而成的组织序列。这里的每一个商品所有者，都可以被称之为流通渠道成员。由于每一次商品买卖活动，都会形成一道导致商品所有权变换的流通环节，因而流通渠道又是由一个个流通环节连接起来的，流通环节多则流通渠道长，流通环节少则流通渠道短。

20世纪70年代以前，在流通领域中占统治地位的是传统渠道，70年代以后，随着市场经济的不断发展，市场竞争愈演愈烈，传统渠道的弊病日益显露出来。西方国家的大企业为了控制和占领市场，实现集中和垄断，在商品流通方面首先采取了工商一体化的联合经营方式；广大中小制造商、批发商、零售商为了与大企业相抗衡，在激烈的竞争中谋求生存和发展，也纷纷组织起来通过建立工商联营网，走上了联合经营的道路。

传统渠道与新型渠道在组织结构、运行方式等方面有着明显不同。传统渠道是一种分离度很高的组织网，渠道上的各个成员之间彼此独立、各自为政、各行其是，购销交易是建立在自身利益、讨价还价、相互竞争基础上的，因此联系松散，交易关系很不稳定。这样虽然保持了各企业的独立性，但由于缺乏共同目标，因而影响了局部与整体运行效率和经营效益。新型渠道是一种专业化管理和集中计划的组织网，渠道上的各个成员之间采取了不同程度的一体化经营或联合经营的方式，从而形成了经营规模，加强了交换能力，提高了整体运行效率和经营效益，有效地增强了环境适应力和市场竞争力。

商品流通领域中的一体化经营或联合经营主要有两种基本形式：第一，分销渠道系统内的有关成员采取前向或后向一体化联合经营的方式，从而形成了纵向联合销售系统（垂直渠道系统）；第二，分销渠道系统中同一层次上的若干制造商、批发商、零售商之间采取水平一体化联合经营的方式，从而形成了横向联合经营系统。

近年来，商品流通领域中的这两种一体化或联合经营的方式都得到了很大的发展，尤其是垂直渠道系统在经济生活中占有重要的地位，发挥着重要作用。处于现行市场经济条件中的商品流通企业，尤其是大型商品零售企业，为了降低企业的经营风险，提出了"引厂进店"的经营模式，由商品的生产企业或者批发商自行提供商品，商品流通企业主要负责提供场所并办理销售资金结算工作，即将商品的经营方式由"自营"变为"联合经营"。

2. 联营方式下的商品经营特点

联合经营方式与自营商品经营方式相比较，具有以下特点：

（1）商品流通企业一般不需要提供资金购买待出售商品，而是只提供商品销售的场所，但与单纯场地出租不同的是，商品流通企业直接参与商品供应商的收益分成。

（2）商品流通企业没有库存商品管理环节，所有商品的进货、存储均由商品供应商自行负责管理。商品是由生产企业或者批发商直接带到经营场所的，商品流通企业既省去了商品购进环节，也不需要负责库存商品的管理，同时又节约了库存商品的管理成本，但需要负责库存的治安管理。

（3）联营方式下的人员配置不同于"自营"方式。在联营方式下，商品销售人员一般是由商品提供者配备，商品流通企业的人员只需要从事销售的辅助工作，不直接参与商品的销售工作。商品流通企业也不负责发放商品销售人员的工资。

（4）货款结算由商品流通企业控制。虽然商品流通企业不直接参与商品的销售工作，但是所有商品销售后的款项结算工作均由商品流通企业负责，即消费者不是与商品提供者之间办理货款结算，而是向提供商品销售场所的商品流通企业支付款项。

（5）商品流通企业与联营方采取"先销售后结算"方式结算货款。即参与联营的供货商在商品流通企业的商品销售后，一般是按月与商品流通企业结算货款，所以，商品流通企业即省去了采购环节，也节约了采购资金。

从上述联营方式的特点可以看出，在该方式中，商品流通企业不仅不需要将大量的资金积压在商品上，避免了资金周转不畅现象的出现，而且还可以保证企业经营成果的实现，同时与自营方式相比较，也节省了大量的销售人员，所以这种经营方式在我国已经被许多大型商品零售企业所采用。

3. 联营方式下的商品流转

与自营商品流通的"商品购进、商品销售、商品储存"三个环节所不同的是，在"引厂进店"经营模式下，联营商品的流通主要包括"商品进货和商品销售"两个环节。

（1）商品进货环节。在这种经营方式中，商品是由生产企业或批发商直接送至商品流通企业指定的仓库或经营场所。商品流通企业不存在商品采购过程，所以，商品流通企业既节约了商品购进的支出，也减少了存货资金的占用，同时，也不负责对联营商品的保管责任，只对联营企业的未出售的库存商品承担安保责任。

（2）商品销售环节。联营商品的销售由商品供应商配备的人员完成，而销售货款则由商品流通企业收取。商品流通企业每日与各商品销售人员核对当天商品销售资料，并由销售人员在核对无误的凭单中签章，以保证当日销售信息的真实性，同时，商品流通企业定期与联营企业核对已销售商品的品名、数量、金额等资料，便于按照双方事先签订的合同办理款项结算工作，确保商品的安全。

4. 联营方式下的业务流程

联营方式下的业务流程如下：

（1）选择联营对象。选择联营对象的实质是选择联营商品及供应商的过程。选择信誉良好的供应商和品质良好的商品是保证联营方式成功的基本前提，在一般情况下，在"引厂进店"的经营模式下，商品流通企业会与多个供应商联营，并选择多种商品同时进店，以给消费者更多的选择。

（2）签订联营合同。对于采取"引厂进店"经营模式的商品流通企业而言，为了保证双方的利益，要与商品提供者签订联营合同。联营合同是由商品零售商与商品供应商签订的，据以确定合作双方权利和义务关系，明确联营商品的种类、规格、销售方式、货款结算方式等事项的书面合约。

一般而言，联营合同应该包括以下内容：

① 签约双方的名称；
② 签约的目的；
③ 联营商品的范围，包括品种、规格、等级等具体内容；
④ 签约双方的权利和义务，具体包括最低商品销售额（保底销售额）、收益分成比例（留利率）、场地规模及条件、商场广告及促销、人员管理等问题；
⑤ 合同的有效期限，明确双方合作的具体时间界限；
⑥ 违约责任；
⑦ 解决争议的方式；
⑧ 签约时间；
⑨ 其他应约定的事项。

联营合同是具有法律约束力的书面文件，是商品流通企业从事联营商品流通的基础，也是商品流通企业与商品供应商办理货款结算等事项的主要依据，同时还是商品流通企业进行联营商品流通业务会计核算的主要依据。

（3）联营商品销售货款管理。在商品销售过程中，商品流通企业应当负责全部联营商品的销售收款工作，并确保正确无误。

（4）计算应返还给联营方的商品销售款项。在一般情况下，商品流通企业于每月月末汇总当期全部联营商品的销售额，并根据约定的比例计算应返还供应商的款项。

（5）对账。商品流通企业计算的应返还的款项应当与联营方进行核对，确保结算款项顺利支付。

（6）结算联营商品的返款。在商品流通企业与联营方就返款额核对无误后，就可以进行联营款项的结算工作。

5.1.2 联营商品流通核算业务

1. 联营商品流通核算的特点

联营商品经营方式在我国主要被商品零售企业所使用。通过前面对联营方式下商品流通特点的分析可以发现，在联营方式下，由于联营商品流转与自营商品流转的差别，决定了两种商品流通核算上的差别。概括而言，联营商品流通核算的特点如下：

（1）没有购进环节的核算。由于联营方式下的商品均由供应商提供，商品流通企业不用组织商品的购进，所以，对于联营商品，商品流通企业无须进行购进业务的核算。

（2）没有储存环节的核算。在联营方式下，所有商品的进货、存储均由商品供应商自行负责管理。商品是由生产企业或者批发商直接带到经营场所的，商品流通企业无须进行库存商品的核算。

（3）负责全部联营商品的销售货款的结算。在联营方式下，商品流通企业应当负责全部联营商品的销售收款工作，并确保正确无误。商品流通企业于每月月末汇总当期全部商品的销售额，并根据约定的比例计算应返还供应商的款项。经双方核对无误后进行款项结算。

（4）以"流水"的高低作为确定联营厂商的标准。"流水"是商品流通企业对商品的销售额的俗称，为了保证企业的经营效益，在与联营方签订的联营合同中，商品流通企业往往要规定某种商品或者某一商品营销专柜的最低销售额——保底销售额。当某商品的销售在一定期间内未达到约定的销售额要求时，商品流通企业可以按照合同的规定放弃该商品的销售而进行商品或合作厂商的替换。

2. 联营商品流通的核算流程

联营商品经营方式在我国主要应用于零售商品流通，因此，对该类商品的核算采用售价金额核算法。

（1）商品运到时。由于在"引厂进店"的经营模式下，商品流通企业原则上对联营商品不负责管理库存，所以，当联营商品发送至商品流通企业时，企业不需要进行商品购进及验收入库业务的账务处理。

（2）商品销售时。当商品售出时，先由销售人员填写一式三联的销货凭证，该凭证应连续编号，消费者持其中两联和货款到商品流通企业所设置的收银处办理款项结算，收银员收款后在销货凭证上加盖"收讫"字样的戳记并打印一式两联的销售单分别交给销售人员和消费者；销售人员收到收款后的销货凭证和销售单办理发货。在一般情况下，销货凭证的第一联由商品柜组存查，第二联由收银员留存，第三联则由购货人留存。

（3）销售货款的处理。每日终了，各柜组收银员应当打印出本组全部收款记录，编制"内部缴款单"，并与实际收取的款项以及留存的销货凭证进行核对，收取的款项包括现金、银行卡及购物券；然后收银员将所收款项、销货凭证以及"内部缴款单一并交至财务室出纳员手中进行汇总、核对，如果存在短款现象应由收银员自行补足；最后，出纳员将当日全部现金收入送存至企业开户银行。

（4）销售核算的核对。出纳员应该根据审核无误的"内部缴款单"和销货凭证按照楼层或者柜组编制"销货日报表"，在该表中应列明各联营商品当日的销售数量、销售金额等内容，并将其交至商品销售人员手中，与销售人员自行登记的实物账（台账）进行核对，在正确无误的情况下由销售人员签章确认。

（5）账务处理。会计人员根据核对无误的"销货日报表""内部缴款单"等原始凭证进行账务处理，确认商品销售收入的实现。按照实际收取的货币金额，借记"银行存款"科目，按照银行卡的刷卡金额，借记"应收账款"科目，同时按照当日已核对确认的流水，贷记"主营业务收入"科目。

在一般情况下，对于银行卡的刷卡金额，银行需要一周左右的时间才能将款项转至商品流通企业指定的账户中，如果是跨地区刷卡消费，所需要的转账时间可能要长些。商品流通企业在收到银行转来的转账通知单后需要逐笔与POS机的刷卡单核对，然后按照核对无误的金额，借记"银行存款"和"财务费用"科目，贷记"应收账款"科目。

（6）月终核对。月份终了，商品流通企业应该分厂家、分楼层（柜组）累计全月实际销售额,编制一式两联的"销售收入汇总表",分别由财务部门和经营部门各持一份。经营部门与各联营商品供应商进行全月销售情况的核对,审核无误后,财务部门按照指定的增值税税率从全月实现的商品销售收入中扣除企业应缴纳的增值税销项税额,同时计算本月其他营业税费。

(7)联营分成的核算。商品流通企业应该在每月终了时按照当月各商品的实际销售额以及联营合同中规定的保底销售额、留利率(流水扣点率)等条件编制"联营商品返款明细表"进行双方销售额的分配。

商品流通企业将本月全部销售额按照"联营商品返款明细表"的计算结果划分为本企业留利和向联营厂商返款两部分,并将"联营商品返款明细表"的结果与各联营方进行再次核对,以保证所计算的金额正确。经联营方确认后,企业据此采用售价金额核算法补办已销商品购进业务,按照已售商品的销售额,借记"库存商品"科目,按照返款明细表中计算的应返还联营方的金额,贷记"在途物资",并按照本企业留利金额,贷记"商品进销差价"科目;按照应返还联营方的金额确认为购进额,借记"在途物资"账户,贷记"应付账款"账户。同时,结转已出售商品的销售成本。

(8)增值税进项税的处理。商品流通企业在月末与联营方办理结算对账后,联营厂商将款项结算单及已销商品的增值税专用发票送至商品流通企业业务部门,经业务部门审核后,交给财务部门进行审核并办理付款,同时,根据以此金额计算的应交增值税,补计进项税额。补计增值税进项税额时,借记"应交税费——应交增值税(进项税额)"账户,贷记"商品进销差价"账户。

3. 联营商品核算涉及的单证

在联营商品核算过程中,会涉及许多核算单证,商品流通企业应根据该经营方式下商品流通核算的特点,根据管理的需要,设置适合企业管理和核算需要的相关原始凭证,并使上述单证之间具有相互钩稽关系,同时要保证企业内部的财务部门、经营部门、采购部门之间以及企业与联营厂商之间通过上述各种凭证之间进行定期核对,以保证会计核算资料的真实完整。

(1)销货凭证。销货凭证是证明联营商品销售的原始凭证,是消费者据以交款和提取商品的依据,也是销售人员办理发货、核算商品库存及与商场核对销售的依据,其格式如表 5.1 所示。

表 5.1 ××商场销货凭证

柜组名称:			年 月 日			编号:	
商品编号	品名	单位	数量	单价	金额	第一联柜组联
合计						

营业员: 收银员:

(2)销售单。销售单是消费者交款后,收银员在收银机上打印的收款凭证,消费者凭此单据和已盖"收讫"字样的销货凭证才能到营业柜台办理取货,其格式如表 5.2 所示。

表 5.2 销售单

销售日期:		时间:			流水号:		
收银机:		收银员:			顾客卡号:		

| 营业员: | 编码: | 商品名: | 单价: | 数量: | 折扣: | 金额: |

总计:
人民币:
银行卡:
购物券:
找零:

※※※※※※※※※※※※※※※※※※※※※※※※※※※※※※※※※※※※※※

(3)内部缴款单。每天营业结束后,由各营业柜组(门市部)或收款员按其所收的销货款,填制"内部缴款单"及"零售商品进销存日报表",连同所收的货款,一并送交财会部门,财会部门将各营业柜组或门市部的销货款集中汇总后填制"解款单",并集中将当日的销售货款全部解存银行。"内部缴款单"、"联营商品销货日报表"及"银行进账单回单"是财会部门对每日销售业务进行账务处理的依据。该单据在零售核算中已做过介绍。

(4)销货日报表。联营商品销售的销货日报表格式上与自营销售的零售商品进销存日报表有所不同,其最大的区别是要有联营厂商确认并签章的栏目。其格式如表 5.3 所示。

表 5.3 联营商品销货日报表

年   月   日

柜组	商品编号	商品名称	销售数量	日流水	厂商签章

(5)联营商品返款明细表。联营商品返款明细表是在汇总当月联营商品销售情况基础上,按照联营合同约定条件编制的,该表必须得到联营厂商的确认后才能作为双方分成和记账的依据。其格式如表 5.4 所示。

表 5.4　联营商品返款明细表

编号	商品（厂商）	本月销售额	保底销售额	扣点率	超额销售	扣点率	留利额	付款额	备注
合计				—		—			—

财务复核：　　　　　　　　　厂商复核：　　　　　　　　　制表人：

4．联营商品流通的核算

（1）日常销售的核算。

【例 5.1】　华美商厦将家电类商品采取"引厂进店"方式进行经营，2021 年 1 月 20 日，该商厦当日家电类商品实现销售额为 120 000 元，其中收取现金 50 000 元，银行卡收款共计 70 000 元，其中工商银行卡 30 000 元、建设银行卡 30 000 元、商业银行卡 10 000 元。财会人员根据核对确认后的"销货日报表""内部缴款单""银行进账单回单"等原始凭证进行会计处理如下：

借：银行存款　　　　　　　　　　　　　　　　50 000
　　应收账款——工商银行　　　　　　　　　　30 000
　　　　　　——建设银行　　　　　　　　　　30 000
　　　　　　——商业银行　　　　　　　　　　10 000
　　贷：主营业务收入　　　　　　　　　　　　120 000

（2）与银行结算银行卡收款的核算。

【例 5.2】　承上例，2021 年 2 月 10 日，分别收到上述三个银行转来的 1 月 30 日银行卡所收款项，上述银行按照 2%比例扣除手续费后，将货款转入商厦的账户。会计处理如下：

借：银行存款　　　　　　　　　　　　　　　　68 600
　　财务费用　　　　　　　　　　　　　　　　 1 400
　　贷：应收账款——工商银行　　　　　　　　30 000
　　　　　　　　——建设银行　　　　　　　　30 000
　　　　　　　　——商业银行　　　　　　　　10 000

（3）销售收入调整。

【例 5.3】　华美商厦汇总全月联营家电类商品销售额共计 3 500 000 元，调整后的销售收入及当月应交增值税额如下：

不含税销售收入＝3 500 000÷（1＋13%）＝3 097 345.13（元）

增值税销项税额＝3 500 000－3 097 345.13＝402 654.87（元）

会计处理如下：

借：主营业务收入　　　　　　　　　　　　　　402 654.87

贷：应交税费——应交增值税（销项税额）　　　402 654.87

（4）联营分成及已销商品成本结转的核算。

【例 5.4】　华美商厦将本月实现的 3 500 000 元联营家电类商品销售额编制"联营商品返款明细表"交与各联营厂商核对并得到确认后，确定应返还各联营厂商的金额为 2 620 000 元，本商厦留利额为 880 000 元，商厦根据审核无误的"联营商品返款明细表"进行会计处理如下：

　　借：库存商品　　　　　　　　　　　　　　　3 500 000
　　　贷：在途物资　　　　　　　　　　　　　　　2 620 000
　　　　　商品进销差价　　　　　　　　　　　　　　880 000
　　借：在途物资　　　　　　　　　　　　　　　2 620 000
　　　贷：应付账款　　　　　　　　　　　　　　　2 620 000
　　借：主营业务成本　　　　　　　　　　　　　3 500 000
　　　贷：库存商品　　　　　　　　　　　　　　　3 500 000
　　借：商品进销差价　　　　　　　　　　　　　　880 000
　　　贷：主营业务成本　　　　　　　　　　　　　　880 000

（5）结算分成及增值税进项税的处理。

【例 5.5】　华美商厦于 2021 年 2 月 10 日通过开户银行转账支付联营厂商的应返还款 2 620 000 元，并取得联营厂商开来的上述款项的增值税专用发票。其会计处理如下：

　　借：应付账款　　　　　　　　　　　　　　　2 620 000
　　　贷：银行存款　　　　　　　　　　　　　　　2 620 000
　　借：应交税费——应交增值税（进项税额）　　　340 600
　　　贷：商品进销差价　　　　　　　　　　　　　　340 600

　　商品流通企业采取联营商品经营方式相对自营商品经营方式而言，在业务管理上除了没有库存商品的管理等环节外，不存在调价、商品清查等项工作，相应的会计核算也随之简化了很多，这正是联营商品管理和核算的主要优势。财会部门应及时向管理层反映各种联营商品的流水情况，以便使决策层能够及时了解各种联营商品的销售情况，并及时做出适时调整联营厂商及商品的决策，同时，商品流通企业虽然没有库存商品管理的义务，但应加强对存放在企业的未出售联营商品的安保管理。

任务二　连锁经营的核算

5.2.1　连锁经营的业态分析

　　连锁经营是企业采用的一种经营方式和管理制度，它是指在核心企业或总公司（母公司）的统一领导、组织下，由分散的、经营同类商品或服务的门店通过集中进货、统一管理的规范化经营。在连锁经营模式下，核心企业被称为连锁总部、总店或本部，各分散的门店被称为连锁（分）店。在商品流通领域，连锁经营方式被大型超市、百货店、专卖店、家居建材商店、便利店、购物中心等广泛采用。

1. 连锁经营的发展

连锁经营方式起源于美国，19 世纪 50 年代末，第一家连锁店在纽约创立，至今已有百余年的历史，但直到 20 世纪 50 年代以后才进入快速发展时期，并逐渐显示出其强劲的生命力和巨大的发展潜力，在发达国家及一些新兴工业化国家和地区普遍获得重视和发展，取得了很大的成功。连锁经营的经济学本质在于它把现代工业化大生产的组织原则及大规模集中化管理模式应用于流通领域，通过"联合化、统一化、专业化和规范化"等手段，实行规模化经营、标准化服务和科学化管理，达到提高整体商业经营体系协调运作能力和规模经济效益的目的。在国际上，连锁经营几乎为所有零售业态作为组织形式所运用，成为商品零售业的主流发展方向之一。在一些经济发达国家，连锁经营占商品零售业的比重达到 50%以上。我国的连锁经营起步较晚，随着外资餐饮企业的进入，现代连锁经营方式开始传入我国。进入 20 世纪 90 年代，沿海较发达地区和一些大中城市的部分国有商业企业开始探索这一新型的现代经营方式，并取得了一定的成绩，但目前还存在一些问题，从而制约了这一形式的健康发展。

零售业的连锁经营并不是现代商业才具有的特征，现代零售业无论连锁经营的类型，还是连锁经营的规模方面，都得到了很大的发展。连锁经营的发展，反映了现代商业提高集中化程度的需要。如世界连锁商业巨头沃尔玛，仅在美国就有 1 803 家超市，682 个大型购物中心和 456 个夜总会，雇佣员工 81.5 万人。在美国，零售业完全可以说是连锁经营一统天下。可见，连锁经营是现代商业发展的一个基本方向，对零售企业具有举足轻重的意义。

我国连锁经营始于 20 世纪 80 年代末期。进入 21 世纪后，代表连锁业发展趋势的"连锁百强"在零售额中的比重正在提高，全国性的连锁集团正在孕育中，地区性特征越来越淡化。如上海联华、国美、苏宁等商业巨头，采用推土机式和跳跃式发展相结合的方法，实施全国发展战略。沃尔玛公司跳出了珠江三角洲，麦德龙公司跳出了长江三角洲，正式启动其中国发展战略。从已有的统计资料看，连锁经营在商品流通中的地位不断提高，生命力强劲，发展潜力很大，主要表现在：

（1）连锁零售企业数量逐年递增，整体规模不断扩大；

（2）连锁零售企业在整个零售市场中的份额稳步增长，在特大城市尤为明显；

（3）连锁零售企业涵盖了现阶段的各种商业业态，在构成上，不同的业态各有侧重，总体上以专业店和超级市场为主；

（4）外资连锁企业扩张速度较快，成长性好于内资企业。

连锁商业在我国总体上仍处于起步发展阶段，还存在着以下的问题：

（1）法律法规不健全；

（2）管理水平较低；

（3）连锁方式单一且经营的规模太小；

（4）物流配送中心不完善；

（5）商品无特色，没有形成品牌效应。

2. 连锁经营企业的特点

连锁经营企业的特点可以概括为：组织形式的联合化和标准化及经营方式的一体化和专

业化。具体而言，表现为四个方面：企业识别系统及商标统一；商品和服务统一；经营管理统一；经营理念统一。这四个统一是有层次的，从低级向高级发展，连锁经营企业是随着四个层次的逐步统一而不断走向成熟的。

（1）企业识别系统及商标统一。这是连锁经营最基本层次的统一，是企业外在形象的统一。所谓企业识别系统，是指连锁企业呈现给公众的直接形象，主要包括连锁企业的招牌、标志、商标、标准字、标准色、外观装潢、员工服饰等。这种统一设计的企业识别系统，不仅有利于消费者识别、购买连锁企业各分店的商品，更重要的是有利于让消费者认同该企业，对企业产生深刻的印象。但连锁企业仅仅做到这一点还远远不够，如果没有内在的统一做保障，外在形象的统一仅仅只是连锁经营的一层"包装"而已。

（2）商品和服务统一。这是连锁企业经营内容的统一，是满足统一目标顾客需求的营销方式的统一，为了达到整体经营效果，使消费者对连锁企业产生信任感和依赖感，连锁企业各分店所经营的商品都是经过总部精心策划和挑选的，是按照消费者需求做出的最佳商品组合，并不断更新换代；所提供的服务也是经过总部统一规划，使消费者无论何时何地到任何一家分店，都可以享受到连锁企业提供的整齐划一的商品和服务，从而增强顾客的忠诚度。

（3）经营管理统一。这是连锁企业内部管理模式的统一，是制度层面的统一。连锁企业必须在经营战略、经营策略上实行集中管理，即由总部统一规划，制定规范化的经营管理标准，并下达给各分店认真执行。各分店必须遵从总部所颁发的规章制度，采取标准化、系统化、制度化的管理模式。对于连锁企业而言，经营管理的统一性主要是通过连锁企业的营运手册来实现的，目前，许多连锁企业都开发了自己的营运手册，并据此构成了其统一经营管理的连锁体系。

（4）经营理念统一。这是连锁企业全体员工的观念与行为的统一，是文化层面的统一。连锁企业的经营理念是该企业的经营宗旨、经营哲学、价值观念、企业定位和中长期战略的综合，是其全部经营管理活动的依据。连锁企业无论拥有多少分店，都必须持有共同的经营理念，只有经营理念真正统一，连锁企业才能使各分店真正成为一体，实现其共同发展和持续经营的目标。

上述四个统一是由低到高相互衔接在一起的。如果只有店名和店貌的统一而无服务和商品的统一，那连锁经营就只会成为一个招牌而已；如果没有经营管理的统一，各个分店虽然招牌相同，却独立经营，具有较大的自主权和灵活性，则连锁企业根本无法实现商品和服务的统一；只有一个连锁企业真正实现了经营理念的统一，才能自下而上形成各分店、各管理层及全体员工自觉遵守的统一的经营管理制度，才能将企业的经营战略完全贯彻下来，并始终如一地形成企业长期的经营特色和经营理念。

3. 连锁经营的形式

连锁经营主要有直营连锁、特许连锁、自由连锁三种形式。

（1）直营连锁。直营连锁也称正规连锁。直营连锁是指各连锁店同属一个投资主体，经营同类商品，或提供同样服务，实行进货、价格、配送、管理、形象等方面的统一，总部对分店拥有全部的所有权和经营权，统一核算，统负盈亏。

在直营连锁形式下，总部采取纵深式的管理方式，直接下令掌管所有的零售点，零售点完全接受总部的指挥。直营连锁的主要任务是"渠道经营",即通过经营渠道的拓展从消费者手中获取利润。

直营连锁经营的特点是财产所有权和经营管理权高度集中于连锁总部。

直营连锁经营的优点主要体现在规模优势、经济优势和技术优势三个方面。直营连锁经营的不足主要表现在以下三个方面：第一，分店自主权小，管理人员的积极性、创造性和主动性等都受到制约；第二，需要拥有一定规模的自有资金，发展速度受到限制；第三，容易产生官僚化经营。

（2）特许连锁。特许连锁也称合同连锁、契约连锁，是指总部同加盟店签订合同，授权加盟店在规定区域内使用自己的商标、服务标记、商号、经营技术和销售总店开发的产品，在同样形象下进行销售及劳务服务。加盟店对店铺拥有所有权，但经营权在总部，加盟店按销售额或毛利的一定比例向总部支付报偿。加盟店拥有对分店的所有权和收益权，加盟店具备法人资格，实行独立核算。

在特许连锁形式下，特许加盟总部必须拥有一套完整有效的运作技术优势，通过专业指导，让加盟店能很快地运作，同时从中获取利益，这样加盟网络才能日益壮大。

特许连锁的特点主要表现在五个方面：第一，其连锁经营的核心是特许权的转让；第二，特许连锁的所有权是分散的，经营权是集中的；第三，总部向加盟店提供必需的所有信息、知识、技术和训练等，同时还要授予店名、商标、服务标志等使用权，开店后还要继续进行经营指导；被授予者享有使用授予者的商标、商号、产品或经营技术等，从事经营活动的权利；第四，按照特许合同规定，连锁加盟店向特许权授权者（总部）采购设备和原料；第五，加盟店对总部授予的权利和提供的服务，需以某种形式向总部支付报酬。

该经营方式的优点可从总部及加盟店两个方面考查。对特许连锁总部的好处在于：第一，在资金和人力有限的情况下，不用自己的资本设置商店，也能获得迅速扩大业务领域的机会，并能提高知名度，加速连锁化事业的发展；第二，在一个新的地区开展业务时，有合伙人为其共同分担商业风险；第三，加盟金和特许权使用费能切实保证，有利于稳定地开展事业活动；第四，设立稳定的商品流通渠道，有利于巩固和扩大商品销售网络；第五，根据加盟店的营业状况、总部体制和环境条件的变化调整和招募加盟店，能促使连锁灵活地发展；第六，统一加盟店的店堂风貌、店员服装等，能对消费者和业界形成强大而有魅力的深刻印象。

特许连锁经营对加盟店的好处有：第一，没有经营商店经验的一般人，也能经营商店；第二，可以减少失败的危险性；第三，用较少的资本就能开展事业活动；第四，能进行知名度高的高效率经营；第五，能实施影响力大的促销策略；第六，可以稳定地销售物美价廉的商品；第七，能够进行适应市场变化的事业经营。

特许连锁经营也有不足之处，这也可从总部及加盟店两个方面考查。对总部的不利之处在于：第一，连续的指导与援助要花费一定的人力和费用；第二，加盟店在特许权上的无所谓态度会削弱特许连锁整体的活力；第三，在加盟店急速增加的情况下，总部的指导力和物流体制等跟不上，会削弱统一性；第四，比自己经营店铺的投资效率高，但要大幅度地增加利润额则有困难。

对加盟店的不利之处有：第一，会增强依赖性，放松经营和销售的努力；第二，经营标准化束缚了更好方法的开发和采用；第三，总部考虑整体效果而制定并交实行的措施，并不一定适合某些特定的加盟店的实际情况；第四，在发生利益矛盾时，总部会坚持自身利益；第五，其他加盟店失败、脱离连锁集团时，在形象和信用方面会受到不良的连带影响；第六，总部变更方针时，加盟店无权参与，同时，对于合同内容，加盟店没有加入自己的要求和条件的余地，而且合同解除后，加盟时所支付的保证金不能返还，加盟店不能把过去的成果用于自己的商誉。

（3）自由连锁。自由连锁也称自愿连锁。自由连锁是指各分店在保留单个资本所有权的基础上实行联合，总部和分店之间是协商、服务关系，总部统一订货和送货，统一制定销售战略，统一使用物流及信息设施；各分店独立核算，自负盈亏，人事自主，且有很大的经营自主权。

在这种经营方式下，企业是原已存在的，而非由连锁总公司辅导创立的，所以在名称上有别于加盟店。在自愿连锁体系中，商品所有权为各成员店，而运作技术及商店品牌则归总部持有。

自由连锁的特点表现为自由连锁店的所有权、经营权、财务权是相对独立的。

自由连锁的优点表现为以下三个方面：第一，可以提高成员店的竞争力；第二，分店有较大的独立性，成员店自主权大；第三，可以得到总部利润返还。

为了更好地认识三种连锁形式的区别和联系，表5.5给予了汇总和比较。

表5.5 三种连锁经营形式的比较

项 目	直营连锁	特许连锁	自由连锁
总部与加盟店的资本所属	同一资本	不同资本	不同资本
连锁店是否有独立的企业法人资格	没有	有	有
总部资金构成	企业总部自身所有	由加盟店全部或部分出资	全部由加盟店出资
连锁店（或加盟店）与总部关系	属企业内部管理上下级	总部对加盟店具有较大影响力	加盟店对总部具有较大的影响
总部对加盟店的人事权和直接经营权	有	无	无
加盟店自主性	小	小	大
加盟店须向总部上交指导费等费用	否	是	是
分店间联系	同隶属于企业总部	无横向联系	有横向联系
总部与加盟店的合同	无	有	有
总部与加盟店的合同约束力	视公司规章而定	强硬	松散

为促进企业连锁经营的健康有序发展，需要规范和加强企业连锁经营财务管理，根据《企业财务通则》《企业会计准则》《商品流通企业财务制度》等有关分行业财务制度的规定，结合《连锁店经营管理规范意见》和连锁企业特点，财政部特制定了《企业连锁经营有关财务管理问题的暂行规定》，要求企业应在实行连锁经营后的一个月内，将连锁经营的实施方案报同级财政部门备案，各级财政部门应加强对本地区企业连锁经营财务管理的规范工作。

5.2.2 连锁经营企业内部核算组织形式的确定

连锁企业由于具有特殊的经营特点，使得其组织结构和具体职能与传统商品流通企业的组织形式相比有着明显的不同。连锁经营组织系统的确立是连锁企业发展的重要环节，也是影响企业内部会计核算组织形式选择的最重要因素。不管哪种形式的连锁企业，其基本组织结构一般由两个部分组成：总部、门店和其他有关基层单位。

1. 连锁企业总部会计核算组织形式

连锁企业总部是连锁企业经营管理的核心，包括决策及后勤作业单位，其基本职责为：连锁经营的基本政策制定、连锁门店开发、商品采购管理、资金的调度和运作、商品配送管理、商品促销管理、资产运作管理、门店营运督导等。就连锁企业总部一级的核算而言，应采取集中核算和归口核算相结合的方式。

集中核算是指连锁企业中全部核算业务都集中在总部财务部门进行，主要是指商品、总部经费、基本建设等核算业务集中在总部财务部门进行，同时以企业财务部门为中心，分别在总部采购部门设商品会计组；在基建工程处设基建会计组；在办公室设机关经费会计组；对各项重点业务进行归口核算，月末由总部财务部门汇总编制会计报表。

集中核算便于简化会计处理、集中资金使用及加强对企业经营进行会计控制；归口核算则便于贯彻资金分口管理原则，加强各业务部门的经济责任制，使各职能部门的财权与事权相统一，并使总部财务部门从日常会计事务中解脱出来，以加强对全企业财务会计工作的检查和督导。

2. 连锁企业基层单位的核算形式

连锁企业的基层单位包括门店、配送中心、加工厂、运输队等。在上述基层单位中，门店是连锁企业基层单位的主体，是直接向顾客提供商品和服务的单位，其主要职能是商品销售与服务。连锁企业门店会计核算的主要内容是对商品销售情况进行记录和反映，包含商品销售收入、销售成本，以及与此相关的营业费用等。虽然门店组织结构要视门店性质、业态特征、规模大小、商品结构等因素的不同而有所差异，但由于连锁企业门店内部组织机构比较简单，经营业务也比较单一，因此，门店会计核算组织形式相对而言也比较简单，规模较大的门店可以设置独立的财务组，专门负责门店相关经济业务的会计核算，规模较小的门店，应当有专门的财务会计人员或者核算员。

5.2.3 连锁经营企业总部和基层单位之间的核算组织形式选择

连锁企业所涉及的经营业务，有的集中在总部，由总部专设的部门来担当，如商品采购、门店的开发和装修等；有的由门店和其他基层单位承担，如商品的销售、商品的配送和加工等。此外，在连锁企业中除了占主干部分的直营店以外，还有相当一部分加盟店和特许经营店，加盟店和特许经营店的管理体制与直营店的管理体制又有本质上的差别，正因为如此，连锁企业必须明确总部和基层单位之间的组织管理形态，财务部门也要根据本企业的组织管理形式和内部管理体制及管理要求确定总部和门店等基层单位之间的核算组织形式。

一般说来，连锁企业可以从往来制和报账制两种会计核算组织形式中选择并确定总部与基层单位之间业务往来的核算关系。独立核算方式下一般选择往来制，统一核算方式下一般选择报账制。

1. 独立核算方式下的往来制

在独立核算方式下，总部与分店是指各自独立的会计核算主体，独立设置会计机构，分别进行核算，并各自独立编制会计报表。

在直营连锁方式下，独立核算方式是指总部（含集团公司或总公司）实行独立的、部分统一的会计核算；分店（含子公司、分公司）实行相对独立的会计核算。在这种会计核算方式下，总部和分店都应独立设置会计机构。总部拥有本企业的全部经济资源或控制权，通过投资活动与分店形成各自的经济关系。总部按需要为下属分店统一派发商品时，按内部商品价格进行结算。分店销售商品、发生各项经营费用、计算缴纳各种流转税金时，按独立企业之间的业务进行核算；月末，计算并结转当期经营成果，编制财务会计报告，将当期实现的利润总额上缴总部。总部收到各分店上报的财务会计报告和上缴的利润后，应当编制合并会计报表，计算确认当期总部实现利润总额，计算缴纳所得税；对税后净利润，按规定提取各项留存收益；按投资比例全部或部分享有未分配利润；如果是部分享有未分配利润，应当向其他投资者分配净利润。

在具体操作上，总部与基层单位的核算内容会因为不同连锁经营企业的管理体制差异而有所区别，同时，尽管业务上基层单位独立设账、独立核算，但对于基层单位的会计机构及人员的管理上，一般均采取总部统一配置和管理的方式。

在特许连锁和加盟连锁方式下，由于总部不给分店投资，所以各分店不需要向总部上缴利润，只需要向总部支付一定的特许权使用费；另外，总部也不需要编制合并会计报表。但在由总部统一进货的情况下，总部与分店还会存在往来业务需要进行核算与反映。

2. 统一核算方式下的报账制

同一地区或城市的连锁企业，实行"总部—分店"管理模式。跨地区的连锁商店，可在非总部所在地区或城市设置地区总部，实行"总部—地区总部分店"的管理模式，地区总部在总部监督下严格按总部有关规定开展经营管理活动，并进行独立核算，从而形成总部和地区总部两级管理体制；分店的所有账目必须并入总部或地区总部账目，同时分店应根据管理的需要设置必要的辅助账目，并定期与总部或地区总部对账，分店所有的资产、负债和损益，都归总部或地区总部统一核算。

在统一核算方式下，总部（含集团公司或总公司）实行独立的、统一的会计核算，分店（含子公司、分公司）不单独进行会计核算，经营中发生的各项经营费用，均向总部报账核销。在这种会计核算方式下，总部应独立设置会计机构，对各分店的经营过程实行内部会计核算，以考核其经营成果，确定劳动报酬，根据经营需要为各分店建立定额备用金；分店实行报账制，不设会计机构，只设核算员，可以设置部分辅助会计账簿，负责上缴经营收入、核算本部门的经营费用、发放人员工资、保管本部门使用的备用金等。总部拥有本企业（含分店）的全部经济资源或控制权。总部对经营所需商品实行集中统一采购；总部按需要为下属分店经营所需商品实行统一配送，库存商品进行实物转移时，只对转移的库存商品实物数量进行记录，不对转移的库存商品价值进行核算。分店开展经营活动取得的销售收入，应当全部上缴总部；月末统一结转商品销售成本，总部期末统一计算缴纳各项流转税、企业所得税，计提各项留存收益，全部享有企业未分配利润，编制个别会计报表。统一核算方式主要适用于直营连锁形式下分店较小或不具备设置会计机构的连锁经营企业。

为了全面了解连锁经营企业的会计核算，本书以单独核算方式下的往来制介绍连锁经营企业主要经营环节的会计核算。

3. 往来制下账户的设置

在连锁经营活动中，各门店和其他基层单位之间及与总部之间，时刻都发生着各种不同类型的经济业务往来。由于总部和各个基层单位都是不同的会计主体，因此不仅要在这种经济往来关系中明确总部和各个基层单位的具体核算内容，明确不同单位的不同核算范围，而且还要准确反映企业资产、负债、收入、费用等要素在企业内部转移和流动的全过程，反映各个基层单位和总部所应享有的经济利益和承担的经济责任，因此要在连锁企业内部设置往来账户。通过组织内部往来的核算，不仅使连锁企业形成一个统一完整的经济实体，而且能准确反映这一经济实体中各个不同部门和单位的经济情况。为此，在会计核算上要通过设置往来账户来实现核算和管理的需要，具体包括"基层往来"和"总部往来"两个账户。

（1）"总部往来"账户。为了反映各门店、基层单位与总部之间的业务往来，基层单位应设置"总部往来"账户，该账户的贷方核算总部拨给基层单位的资金，具体包括：收到总部拨来的商品，收到总部拨来的现金（银行存款），收到总部拨来固定资产和其他资产，通过总部从其他门店或者其他基层单位调入的商品资金、固定资产或者其他资产，总部代门店支付的各种费用等。该账户的借方核算基层单位退还或者转给总部的资金，具体包括：向总部退回商品或者向其他门店调拨商品、送交总部的营业款，总部从本单位调出的固定资产和其他资产，通过总部调拨给其他门店或者其他基层单位的商品资金、固定资产或者其他资产等。

"总部往来"账户是具有双重属性的账户，既可以将其看成是结算账户，也可以看成是所有者权益账户。当其作为结算账户时，该账户的借方余额相当于门店对总部的债权；如果余额在贷方，则相当于是对总部的债务。当其作为所有者权益账户时，该账户期末借方余额，表示门店对总部的投资或门店在总部所享有的权益；如果期末余额在贷方，则表示总部在门店的投资或者总部在门店的权益。

（2）"基层往来"。连锁经营企业总部为了反映与各门店及其他基层单位之间的业务往来，需要设置"基层往来"账户。该账户借方核算总部拨付给基层单位的资金，具体包括：拨付给门店的商品，拨付给门店和其他基层单位的现金（银行存款），拨付给门店和其他基层单位的固定资产和其他资产，代门店和其他基层单位支付的各种费用等。该账户贷方核算总部从基层单位收回的资金，具体包括：各门店交来的销售营业款，门店退回总部的商品，从门店和其他基层单位调回固定资产和其他资产等。

（3）"总部往来""基层往来"两个账户的关系。基层单位设置的"总部往来"账户和总部财务部门"基层往来"账户所记录的内容完全相同，只是记账的方向相反，所以二者之间存在互相对应的关系。总部财务部门的"基层往来"账户统驭基层单位的"总部往来"账户；

总部财务部门通过"基层往来"账户控制总部与各个基层单位之间、基层单位与基层单位之间的资金往来关系。通过这两个账户的设置,明确了总部和各个基层单位之间的经济责任。由于两个账户所记载的内容是完全一致的,所以总部在汇总编制企业会计报表时,应当将这两个账户的余额予以抵消,以免重复计算。

5.2.4 连锁经营企业商品采购的核算

1. 连锁经营企业商品采购的组织管理形式

连锁经营企业商品采购的组织管理形式是指连锁经营企业商品采购的组织方式,其核心是商品采购权划分。根据商品采购的权限划分,连锁企业商品采购的组织管理形式有两种类型:第一种类型是分散采购,指连锁经营企业各所属门店在总部核准的商品目录范围内和资金定额范围内,可以不经过总部,直接向供应商采购商品;第二种类型是中央采购,是指建立总部一级中央集权采购制度,由总部设立单独的采购部门,配备专职采购人员,统一负责整个连锁企业的商品采购工作,企业所属的各个门店只负责销售,但是没有商品采购的权利。

商品采购是连锁企业经营活动的起点。一般情况下连锁企业应当建立集中统一的中央采购制度,因为中央集中统一的采购制度是连锁企业实现规模化经营的前提和关键,只有实行统一采购,才能真正做到统一陈列、统一配送、统一核算、统一促销,真正发挥连锁企业规模经营的优势。同时,通过中央采购制度的建立,有利于提高连锁企业在与供应商采购合同谈判中的议价能力,从而降低商品采购成本;有利于规范企业的采购行为;有利于提高公司的商品竞争能力。

2. 连锁经营企业库存商品内部核算体制

连锁企业库存商品的内部核算体制是指商品采购进来以后,商品资金在企业内部的管理体制,它强调的是将商品资金集中在总部统一管理,还是将商品资金分散在各个门店管理,是商品资金的集权管理与分权管理的问题。

连锁经营企业的商品核算体制的合理与否,直接影响商品资金的使用、商品的安全完整和商品核算手续的繁简。由于连锁企业作业地点分散,企业除负责总仓库责任的配送中心集中保管和管理连锁企业经营的各种商品以外,大量的商品都存放在各门店的货架或者门店的仓库中,这就为连锁企业商品核算体制提出了新问题,即这些商品资金是由连锁企业总部集中统一管理核算,还是由商品所在地的配送中心仓库或者门店分散管理核算。商品资金核算的集中和分散体制各有利弊,这是连锁企业核算组织工作中需要探索研究的问题。

(1)商品分散核算制。商品分散核算制是企业为加强基层门店管理,适应连锁企业经营特点而建立的一项制度。在分散核算制下,总部配送中心仓库对各基层门店拨付的商品均通过财务部门转至基层门店,由基层门店会计部门统一组织核算。

分散核算制的优点是便于加强各基层单位的经济责任制,便于在企业内部核定商品资金,便于基层门店会计部门对商品资金的监督和对库存商品账目进行经常性的核对。采用核算制度时,企业所属的基层门店都应建立商品账。

分散核算制的缺点是不便于商品资金的分口管理,由于配送中心在发出商品后资金也随同转账,因此整个商品资金不能完整地反映在配送中心的账面上,从而削弱了配送中心对整个企业商品资金的管理责任。

(2)商品的集中核算制。商品的集中核算制是根据商品资金分口管理的原则而建立的一项制度。在集中核算制下,连锁企业所有商品都划归配送中心商品采购部管理。配送中心是商品部的总仓库,各基层门店是商品部的分仓库和前台卖场。商品部对各基层单位拨付的商品,均视同商品在企业不同仓库间的转移。

该制度的优点在于企业所有商品资金都集中反映在商品部的账面上,因而便于财务部门实行商品资金的分口管理,加强商品部对各基层门店商品管理。其缺点是不能充分调动基层单位管钱管物的积极性,在检查核对不及时的情况下,极易发生错账乱账现象,从而不能正确反映企业的资金情况并保证企业商品的安全与完整。

(3)库存商品内部核算体制的选择。在连锁企业发展的初级阶段,门店数量不是太多的情况下,为了发挥商品部对商品资金进行专业化管理的积极性,加强对商品资金的管理和核算,可以采取商品集中核算制的形式,但是当连锁企业已经发展到相当规模,门店数量较多时,再由商品部对整个企业的商品实行集中核算与管理,就显得既不经济,也不现实。此时就应当采取商品分散核算制的形式。

3. 连锁经营企业商品采购的核算

连锁经营企业的商品采购业务一般涉及总部财务部门、配送中心和门店三个部门的具体核算。

(1)企业总部财务部门的会计处理。

① 收到购货单据时的会计处理。财务部门收到由配送中心和采购部门审核后的发票和送货单,与采购订单核对无误后,对于应当确认为购进的部分编制如下会计分录,同时登记商品采购明细账。

借:在途物资——××供应商(商品进价)
　　应交税费——应交增值税(进项税额)
　贷:应付账款——××供应商

对于发票和送货单上与采购订单不相符合的部分,应当予以拒付,并且在商品采购明细账上单独予以反映。对于商品购进过程中发生的采购费用,前面的章节已做过介绍,此处不再赘述。

② 商品验收入库的会计处理。

a. 由配送中心统一配销的商品。配送中心统一配销的商品,由供应商将商品按照配送中心的指令送到指定仓库,配送中心仓库将商品验收入库以后,总部财务根据配送中心送来的"商品验收入库单"编制如下会计分录:

借:基层往来——配送中心
　贷:在途物资——××供应商(商品进价)

b. 供应商直送门店的商品。由配送中心采购的商品不进入配送中心仓库,供应商根据配送中心的指令直接将商品送到门店的商品,根据门店的性质不同,有以下两种情况:

● 直营店。直营店是连锁企业的下属单位，供应商直接送往直营门店的商品，产权并没有发生转移，所以其会计分录与配送中心统一配销的商品基本相同，只是将基层往来的明细账改为门店的名称就可以了。

● 加盟店或合资店。加盟店和合资店是具有独立产权的法律主体，配送中心采购的商品直接送到加盟店或者合资店，事实上是连锁企业将商品销售给了加盟店和合资店，总部财务部门根据加盟店和合资店的"商品验收入库单"按照商品调拨价向加盟店和合资店开具销售发票，同时对此确认为连锁企业的收入，结转销售成本。连锁企业做如下会计分录。

按照验收入库单所列的收货数量：
借：在途物资——××供应商
　　应交税费——应交增值税（进项税额）
　贷：应付账款——××供应商

以商品调拨价向加盟店或者直营门店开具销售发票：
借：基层往来——××门店（调拨价＋销项税额）
　贷：主营业务收入（商品调拨价）
　　　应交税费——应交增值税（销项税额）

同时，根据"商品验收入库单"所列的收货数量，以商品的进价做如下结转成本的会计分录：
借：主营业务成本
　贷：在途物资——××供应商

（2）配送中心的会计处理。商品配送中心根据"商品验收入库单"进行总分类核算，编制如下会计分录。

按照进价金额核算时：
借：库存商品——××类（存放地点）（商品进价）
　贷：总部往来——商品采购（商品进价）

按照售价金额核算时：
借：库存商品——××类（存放地点）（售价）
　贷：商品进销差价——××类（存放地点）（售价和商品进价的差额）
　　　总部往来——商品采购（商品进价）

（3）门店的会计处理。由供应商直接送到门店的商品，其会计处理过程与上述采购部门的处理过程基本相同，只不过是由门店的仓库登记"库存商品卡片"，门店的核算员登记"库存商品三级明细分类账"和"库存商品二级明细分类账"，同时编制会计分录进行库存商品的总分类核算。由于门店的性质不同，在会计核算上也有所区别。

① 直营门店的会计处理。
按照进价金额核算时：
借：库存商品——××类（商品进价）
　贷：总部往来——商品采购（商品进价）

按照售价金额核算时：
借：库存商品——××类（售价）

贷：商品进销差价——××类（存放地点）（售价和商品进价的差额）
　　总部往来——商品采购（商品进价）

② 加盟门店或者合资门店的会计处理。

按照进价核算时：

借：库存商品（内部调拨价）
　　贷：总部往来

按照售价核算时：

借：库存商品（商品售价）
　　应交税费——应交增值税（进项税额）（调拨价×税率）
　　贷：总部往来（内部调拨价＋进项税额）
　　　　商品进销差价（售价和调拨价的差额）

【例 5.6】　2021 年 1 月，惠达连锁超市有限公司从康泰食品公司采购早餐饼 200 箱，每箱 10 包，每包进价 5 元，内部调拨价 5.50 元，销售价 7 元，增值税率 13%。其中 50 箱送到配送中心仓库，40 箱直接送往解放路门店（直营门店），10 箱送往中山路门店（加盟店）。发票账单已经收到，商品由有关部门验收入库。

（1）按照商品进价核算。

① 总部财会部门的会计处理，收到发票账单时的会计处理：

借：在途物资——康泰食品公司（200×10×5）　　10 000
　　应交税费——应交增值税（进项税额）　　　　 1 300
　　贷：应付账款——康泰食品公司　　　　　　　11 300

送到配送中心的会计处理：

借：基层往来——配送中心（50×10×5）　　　　　2 500
　　贷：在途物资——康泰食品公司　　　　　　　 2 500

直接送到直营店的会计处理：

借：基层往来——解放路门店（40×10×5）　　　　2 000
　　贷：在途物资——康泰食品公司　　　　　　　 2 000

以商品调拨价直接送到加盟店的会计处理：

借：基层往来——解放路门店（10×10×5.5＋93.50）　621.50
　　贷：主营业务收入（10×10×5.50）　　　　　　 550
　　　　应交税费——应交增值税（销项税额）　　　 71.50

同时，结转成本的会计处理：

借：主营业务成本　　　　　　　　　　　　　　　　500
　　贷：在途物资——康泰食品公司　　　　　　　　500

② 配送中心的会计处理：

借：库存商品——食品类（早餐饼）（50×10×5）　　2 500
　　贷：总部往来　　　　　　　　　　　　　　　 2 500

③ 门店的会计处理，直营店：

借：库存商品——食品类（早餐饼）（40×10×5）　　2 000

贷：总部往来　　　　　　　　　　　　　　　　　　2 000
加盟店：
借：库存商品（10×10×5.50）　　　　　　　　　　　　550
　　贷：总部往来　　　　　　　　　　　　　　　　　　550
（2）按照商品售价核算：
① 总部财会部门的会计处理：与按照进价的核算相同。
② 配送中心的会计处理：
借：库存商品——食品类（早餐饼）（50×10×7）　　　3 500
　　贷：商品进销差价——食品类（早餐饼）　　　　　1 000
　　　　总部往来——商品采购（50×10×5）　　　　　2 500
（3）门店的会计处理，直营店：
借：库存商品——食品类（早餐饼）（40×10×7）　　　2 800
　　贷：商品进销差价——食品类（早餐饼）　　　　　800
　　　　总部往来——商品采购（40×10×5）　　　　　2 000
加盟店：
借：库存商品——食品类（早餐饼）（10×10×7）　　　700
　　应交税费——应交增值税（进项税额）　　　　　　71.50
　　贷：商品进销差价——食品类（早餐饼）（10×10×1.5）　150
　　　　总部往来——商品采购　　　　　　　　　　　621.50

5.2.5　连锁经营企业横向商品调拨的核算

　　在连锁经营企业所属的各个门店中，因为某个门店临时缺货或某个门店出现积压，且供应商或配送中心无法及时供货时，总部就要在不同的门店之间进行商品余缺的调剂，由此产生了连锁经营企业横向商品的调拨业务。

　　门店之间进行商品调拨时，必须要在总部的统一部署及安排下进行，严格禁止门店私下之间的交易，以免造成商品管理的混乱和差错，同时，门店之间的商品调入与调出，必须在双方店长同意下才能进行。

　　为了加强对横向商品调拨的控制，一般要凭审核后的"商品调拨单"进行调拨。商品调拨单由调出门店签发，一式五联，第一联和第五联分别由调入和调出单位作为登记仓库内存商品卡片账的依据，第二联和第四联与月份商品调拨汇总表和内部转账通知书一起分别作为调入门店和调出门店登记库存商品明细账和往来账的依据，第三联与月份商品调拨汇总表和内部转账通知书一起留存在总部财务部门，作为登记调入单位和调出单位往来账的依据。

　　拨出或拨入的商品须由双方门店有关人员验收检查并确认。拨入与拨出门店的相关经手人员均须在"商品调拨单"上签名确认。

　　月末由调出单位根据"商品调拨单"签发"月份商品调拨汇总表"，作为签发内部转账通知书的依据，该汇总表一式三联，第一联和第三联分别作为调入单位和调出单位登记库存商品明细账的依据，第三联由总部财务部门留存。

　　"商品调拨单"和"月份商品调拨汇总表"应由总部根据企业商品内部控制的机制负责设

计并规范其流转的流程。

1. 直营店之间商品调拨的核算

（1）调出门店的会计处理。财务部门或者门店核算员定期或在月末，根据签发的商品调拨单第四联汇总编制"月份商品调拨发货汇总表"，同时根据汇总数签发内部转账通知书，留存一联汇总表和转账通知书，作为进行会计处理的原始凭证，并据此登记库存商品明细账和内部往来账，其余两联"月份商品调拨发货汇总表"和内部转账通知书及调拨单第二联、第三联一并转交到总部财务部门。

商品按照进价金额核算时：

借：总部往来——商品调拨（进价）
　　贷：库存商品——××类（进价）

商品按照售价金额核算时：

借：总部往来——商品调拨（进价）
　　　商品进销差价
　　贷：库存商品——××类（售价）

（2）总部财务部门的会计处理。总部财务部接到调出门店转来的"内部转账凭证"、"月份商品调拨发货汇总表""商品调拨单"以后，加盖"转讫"专用章，各留存一联，据以编制转账凭证和登记调入门店及调出门店的往来账，同时，总部将另一联"内部转账通知书""商品调拨发货汇总表""商品调拨单"一并转交给调入门店。

借：基层往来——调入门店（进价）
　　贷：基层往来——调出门店（进价）

（3）调入门店的会计处理。调入商品运到门店时，内仓商品保管员根据随货同行的"调拨单"第一联对调入商品实物进行验收，并据此登记内仓库存商品卡片账。月末，接到总部财务部门转来的"内部转账凭证""月份商品调拨发货汇总表""商品调拨单"后，首先要对上述单证进行必要的审核，然后将其与内仓已经入账的库存商品卡片账核对无误以后，调入门店即可进行相关的会计处理并登记库存商品明细分类账。商品按照进价核算时：

借：库存商品××类（进价）
　　贷：总部往来——商品调拨（进价）

商品按照售价核算时：

借：库存商品——××类（售价）
　　贷：商品进销差价
　　　　总部往来——商品调拨（进价）

【例5.7】 2021年1月，惠达连锁超市有限公司的解放路门店因顾客批量采购一批消毒液，门店的内仓存量不足，从粤垦路门店调入200只，上述两店均为本连锁超市的直营门店。该批消毒液的进价为12元/只，含税售价为18元/只。

（1）商品按售价核算时，调出门店的会计处理：

借：总部往来——商品调拨　　　　　　　2 400
　　商品进销差价　　　　　　　　　　　1 200

贷：库存商品——消毒液　　　　　　　　3 600
总部财会部门的会计处理：
　　借：基层往来——粤垦路门店　　　　　　2 400
　　　　贷：基层往来——解放路门店　　　　2 400
调入门店的会计处理：
　　借：库存商品——消毒液　　　　　　　　3 600
　　　　贷：商品进销差价　　　　　　　　　1 200
　　　　　　总部往来——商品调拨　　　　　2 400
（2）商品按进价核算时，调出门店的会计处理：
　　借：总部往来——商品调拨　　　　　　　2 400
　　　　贷：库存商品——消毒液　　　　　　2 400
总部财会部门的会计处理：
　　借：基层往来——粤垦路门店　　　　　　2 400
　　　　贷：基层往来——解放路门店　　　　2 400
调入门店的会计处理：
　　借：库存商品——消毒液　　　　　　　　2 400
　　　　贷：总部往来——商品调拨　　　　　2 400

2．直营店从加盟店调拨商品的核算

当直营店从加盟店调入商品时，涉及商品所有权的转移问题，加盟店将商品调拨给直营店，等于是将商品的所有权从加盟店转让连锁企业，相当于加盟店将商品退回给原来销售的连锁企业，因此连锁企业应当将原来确认的销售收入予以冲回。

（1）加盟店的会计处理。加盟店根据调出商品的数量填写"商品调拨单"，留存第五联登记内仓库存商品卡片账。月末编制"月份商品调拨发货汇总表"，并签发内部转账凭证，据此编制有关会计分录和登记库存商品明细账。商品按进价核算时：

　　借：总部往来——商品调拨（调拨价＋增值税）
　　　　贷：库存商品——××类（调拨价）
　　　　　　应交税费——应交增值税（进项税额转出）

商品按售价核算时：

　　借：总部往来——商品调拨（调拨价＋增值税）
　　　　商品进销差价——××类
　　　　贷：库存商品——××类（售价）
　　　　　　应交税费——应交增值税（进项税额转出）

（2）总部财务部门的会计处理。总部财务部门收到加盟店转来的"月份商品调拨发货汇总表"和"内部转账通知书"后，经审核无误，在转账通知书上加盖"转讫"字样，将其中一联转到调入的直营门店，作为调入门店的记账依据；同时根据留存联，为加盟店开具增值税红字发票，与留存的转账通知书一并作为进行相关会计处理的原始凭证。

　　借：主营业务收入（调拨价）

应交税费——应交增值税（销项税额）
贷：基层往来——加盟店（调拨价＋增值税额）

同时冲减主营业务成本，做如下会计分录：
借：基层往来——商品调拨（调入门店）（进价）
贷：主营业务成本

（3）直营店的会计处理。调入商品的直营店按照随货同行的"商品调拨单"登记内仓库存商品卡片账。月末收到总部转来的"内部转账通知书"和"月份商品调拨发货汇总表"第二联后，经审核无误并与内仓库存商品卡片核对以后，即可进行相关的会计处理，并登记库存商品明细账。商品按进价核算时：

借：库存商品——××类（进价）
贷：总部往来——商品调拨（进价）

商品按售价核算时：
借：库存商品——××类（售价）
贷：总部往来——商品调拨（进价）
　　商品进销差价——××类

【例5.8】 2021年1月，惠达连锁超市有限公司的解放路门店（直营店）因顾客批量采购一批劳保用手套，门店的内仓存量不足，从中山路门店（加盟店）调入10箱（每箱50副）。该批手套的进价为2元/副，内部调拨价2.50元/副，售价3.5元/副。

（1）中山门店的会计处理，商品按进价核算时：

借：总部往来——商品调拨（10×50×2.50＋10×50×2.50×13%）　　1 412.50
　　贷：库存商品——劳保手套（10×50×2.50）　　　　　　　　　1 250
　　　　应交税费——应交增值税（进项税额转出）　　　　　　　　162.50

商品按售价核算时：
借：总部往来——商品调拨（10×50×2.50＋10×50×2.50×13%）　　1 412.50
　　商品进销差价——劳保手套　　　　　　　　　　　　　　　　　500
　　贷：库存商品——劳保手套（10×50×3.50）　　　　　　　　　1 750
　　　　应交税费——应交增值税（进项税额转出）　　　　　　　　162.50

（2）总部财务部门的会计处理：
借：主营业务收入（10×50×2.50）　　　　　　　　　　　　　　　1 250
　　应交税费——应交增值税（10×50×2.50×13%）　　　　　　　　162.50
　　贷：基层往来——加盟店（10×50×2.50＋10×50×2.50×13%）　1 412.50

同时冲减主营业务成本，做如下会计分录：
借：基层往来——商品调拨（解放路门店）　　　　　　　　　　　　1 000
　　贷：主营业务成本　　　　　　　　　　　　　　　　　　　　　1 000

（3）直营店的会计处理，商品按进价核算时：
借：库存商品——劳保手套　　　　　　　　　　　　　　　　　　　1 000
　　贷：总部往来——商品调拨　　　　　　　　　　　　　　　　　1 000

商品按售价核算时：

借：库存商品——劳保手套　　　　　　　　　　　　　　　　1 750
　　贷：总部往来——商品调拨　　　　　　　　　　　　　　1 000
　　　　商品进销差价——劳保手套　　　　　　　　　　　　　750

3. 加盟店从直营店调拨商品的核算

（1）直营店的会计处理。直营店在库存商品卡片账上根据调拨单第五联按照调出数登记减少数，期末按照"月份商品调拨发货汇总表"和留存的内部转账通知书，做出会计处理并登记库存商品明细分类账。

商品按进价核算时：
借：总部往来——商品调拨（进价）
　　贷：库存商品——××类（进价）

商品按售价核算时：
借：总部往来——商品调拨（进价）
　　　商品进销差价
　　贷：库存商品——××类（售价）

（2）总部财务部门的会计处理。由于加盟店与连锁企业的资产产权属于不同的所有者，商品由直营店调往加盟店是商品在不同所有者之间的转移，对连锁企业而言，相当于向加盟店和合资店销售了一批商品，所以，连锁企业应当将其确认为商品销售收入。

连锁企业财务部门按照"商品调拨单""月份商品调拨发货汇总表"和内部转账通知书所列的调拨价向加盟店开具销售发票，并作如下会计处理：

借：基层往来——××加盟店（调拨价＋增值税）
　　贷：主营业务收入
　　　　应交税费——应交增值税（销项税额）

同时按照进价结账成本：
借：主营业务成本
　　贷：基层往来——××门店（进价）

（3）加盟店的会计处理。加盟店在接收到调入的商品以后，以随货同行的商品调拨单作为商品验收的依据，对商品验收无误后，登记库存商品卡片账。

当月末收到总部财务部门转来的月份商品调拨汇总表和内部转账通知书时，将其与随货同行的调拨单、已经登记入账的库存商品卡片账核对无误以后，做如下会计处理。

按进价核算时：
借：库存商品——××类（调拨价）
　　　应交税费——应交增值税（进项税额）
　　贷：总部往来——商品调拨（调拨价＋增值税）

按售价核算时：
借：库存商品——××类（售价）
　　　应交税费——应交增值税（进项税额）（调拨价×税率）
　　贷：商品进销差价——××类

总部往来——商品调拨（调拨价＋增值税）

【例 5.9】 2021 年 1 月，惠达连锁超市有限公司的中山路门店（加盟店）因顾客批量采购一批酸奶，门店的内仓存量不足，从解放路门店（直营店）调入 50 箱。该批酸奶的进价为 42 元/箱，内部调拨价 50 元/箱，售价 58 元/箱。

（1）解放路门店的会计处理，商品按进价核算时：

借：总部往来——商品调拨（50×42）   2 100
  贷：库存商品——酸奶（50×42）   2 100

商品按售价核算：

借：总部往来——商品调拨（50×42）   2 100
    商品进销差价   800
  贷：库存商品——酸奶（售价）   2 900

（2）总部财务部门的会计处理：

借：基层往来——中山路加盟店（50×50＋50×50×13%）   2 825
  贷：主营业务收入   2 500
    应交税费——应交增值税（销项税额）   325

同时按照进价结账成本：

借：主营业务成本   2 100
  贷：基层往来——解放路门店（50×42）   2 100

（3）加盟店的会计处理，按进价核算时：

借：库存商品——酸奶（50×50）   2 500
    应交税费——应交增值税（进项税额）   325
  贷：总部往来——商品调拨（调拨价＋增值税）   2 825

按售价核算时：

借：库存商品——酸奶（50×58）   2 900
    应交税费——应交增值税（进项税额）（50×50×13%）   325
  贷：商品进销差价——酸奶   400
    总部往来——商品调拨（调拨价＋增值税）   2 825

4．加盟店之间商品调拨的核算

虽然不同的加盟店之间都是独立经营的经济实体，他们之间不存在产权归属关系和产权隶属关系，但他们之间的商品调拨也应当在总部的统一安排一监控下有序进行。商品在加盟店之间互相调拨，属于商品在不同所有者之间的转移，这种商品所有权的转移与连锁企业无关，连锁企业在此是为这种商品所有权的转移提供余缺调剂、商品运输和货款结算服务，同时，为了加强对所属门店的管理与控制，连锁企业也要通过财务手段记录和反映商品调拨核算的全过程。

（1）调出加盟店的会计处理。调出商品的加盟店应按照规定填写内部调拨单，根据留存的调拨单登记内仓库存商品卡片账，并于月末根据"商品调拨单"编制"月份商品调拨发货汇总表"和签发内部转账通知书，同时进行相应的会计处理，并登记库存商品明细分类账。

按进价核算时：

　　借：总部往来——商品调拨（调拨价＋增值税）
　　　　贷：库存商品——××类（调拨价）
　　　　　　应交税费——应交增值税（进项税额转出）

按售价核算时：

　　借：总部往来——商品调拨（调拨价＋增值税）
　　　　商品进销差价——××类
　　　　贷：库存商品——××类（售价）
　　　　　　应交税费——应交增值税（进项税额转出）

（2）总部财务部门的会计处理。总部财务部门根据内部转账通知书进行如下会计处理并登记往来明细账。

　　借：基层往来——调入门店（调拨价）
　　　　应交税费——应交增值税（进项税额转出）
　　　　贷：基层往来——调出门店（调拨价）
　　　　　　应交税费——应交增值税（进项税额转出）

（3）调入加盟店的会计处理。商品调入时，根据随货同行的商品调拨单，对调入商品验收无误后，登记内仓库存商品卡片账。当月末收到总部财务部门转来的"商品调拨单"、"月份商品调拨单汇总表"和内部转账通知书，经过审查核对无误后，进行有关会计处理并登记库存商品明细账和内部往来明细账。按进价核算时：

　　借：库存商品——××类（调拨价）
　　　　应交税费——应交增值税（进项税额）
　　　　贷：总部往来——商品调拨（调拨价＋增值税）

按售价核算时：

　　借：库存商品——××类（售价）
　　　　应交税费——应交增值税（进项税额）
　　　　贷：商品进销差价——××类
　　　　　　总部往来——商品调拨（调拨价＋增值税）

【例5.10】 2021年1月，惠达连锁超市有限公司的中山路门店（加盟店）因顾客批量采购一批月饼，门店的内仓存量不足，从粤华路门店（加盟店）调入50盒。该批月饼的进价为32元/盒，内部调拨价38元/盒，售价45元/盒。

（1）调出加盟店的会计处理，按进价核算时：

　　借：总部往来——商品调拨（50×38＋50×38×13%）　　　　2 147
　　　　贷：库存商品——月饼（50×38）　　　　　　　　　　　1 900
　　　　　　应交税费——应交增值税（进项税额转出）　　　　　247

按售价核算时：

　　借：总部往来——商品调拨（50×38＋50×38×13%）　　　　2 147
　　　　商品进销差价——月饼　　　　　　　　　　　　　　　　350
　　　　贷：库存商品——月饼（50×45）　　　　　　　　　　　2 250

应交税费——应交增值税（进项税额转出）	247

（2）总部财务部门的会计处理：

借：基层往来——粤华路门店（50×38）	1 900
应交税费——应交增值税（进项税额转出）	247
贷：基层往来——中山路门店（50×38）	1 900
应交税费——应交增值税（进项税额转出）	247

（3）调入加盟店的会计处理，按进价核算时：

借：库存商品——月饼（50×38）	1 900
应交税费——应交增值税（进项税额）	247
贷：总部往来——商品调拨（调拨价＋增值税）	2 147

按售价核算时：

借：库存商品——月饼（50×45）	2 250
应交税费——应交增值税（进项税额）	247
贷：商品进销差价——月饼	350
总部往来——商品调拨（调拨价＋增值税）	2 147

5.2.6　门店商品退库业务的核算

连锁企业门店在商品经营过程中，由于所收到的商品质量问题、订货错误或送货错误、商品超过保质期、商品滞销等原因，经常会发生退货业务。门店的商品退货一般是将商品退还给总部配送中心或直接退还给供应商。在发生退货业务时，门店应填制"商品退货单"，并要经过业务部门签署相应意见。

1. 门店将商品退给配送中心的核算

在各门店的商品退货业务中，由于直营店和加盟店所涉及的商品所有权不同，其核算也有所区别。

（1）直营店商品退货业务的会计处理。配送中心在月末对退货单进行汇总以后，应编制一式三联的"内部转账通知书"，其中，第一联由总部财务部门转交退货门店，作为退货门店相应会计处理的依据；第二联作为配送中心进行相应会计处理的依据；第三联送交总部财务部门，作为总部财会部门进行相应会计处理的依据。

① 门店的会计处理，商品按进价核算时：

借：总部往来
　　贷：库存商品（进价）

商品按售价核算时：

借：总部往来（进价）
　　商品进销差价
　　贷：库存商品（售价）

② 配送中心的会计处理，商品按进价核算时：

借：库存商品（进价）

贷：总部往来
商品按售价核算时：
　　借：库存商品（售价）
　　　贷：商品进销差价
　　　　　总部往来（进价）
③ 总部财务部门的会计处理：
　　借：基层往来（配送中心）（进价）
　　　贷：基层往来（门店）（进价）

【例5.11】　2021年1月，惠达连锁超市有限公司的解放路门店（直营店）因有20箱奶制品已过保质期，将其退回配送中心。这批奶制品的进价为35元/箱，内部调拨价40元/箱，售价50元/箱。

① 商品按进价核算时，退货门店的会计处理：
　　借：总部往来　　　　　　　　　　　700
　　　贷：库存商品　　　　　　　　　　　　　700
配送中心的会计处理：
　　借：库存商品　　　　　　　　　　　700
　　　贷：总部往来　　　　　　　　　　　　　700
总部财务部门的会计处理：
　　借：基层往来——配送中心　　　　　700
　　　贷：基层往来——解放路门店　　　　　　700
② 商品按售价核算时，退货门店的会计处理：
　　借：总部往来　　　　　　　　　　　700
　　　　商品进销差价　　　　　　　　　300
　　　贷：库存商品　　　　　　　　　　　　1 000
配送中心的会计处理：
　　借：库存商品　　　　　　　　　　　1 000
　　　贷：商品进销差价　　　　　　　　　　　300
　　　　　总部往来　　　　　　　　　　　　　700
总部财务部门的会计处理：
　　借：基层往来——配送中心　　　　　700
　　　贷：基层往来——解放路门店　　　　　　700

（2）加盟店商品退货的会计处理。加盟店商品退货业务所涉及的业务单证及传递流程与直营店的商品退货业务基本相同。配送中心在月末对退货单进行汇总以后，应编制一式三联的"内部转账通知书"，其中，第一联由总部财务部门转交退货门店，作为退货门店相应会计处理的依据；第二联作为配送中心进行相应会计处理的依据；第三联送交总部财务部门，作为总部财会部门进行相应会计处理的依据。

① 退货加盟店的会计处理，商品按进价核算时：
　　借：总部往来（调拨价＋进项税额）

贷：库存商品（调拨价）
　　应交税费——应交增值税（进项税额转出）

商品按售价核算时：

借：总部往来（调拨价＋进项税额）
　　商品进销差价
　贷：库存商品（售价）
　　应交税费——应交增值税（进项税额转出）

② 配送中心的会计处理，商品按进价核算时：

借：库存商品（进价）
　贷：总部往来

商品按售价核算时：

借：库存商品（售价）
　贷：商品进销差价
　　总部往来（进价）

③ 总部财务部门的会计处理，冲减已经确认的收入：

借：主营业务收入（调拨价）
　　应交税费——应交增值税（销项税额）
　贷：基层往来——门店（调拨价＋增值税）

冲减已经确认的成本：

借：基层往来（进价）
　贷：主营业务成本（进价）

【例 5.12】　2021 年 1 月，惠达连锁超市有限公司的中山路门店（加盟店）因有 20 箱奶制品已过保质期，现将其退回配送中心。这批奶制品的进价为 35 元/箱，内部调拨价 40 元/箱，售价 50 元/箱。

① 商品按进价核算时，退货加盟店的会计处理：

借：总部往来（调拨价＋进项税额）　　　　　　　　904
　贷：库存商品（调拨价）　　　　　　　　　　　　800
　　应交税费——应交增值税（进项税额转出）　　　104

配送中心的会计处理：

借：库存商品（进价）　　　　　　　　　　　　　　700
　贷：总部往来　　　　　　　　　　　　　　　　　700

总部财务部门的会计处理，冲减已经确认的收入：

借：主营业务收入（调拨价）　　　　　　　　　　　800
　　应交税费——应交增值税（销项税额）　　　　　104
　贷：基层往来——门店（调拨价＋增值税额）　　　904

冲减已经确认的成本：

借：基层往来（进价）　　　　　　　　　　　　　　700
　贷：主营业务成本（进价）　　　　　　　　　　　700

② 商品按售价核算时，退货加盟店的会计处理：
借：总部往来（调拨价＋进项税额）　　　　　　　904
　　商品进销差价　　　　　　　　　　　　　　　200
　贷：库存商品（售价）　　　　　　　　　　　　1 000
　　　应交税费——应交增值税（进项税额转出）　 104
配送中心的会计处理：
借：库存商品（售价）　　　　　　　　　　　　1 000
　贷：商品进销差价　　　　　　　　　　　　　　300
　　　总部往来（进价）　　　　　　　　　　　　700
总部财务部门的会计处理，冲减已经确认的收入：
借：主营业务收入（调拨价）　　　　　　　　　　800
　　应交税费——应交增值税（销项税额）　　　 104
　贷：基层往来——门店（调拨价＋增值税额）　 904
冲减已经确认的成本：
借：基层往来（进价）　　　　　　　　　　　　　700
　贷：主营业务成本（进价）　　　　　　　　　　700

2．配送中心将门店退库商品退还给供应商的核算

如果配送中心将门店因质量原因退回的商品全部或者部分退还给供应商，则配送中心按照不同的供应商编制"退货单"，作为向供应商退货及登记库存商品卡片账和库存商品明细分类账的依据，同时编制"退货联系单"通知供应商。月末根据汇总的"退货单"和"退货联系单"，签发一式三联的"内部转账通知书"，作为配送中心和总部财务部门进行会计处理的依据。

（1）配送中心的会计处理。配送中心按照留存的"退货单""退货联系单"进行如下的会计处理。
商品按照进价核算时：
借：总部往来——商品配送（进价）
　贷：库存商品
商品按照售价核算时：
借：总部往来——商品配送（进价）
　　商品进销差价
　贷：库存商品（售价）

（2）总部财务部门的会计处理。总部财务部门收到配送中心转来的"退货单"、"退货联系单"及"内部转账通知书"以后，进行如下的会计处理：
借：应收账款（进价＋增值税）
　贷：库存商品（进价）
　　　应交税费——应交增值税（进项税额转出）

【例5.13】　2021年1月，惠达连锁超市有限公司配送中心收到解放路门店（直营店）因

质量原因退回的10箱饼干,这批饼干的进价为80元/箱,售价100元/箱。配送中心填制"退货单"、"退货联系单",将该批饼干退给供应商,并签发"内部转账通知书"。

(1)配送中心的会计处理,商品按照进价核算时:

借:总部往来——商品配送(进价)　　　　　　　　　800
　　贷:库存商品　　　　　　　　　　　　　　　　　　800

商品按照售价核算时:

借:总部往来——商品配送(进价)　　　　　　　　　800
　　　商品进销差价　　　　　　　　　　　　　　　　200
　　贷:库存商品(售价)　　　　　　　　　　　　　1 000

(2)总部财务部门的会计处理:

借:应收账款(进价+增值税额)　　　　　　　　　　904
　　贷:库存商品(进价)　　　　　　　　　　　　　　800
　　　　应交税费——应交增值税(进项税额转出)　　104

5.2.7　连锁经营企业商品调价的核算

1. 连锁经营企业的商品价格管理体制

根据经营理念统一和经营管理统一的原则,连锁经营企业对于所经营商品的价格采取"统一定价、分层管理、分级控制"的管理体制。

统一定价要求所经营的商品销售价格的制定权集中在总部,各个门店必须统一执行总部制定的商品销售价格,不得随意变动,各门店无自主定价的权利。实行统一的定价政策,有利于总部实行统一管理,树立连锁企业的整体形象,给消费者留下货真价实的良好印象,增强企业的整体吸引力和竞争力,统一定价政策是连锁企业扩大商品销售的经营特色和主要策略之一。

连锁企业可以在总部统一定价的大政策下,根据不同商品的性质及其在市场销售中的具体情况,在商品销售价格的调整权限上实行分层管理原则,给予门店在执行总部统一销售价格的基础上有一定的商品售价调整权。连锁企业总部在坚持"统一定价"原则下,给门店一定的商品调价自主权,是为了满足不同地区的消费差异及不同门店之间竞争环境差异的需要。

分级控制是根据商品的价格管理需要,将所经营的商品分成三类,根据不同的类别实行不同的价格管理。

(1)一类商品。商品销售价格的调整权统一集中在总部,由总部统一确定商品销售价格调整的幅度,各门店必须无条件执行。

(2)二类促销商品。商品销售价格的调整权下放给区域分部,由区域分部按照实际情况确定商品销售价格的调整方案,经过总部批准以后,要求所属门店无条件执行。

(3)三类商品。商品销售价格调整权直接下放给各门店,门店有权根据市场情况确定调价方案,报送总部批准以后自主调整商品的销售价格。

不论是由总部统一调整商品的销售价格,还是门店经过批准自主调整商品的销售价格,门店都要对库存商品的金额做相应的调整。调价时首先对调价的库存商品进行盘点,根据实际盘存数量，调整前后的零售价格计算出两者之间的差额，并填制一式三联的"商品价格调整单"，二联留存在门店，其中一联作为内仓商品保管员登记库存商品三级明细分类账的依据；另一联由门店财务按照商品大类汇总以后登记库存商品二级明细分类账；还有一联随内部转账通知书一并转到总部财务，作为总部财务进行内部往来核算的依据。

由于直营店和加盟店对所经营商品的所有权不同，其会计核算的要求和处理也不同，所以，在会计核算上应当根据不同的商品价格调整情况及各门店的性质差异，采取不同的核算方法进行会计处理，以便及时、客观、全面地反映商品价格调整对企业财务状况的影响。

2. 直营店商品调价的会计核算

根据价格调整的不同方向及幅度，调整后的零售价格可能会出现高于现行的零售价格，调整后的零售价格低于现行的零售价格，但高于进价，调整后的零售价格低于进价三种情况。根据上述三种价格调整的方向及幅度，具体的会计处理也会不同。

（1）调整后的零售价格高于现行零售价格的会计处理。如果调整后的商品零售价格高于现行的零售价格，只需要在门店内部进行调整，不涉及门店和总部的往来核算，因为总部和基层门店的往来核算都是按商品的进价反映的。

① 商品按进价核算。门店除了对卖场的商品重新按照新的售价标价以外，不需要做任何会计处理，因为各级各类库存商品明细分类账都是按照商品进价核算的，调整后的商品售价与进价无关。

② 商品按售价核算。门店应当在库存商品三级账上重新登记新的商品零售价，在借方登记该商品的调价金额，重新计算出该商品库存金额的售价余额。月末，按照商品大类汇总调价金额，并编制价格调整的会计分录，据以登记相关库存商品二级账和商品进销差价账户。

借：库存商品——××类（调高的差额）
　　贷：商品进销差价——××类（调高的差额）

【例 5.14】 2021 年 1 月，惠达连锁超市有限公司的解放路门店（直营店）收到总部通知，对某种型号的空调调高销售价格，该型号空调原来的进价是每台 2 000 元，内部调拨价 2 100 元，零售价格 2 500 元，现在零售价格调整为 2 600 元。该门店经过盘点，库存尚有 10 台该型号空调。

采用售价金额核算时：
借：库存商品——空调　　　　　　　　　　　　　　1 000
　　贷：商品进销差价——空调　　　　　　　　　　　　　　1 000

（2）调整后零售价格低于现行零售价格，但是高于商品进价的会计处理。

① 商品按进价核算。由于调整后的售价金额还是高于进价，与库存商品明细分类账登记的进价金额无关，所以门店不需要做任何会计处理。

② 商品按售价核算。此时只需要在门店内部进行调整即可，与总部往来核算无关。在具体操作上，在库存商品三级账上重新登记新的商品零售价，在贷方登记该商品调低的金额，重新计算出该商品库存金额的售价余额。月末，按商品大类汇总调价金额以后，做如下会计分录并登记相关账户。

借：商品进销差价——×××类商品（调低的差额）

贷：库存商品——×××类商品（调低的差额）

【例 5.15】 2021 年 1 月，惠达连锁超市有限公司的解放路门店（直营店）收到总部通知，对某种型号的空调调高销售价格，该型号空调原来的进价是每台 2 000 元，内部调拨价 2 100 元，零售价格 2 500 元，现在零售价格调整为 2 300 元。该门店经过盘点，库存尚有 10 台该型号空调。

借：商品进销差价——空调（2 500－2 300）×10　　　　　　2 000
　　贷：库存商品——空调（2 500－2 300）×10　　　　　　　　2 000

（3）调整后的零售价低于商品的进价的会计处理。如果调整后的零售价格低于商品的进价，门店库存商品的账面金额与总部的往来账户均要进行调整。

① 门店的调整。调低价格时，库存商品的三级明细分类账重新按照新的商品零售价登记，并在贷方登记该商品调低的金额，同时重新计算出该商品库存金额的售价余额，月末调价商品按照大类汇总后，编制内部转账通知书。根据商品核算的不同情况，编制相应的会计分录，登记相应的账户，同时将内部转账通知书附上商品调价单转到总部财务部门。

商品按进价核算：

借：总部往来（商品进价与现零售价的差额）
　　贷：库存商品（商品进价与现零售价的差额）

商品按售价金额核算：

借：商品进销差价（原零售价与商品进价的差额）
　　　总部往来（商品进价与现零售价的差额）
　　贷：库存商品（原零售价和现零售价的差额）

② 总部的调整。总部财务部门接到门店转来的内部转账通知书后，按照调整后的零售价与商品进价的差额进行会计处理，并登记相应的内部往来明细账户。

借：销售费用（商品进价与现零售价的差额）
　　贷：基层往来（商品进价与现零售价的差额）

【例 5.16】 2021 年 1 月，惠达连锁超市有限公司的解放路门店（直营店）收到总部通知，对某种型号的空调调高销售价格，该型号空调原来的进价是每台 2 000 元，内部调拨价 2 100 元，零售价格 2 500 元，现在零售价格调整为 1 800 元。该门店经过盘点，库存尚有 10 台该型号空调。商品按照进价核算，门店的会计处理：

借：总部往来（2 000－2 500）×10　　　　　　　　　　　　500
　　贷：库存商品　　　　　　　　　　　　　　　　　　　　　500

总部的调整：

借：销售费用　　　　　　　　　　　　　　　　　　　　　　500
　　贷：基层往来　　　　　　　　　　　　　　　　　　　　　500

门店的调整：

借：商品进销差价（2 500－2 000）×10　　　　　　　　　　5 000
　　总部往来（2 000－1 800）×10　　　　　　　　　　　　2 000
　　贷：库存商品（2 500－1 800）×10　　　　　　　　　　　7 000

总部的调整：

借：销售费用　　　　　　　　　　　　　　　　　　　　　500
　　贷：基层往来　　　　　　　　　　　　　　　　　　　　500

（4）供应商愿意承担一部分调价损失的会计处理。如果供应商愿意承担一部分调价损失，供应商所承担的损失就是对连锁企业因降价所造成的损失的补偿。由于要求供应商对调价损失做出一定补偿的谈判是由总部统一对外进行，所以这部分供应商承担的调价损失，也是集中由总部财务部门统一处理，与门店的会计核算无关。在具体处理上，供应商所承担的损失金额与原商品进价和原零售价格的差额两种情况应区别处理。

① 供应商承担的损失金额小于原商品的进销差价。如果调整后的零售价格大于原来的商品进价金额，总部财务部门进行如下会计处理：

借：应付账款——××供应商
　　贷：销售费用

此时如果门店采用的是进价金额核算，则无须进行任何形式的会计处理。如果门店采用售价金额核算法，门店应按照调整以后零售价格与原来零售价格的差额，分别冲减商品进销差价账户和库存商品账户。

借：商品进销差价
　　贷：库存商品

如果调整后的零售价格小于原来的商品进价金额，总部财务部门除了将供应商补偿的部分冲减销售费用外，还应将低于进价部分的差额作为调价损失列为销售费用，同时调整对门店的往来账户。

借：销售费用
　　贷：基层往来——××门店

如果门店按进价金额核算，则将调整以后的售价金额与原商品进价金额的金额调整为库存商品账户和为总部往来账户。

借：总部往来
　　贷：库存商品

如果门店按照售价金额核算，在冲减库存商品账面售价的同时，还应冲减原商品进销差价，再将调整以后的售价与原商品进价金额的差额调整为总部往来。

借：商品进销差价（原商品进销差价）
　　　总部往来（调整以后的售价与原商品进价金额的差额）
　　贷：库存商品（调整以后的售价金额与原来售价金额的差额）

【例5.17】　2021年1月，惠达连锁超市有限公司的解放路门店（直营店）收到总部通知，对某种型号的空调调整销售价格，该型号空调原来的进价是每台2 000元，内部调拨价2 100元，零售价格2 500元，现在零售价格调整为1 900元。供应商愿意按照每台200元承担降价损失。该门店经过盘点，库存尚有10台该型号空调。

总部财务部门的会计处理：将供应商承担的损失金额，列为销售费用的减少，该项经济业务与门店无关。

借：应付账款（200×10）　　　　　　　　　　　　　　2 000
　　贷：销售费用　　　　　　　　　　　　　　　　　　　2 000

将调整后的零售价格低于原商品进价金额的差额作为调价损失增加销售费用，同时调整对门店的往来账户。

借：销售费用（100×10）　　　　　　　　　　　　　　　1 000
　　贷：基层往来——解放路门店　　　　　　　　　　　　1 000

门店的会计处理：如果门店按照进价金额核算，按照调整后的售价金额低于原进价金额的差额，进行相应会计处理：

借：总部往来 100×10　　　　　　　　　　　　　　　　 1 000
　　贷：库存商品　　　　　　　　　　　　　　　　　　　1 000

如果门店按照售价金额核算，则进行如下会计处理：

借：商品进销差价（2 500－2 000）×10　　　　　　　　 5 000
　　总部往来（2 000－1 900）×10　　　　　　　　　　　1 000
　　贷：库存商品（2 500－1 900）×10　　　　　　　　　6 000

② 供应商承担的损失金额大于原商品进销差价。如果供应商愿意承担的损失幅度超过原商品进销差价时，该项经济业务与门店无关。此时应首先冲减销售费用，其次将调整以后的零售价格低于原商品进价金额的差额作为调价损失增加销售费用，同时调整对门店的往来账户。门店对此也要做出相应的会计处理。

总部的会计处理：

借：应付账款——××供应商（供应商承担的金额）
　　贷：销售费用（供应商承担的金额）
借：销售费用（调整后价格低于原进价的差额）
　　贷：基层往来——××门店

门店的会计处理，按进价核算时：

借：总部往来（调整后零售价格低于原商品进价金额的差额）
　　贷：库存商品（调整后零售价格低于原商品进价金额的差额）

按售价核算时：

借：商品进销差价（原商品进销差价）
　　总部往来（调整后零售价格低于原商品进价金额的差额）
　　贷：库存商品（原售价与现售价的差额）

【例5.18】　2021年1月，惠达连锁超市有限公司的解放路门店（直营店）收到总部通知，对某种型号的空调调低销售价格，该型号空调原来的进价是每台2 000元，内部调拨价2 100元，零售价格2 500元，现在零售价格调整为1 900元。供应商愿意按照每台550元承担降价损失。该门店经过盘点，库存尚有10台该型号空调。

① 总部的会计处理：

借：应付账款——××供应商（550×10）　　　　　　　　 5 500
　　贷：销售费用　　　　　　　　　　　　　　　　　　　5 500
借：销售费用（100×10）　　　　　　　　　　　　　　　 1 000
　　贷：基层往来——解放路门店　　　　　　　　　　　　1 000

② 门店的会计处理，按进价核算时：

借：总部往来（100×10） 1 000
　　贷：库存商品 1 000
按售价核算时：
借：商品进销差价（500×10） 5 000
　　总部往来（100×10） 1 000
　　贷：库存商品（2 500－1 900）×10 6 000

3．加盟店商品调价的会计核算

由于加盟店是独立自主的经营实体和法人单位，因此必须服从总部的价格政策，按照总部统一确定的调价政策调整商品的零售价格。商品调价损失的补偿只能由总部对外与供应商洽谈，供应商对调价的补偿应先由总部统一收取与核算后，再与加盟店洽谈对其调价的补偿问题。

当调整后零售价低于原商品调拨价，或者商品价格调低，且有部分调价损失补偿时，加盟店的商品调价核算方法就会与直营店有一定的差别。

（1）调整后零售价低于原商品调拨价的会计处理。当连锁企业向加盟店配送商品时，已经根据商品的调拨价确认为销售收入，如果商品的零售价格调整到调拨价以下，意味着连锁企业发生了商品销售的折让，所以对该部分的价格调整应当视为对连锁企业已确认收入的抵减。

① 总部的会计处理。按照调整后零售价格与原商品调拨价的差额，冲减销售收入，同时调整与加盟店的往来账户。会计处理如下：
借：主营业务收入（调整后零售价格与原商品调拨价格的差额）
　　应交税费——应交增值税（销项税额）
　　贷：基层往来——××门店（调整后零售价格与原商品调拨价格的差额＋增值税额）
在实务中做与原确认收入时方向相同的红字分录，更符合会计处理规范的要求。

② 门店的会计处理，按照进价核算时：
借：总部往来（调整后零售价格与原商品调拨价格的差额＋增值税）
　　贷：库存商品（调整后零售价格与原商品调拨价格的差额）
　　　　应交税费——应交增值税（进项税额）
按照售价核算时：
借：总部往来（调整后零售价格与原商品调拨价格的差额＋增值税额）
　　商品进销差价（原商品售价金额与原商品调拨价金额的差额）
　　贷：库存商品（原零售价格与调整后零售价格的差额）
　　　　应交税费——应交增值税（进项税额）

（2）总部承担的损失金额小于原商品的进销差价的会计处理。当总部承担的损失金额小于原商品的售价金额与商品调拨价格的差额时，在进行会计处理上必须结合考虑调整后的零售价格与原商品调拨价格的关系，采取不同的核算方法。

① 调整后的零售价格大于原来的商品调拨价格时：
a．总部的会计核算。总部为加盟店承担的一部分商品调价损失，意味着总部的费用或者损失相应增加，总部根据其与加盟店达成的补偿协议进行如下会计处理：

借：销售费用
　　贷：基层往来——××门店
b. 加盟店的会计处理，采用进价核算时：
借：总部往来
　　贷：销售费用
采用售价核算时：
借：商品进销差价
　　贷：库存商品
② 调整后的零售价格小于原商品调拨价时：
a. 总部的会计处理：总部财务部门将承担的商品调价损失理解为连锁企业损失的增加。
借：销售费用
　　贷：基层往来——××门店
同时，按照调整后零售价小于原商品调拨价的差额做相应的会计处理：
借：主营业务收入（调整后零售价格与原商品调拨价格的差额）
　　应交税费——应交增值税（销项税额）
　　贷：基层往来——××门店（调整后零售价格与原商品调拨价格的差额＋增值税额）
在实务中做与原确认收入时方向相同的红字分录，更符合会计处理规范的要求。
b. 加盟店的会计处理：加盟店将总部承担的调价损失金额作为一项收益进行相应会计处理。
借：总部往来
　　贷：销售费用
如果加盟店采用进价核算，在确认收益的同时，将调整后的售价金额与原调拨价的差额做相应的会计处理：
借：总部往来（调整后零售价格与原商品调拨价格的差额＋增值税额）
　　贷：库存商品（调整后零售价格与原商品调拨价格的差额）
　　　　应交税费——应交增值税（进项税额）
如果加盟店采用售价核算，在确认收益的同时，将调整后的售价金额与原调拨价的差额做相应的会计处理：
借：总部往来（调整后零售价格与原商品调拨价格的差额＋增值税额）
　　商品进销差价（原商品售价金额与原商品调拨价金额的差额）
　　贷：库存商品（原零售价格与调整后零售价格的差额）
　　　　应交税费——应交增值税（进项税额）

【例5.19】　2021年1月，惠达连锁超市有限公司的中山门店（加盟店）收到总部通知，对某种型号的空调调低销售价格，该型号空调原来的进价是每台2 000元，内部调拨价2 100元，零售价格2 500元，现在零售价格调整为1 900元。总部愿意按照每台200元承担加盟店的调价损失。该门店经过盘点，库存尚有10台该型号空调。

① 总部财务部门的会计处理，总部确认承担的调价损失：
借：销售费用（200×10）　　　　　　　　　　　　　　　2 000
　　贷：基层往来——中山路门店　　　　　　　　　　　　　　2 000

按照调整后零售价小于原商品调拨价的差额调整原确认的收入：
借：主营业务收入（2 100－1 900）×10　　　　　　　　　　　2 000
　　应交税费——应交增值税（销项税额）　　　　　　　　　　　260
　　　贷：基层往来——中山路门店　　　　　　　　　　　　　　　　2 260
② 门店的会计处理，确认总部承担调价损失的收益：
借：总部往来（200×10）　　　　　　　　　　　　　　　　　　2 000
　　　贷：销售费用——××门店　　　　　　　　　　　　　　　　　2 000
同时，调整原调拨价与调整后零售价的差额，如果加盟店采用进价核算，其会计处理如下：
借：总部往来　　　　　　　　　　　　　　　　　　　　　　　　2 260
　　　贷：库存商品（2 100－1 900）×10　　　　　　　　　　　　2 000
　　　　　应交税费——应交增值税（进项税额）　　　　　　　　　　260
如果加盟店采用售价核算，则其会计处理如下：
借：总部往来（2 100－1 900）×10＋340　　　　　　　　　　 2 260
　　商品进销差价（2 500－2 100）×10　　　　　　　　　　　　4 000
　　　贷：库存商品（2 500－1 900）×10　　　　　　　　　　　　6 000
　　　　　应交税费——应交增值税（进项税额）　　　　　　　　　　260
（3）总部承担的损失金额大于原商品进销差价的会计处理。如果总部承担的调价损失大于原商品进销差价时，其会计处理如下：
① 总部财务部门的会计处理：将承担的调价损失确认为一项费用，调整与加盟店的往来账户，总部的会计处理与前面的处理基本一致。
借：销售费用
　　　贷：基层往来
同时，将调整后零售价与原商品调拨价的差额冲减已经确认的收入：
借：主营业务收入（调整后零售价格与原商品调拨价格的差额）
　　应交税费——应交增值税（销项税额）
　　　贷：基层往来——××加盟店（调整后零售价格与原商品调拨价格的差额＋增值税）
② 门店的会计处理：将总部承担的调价损失确认为一项收益，冲减销售费用。
借：总部往来
　　　贷：销售费用
同时，将实际的调价金额确认为一项损失，分别按进价核算和售价核算，做不同的会计处理。按照进价核算：
借：总部往来（调整后零售价格与原商品调拨价格的差额＋增值税）
　　　贷：库存商品（调整后零售价格与原商品调拨价格的差额）
　　　　　应交税费——应增值税（进项税额）
按照售价核算：
借：总部往来（调整后零售价格与原商品调拨价格的差额＋增值税）
　　商品进销差价（原商品售价金额与原商品调拨价金额的差额）
　　　贷：库存商品（原零售价格与调整后零售价格的差额）

应交税费——应交增值税（进项税额）

【例5.20】　2021年1月，惠达连锁超市有限公司的中山门店（加盟店）收到总部通知，对某种型号的空调调低销售价格，该型号空调原来的进价是每台2 000元，内部调拨价2 100元，零售价格2 500元，现在零售价格调整为1 900元。总部愿意按照每台580元承担加盟店的调价损失。该门店经过盘点，库存尚有10台该型号空调。

① 总部财务部门的会计处理。将承担的调价损失确认为一项费用，调整与加盟店的往来账户：

借：销售费用（580×10）　　　　　　　　　　5 800
　　贷：基层往来　　　　　　　　　　　　　　　　5 800

将调整后零售价与原商品调拨价的差额冲减已经确认的收入：

借：主营业务收入（2 100－1 900）×10　　　2 000
　　应交税费——应交增值税（销项税额）　　　260
　　贷：基层往来——中山路加盟店　　　　　　　2 260

② 门店的会计处理。将总部承担的调价损失确认为一项收益，冲减销售费用：

借：总部往来　　　　　　　　　　　　　　　5 800
　　贷：销售费用　　　　　　　　　　　　　　　　5 800

同时，将实际的调价金额确认为一项损失，分别按进价核算和售价核算，做不同的会计处理。按照进价核算：

借：总部往来　　　　　　　　　　　　　　　2 260
　　贷：库存商品（2 100－1 900）×10　　　　　2 000
　　　　应交税费——应交增值税（进项税额）　　260

按照售价核算：

借：总部往来（2 100－1 900）×10 ＋ 340　　2 260
　　商品进销差价（400×10）　　　　　　　　4 000
　　贷：库存商品（2 500－1 900）×10　　　　　6 000
　　　　应交税费——应交增值税（进项税额）　　260

5.2.8　门店营业收入的核算

对于连锁经营企业所属门店实现的营业收入，因门店与总部的隶属关系不同，其会计核算也有所区别。

1. 直营店营业收入的核算

（1）门店收入的结算与解缴。为了及时反映门店的营业收入，直营店应根据管理的需要，选择一个固定时间对当天的营业收入做总结算，计算出当天的营业收入总额。在实务中可在营业结束以后结算营业总收入或营业中途结算当天营业总收入两种方式中，选择一种进行当日营业总收入的结算工作。

不管采用什么方式，完成了当天营业收入总结算以后，门店的财务部门应根据实际清点和审核以后的"收银员营业款解款单"填写"每日营业结算明细表"。门店收取的现金要在当天营业收入结算完毕，扣除零用金后，将剩余部分足额马上送存开户银行，门店不得私自挪用营业收入的现金，存款事务应由指定人员负责。门店财务根据银行的进款单，进行会计处理如下：

借：银行存款
　　待处理财产损溢（现金短款）
贷：待处理财产损溢（现金长款）
　　主营业务收入
　　应交税费——应交增值税（销项税额）

在银行将现金转入总部指定的专门用于集中整个连锁企业销售收入款的银行存款账户以后，门店根据银行的转账通知，填写内部转账通知书，并做如下会计处理：

借：总部往来
贷：银行存款

对于收到的由总部发售可以在所属各门店通用的提货凭证，应单独保管，及时造册登记，并编制内部转账通知书送交总部财务部门，同时做如下会计处理：

借：总部往来——营业款
贷：主营业务收入

（2）总部收到营业款的会计处理。门店开户银行将门店的营业款项转到总部指定的银行存款户以后，总部根据银行的进账单和门店的内部转账通知书做如下会计处理：

借：银行存款
贷：基层往来

对于总部收到的非现金营业收入，应按照门店转来的内部转账通知书，根据不同的情况分别做会计处理。支票和信用卡回执及时送交银行，根据银行进账单，增加银行存款，对于门店转来的提货凭证，则冲减有关负债账户。

借：银行存款（支票和信用卡）
　　预收账款——提货凭证
贷：基层往来

（3）营业收入的结转。门店应当定期向总部财务汇总结转营业收入，其结转期可以是5天一次，也可以是10天或者15天结转一次，如果整个连锁企业的业务管理和会计核算已经形成网络化，也可以每天结转一次，门店向总部结转营业收入时要编制内部转账通知书，并做如下会计处理：

借：主营业务收入
　　应交税费——应交增值税（销项税额）
贷：总部往来

总部财务收到门店转来的营业收入汇总表和内部转账通知书后，做如下会计处理：

借：基层往来
贷：主营业务收入
　　应交税费——应交增值税（销项税额）

2. 加盟店营业收入的核算

（1）门店收入的结算与解缴。虽然加盟店与连锁企业是相互独立的会计主体，但是连锁企业为了便于统一管理，也要求加盟店将营业款解交到连锁企业总部财务部门，由连锁企业总部财务统一管理，加盟店解交给总部的销售款中，由连锁企业财务从中扣除商品配送款与一些必要的费用，其余部分就是加盟店可以动用的现金。加盟店在组织营业收入的核算时，所涉及的单证以及账务处理与直营店基本相同。

（2）相关费用的处理。在银行将现金转入总部指定的专门用于集中整个连锁企业销售收入款的银行存款账户以后，加盟店根据银行的转账通知，做内部转账通知书，并做相应的会计处理。加盟店划转给总部的款项中，包括以下几个组成部分：总部应当收取的商品调拨款，加盟店应当交纳的加盟费费用，总部拨给加盟店的包装物等费用。加盟店在划拨的款项中扣除相关费用以后的余额冲减与总部的往来账户，其会计处理如下：

借：总部往来（扣除应交费用后的余额）
　　销售费用（由加盟店承担的加盟费、包装物等费用）
　贷：银行存款

总部收到银行转来的银行存款进账单后，做如下会计处理：

借：银行存款
　贷：其他业务收入（应当收取的包装物费和加盟费）
　　　基层往来（扣除应收费用后的余额）

（3）营业收入的结转。加盟店与连锁企业除了加盟关系以外，不存在其他以资本为纽带的经济关系，所以加盟店不必像直营店那样向总部财务部门结转营业收入。

项目小结

与自营商品流通的"商品购进、商品销售、商品储存"三个环节所不同的是，在"引厂进店"经营模式下，联营商品的流通主要包括"商品进货和商品销售"两个环节。

联营商品流转的核算特点主要包括：没有购进环节的核算，没有储存环节的核算，负责全部联营商品的销售货款的结算，以"流水"的高低作为确定联营厂商的标准。

连锁经营企业的特点可以概括为：组织形式的联合化和标准化及经营方式的一体化和专业化。具体而言，表现为四个方面：企业识别系统及商标统一；商品和服务统一；经营管理统一；经营理念统一。

连锁经营主要有直营连锁、特许连锁、自由连锁三种形式。

连锁企业可以从往来制和报账制两种会计核算组织形式中选择并确定总部与基层单位之间业务往来的核算关系。独立核算方式下一般选择往来制，统一核算方式下一般选择报账制。

连锁企业通过组织内部往来的核算，不仅使连锁企业形成一个统一完整的经济实体，而且能准确反映这一经济实体中各个不同部门和单位的经济情况。为此，在会计核算上要通过设置往来账户来实现核算和管理，具体包括"基层往来"和"总部往来"两个账户。

联营与连锁经营商品流通的核算 项目五

本章重点介绍了连锁经营企业商品采购业务核算、横向商品调拨核算、门店商品退库业务核算、商品调价核算及营业收入核算等具体业务。

思考与练习

一、关键词

引厂进店、连锁经营、直营连锁、特许连锁、自由连锁、总部往来、基层往来。

二、思考题

1. 简述联营方式下的商品经营特点。
2. 简述联营商品流通核算的特点。
3. 简述联营商品流通的核算流程。
4. 简述连锁经营企业的特点。
5. 简述连锁企业库存商品的内部核算体制。

三、知识与能力拓展

1. 调查所在城市商品流通企业有哪些采取联营方式组织商品流通。
2. 调查所在城市商品流通企业有哪些连锁经营企业,并进一步了解其所采取的连锁方式。
3. 选择三种连锁经营企业,调查其采取的连锁方式及会计核算的组织。

四、综合实务

1. 业务一

(1) 目的:掌握联营商品销售的核算。

(2) 资料:华美商厦将服装类商品采取"引厂进店"方式进行经营,根据协议要求,商厦的扣点率为20%。汇总全月联营服装类商品销售额共计 5 500 000 元。

(3) 要求:

① 调整销售收入及当月应交增值税额,并进行账务处理。
② 做联营分成及已销商品成本结转的账务处理。
③ 做结算分成及增值税进项税的账务处理。

2. 业务二

(1) 目的:掌握连锁经营企业商品采购的核算。

(2) 资料:2021 年 1 月,惠达连锁超市有限公司从利康食品公司采购绿豆饼 300 箱,每箱 10 包,每包进价 8 元,内部调拨价 10 元,销售价 14 元,增值税率 13%。其中 160 箱送到配送中心仓库,80 箱直接送往汇福路门店(直营门店),60 箱送往凯琳路门店(加盟店)。发票账单已经收到,商品由有关部门验收入库。

(3) 要求:按照售价核算法,对上述业务分别从总部、配送中心、汇福路门店、凯琳路门店财务角度进行账务处理。

3. 业务三

（1）目的：掌握连锁经营企业横向商品调拨业务的核算。

（2）资料：2021年1月，惠达连锁超市有限公司的汇福路门店因顾客批量采购一批洗涤剂，门店的内仓存量不足，从粤垦路门店调入500瓶，上述两店均为本连锁超市的直营门店。该批消毒液的进价为10元/瓶，含税售价为16元/瓶。

（3）要求：对上述调拨业务分别按照进价核算和售价核算做总部和门店的账务处理。

4. 业务四

（1）目的：掌握连锁经营企业横向商品调拨业务的核算。

（2）资料：2021年1月，惠达连锁超市有限公司的大学路门店（直营店）因顾客批量采购一批炉具，门店的内仓存量不足，从沿江路门店（加盟店）调入20套。该批炉具的进价为2 000元/套，内部调拨价2 200元/套，售价2 600元/套。

（3）要求：对上述调拨业务分别按照进价核算和售价核算做总部和门店的账务处理。

5. 业务五

（1）目的：掌握门店商品退库业务的核算。

（2）资料：2021年1月，惠达连锁超市有限公司的大学路门店（直营店）因有20箱饼干已过保质期，现将其退回配送中心。该批饼干的进价为30元/箱，内部调拨价35元/箱，售价45元/箱。

（3）要求：对上述调拨业务分别按照进价核算和售价核算做总部和门店的账务处理。

6. 业务六

（1）目的：掌握连锁经营企业商品调价的核算。

（2）资料：2021年1月，惠达连锁超市有限公司的解放路门店（直营店）收到总部通知，对某种型号的空调调低销售价格，该型号空调原来的进价是每台2 000元，内部调拨价2 100元，零售价格2 500元，现在零售价格调整为1 900元。供应商愿意按照每台200元承担降价损失。该门店经过盘点，库存尚有10台该型号空调。

（3）要求：对上述调价业务分别按进价核算和售价核算作总部和门店的账务处理。